Análise ambiental e gestão de resíduos

Adriana Helfenberger Coleto Assis

EDITORA intersaberes

O selo DIALÓGICA da Editora InterSaberes faz referência às publicações que privilegiam uma linguagem na qual o autor dialoga com o leitor por meio de recursos textuais e visuais, o que torna o conteúdo muito mais dinâmico. São livros que criam um ambiente de interação com o leitor – seu universo cultural, social e de elaboração de conhecimentos –, possibilitando um real processo de interlocução para que a comunicação se efetive.

EDITORA intersaberes

Rua Clara Vendramin, 58 | Mossunguê
CEP 81200-170 | Curitiba-PR | Brasil
Fone: (41) 2106-4170
www.intersaberes.com
editora@editoraintersaberes.com.br

Conselho editorial
☐ Dr. Ivo José Both (presidente)
☐ Dr.ª Elena Godoy
☐ Dr. Neri dos Santos
☐ Dr. Ulf Gregor Baranow

Editora-chefe
☐ Lindsay Azambuja

Gerente editorial
☐ Ariadne Nunes Wenger

Preparação de originais
☐ Gilberto Girardello Filho

Edição de texto
☐ Monique Francis Fagundes Gonçalves
☐ Gustavo Piratello de Castro

Capa e projeto gráfico
☐ Luana Machado Amaro (*design*)
☐ New Africa/Shutterstock (imagem da capa)

Diagramação
☐ Rafael Ramos Zanellato

Equipe de *design*
☐ Luana Machado Amaro

Iconografia
☐ Regina Claudia Cruz Prestes
☐ Sandra Lopis da Silveira

Dados Internacionais de Catalogação na Publicação (CIP)
(Câmara Brasileira do Livro, SP, Brasil)

Assis, Adriana Helfenberger Coleto
 Análise ambiental e gestão de resíduos/Adriana Helfenberger Coleto Assis. 1. ed. Curitiba: InterSaberes, 2020.
 (Série Química, Meio Ambiente e Sociedade)

 Bibliografia.
 ISBN 978-65-5517-660-5

 1. Administração 2. Ambientalismo 3. Análise da conservação 4. Gestão ambiental 5. Gestão ambiental – Normas 6. Meio ambiente – Leis e legislação 7. Resíduos sólidos I. Título II. Série.

20-37060 CDD-658.4

Índices para catálogo sistemático:

1. Normas: Gestão ambiental: Administração 658.4

Maria Alice Ferreira – Bibliotecária – CRB-8/7964

1ª edição, 2020.

Foi feito o depósito legal.

Informamos que é de inteira responsabilidade da autora a emissão de conceitos.

Nenhuma parte desta publicação poderá ser reproduzida por qualquer meio ou forma sem a prévia autorização da Editora InterSaberes.

A violação dos direitos autorais é crime estabelecido na Lei n. 9.610/1998 e punido pelo art. 184 do Código Penal.

Sumário

Apresentação □ 8
Como aproveitar ao máximo este livro □ 11

Capítulo 1
Gestão de resíduos □ 14
1.1 Aspectos e impactos ambientais □ 15
1.2 A origem dos resíduos □ 37
1.3 Coleta seletiva □ 45
1.4 Plano de Gerenciamento de Resíduos Sólidos □ 49
1.5 Normas regulamentadoras para a gestão dos resíduos □ 52

Capítulo 2
Classificação de resíduos □ 76
2.1 Resíduos perigosos □ 77
2.2 Classificação dos resíduos perigosos e não perigosos □ 83
2.3 Passivos ambientais □ 85
2.4 Resíduos industriais e suas origens □ 87

Capítulo 3
Resíduos urbanos □ 145
3.1 Resíduos urbanos □ 146
3.2 Consumo e geração de resíduos □ 165
3.3 Resíduos de saneamento básico □ 168
3.4 Assoreamento de rios □ 192
3.6 Resíduos de infraestrutura □ 194

Capítulo 4
Políticas ambientais ▫ 200
4.1 Política Nacional de Meio Ambiente ▫ 202
4.2 Política Nacional de Resíduos Sólidos ▫ 203
4.3 Logística reversa ▫ 225
4.4 Análise do ciclo de vida ▫ 229
4.5 Política Nacional de Recursos Hídricos ▫ 235

Capítulo 5
Gestão ambiental ▫ 246
5.1 Política Nacional de Resíduos Sólidos ▫ 247
5.2 Leis federais de saneamento básico ▫ 249
5.3 Instrumentos ambientais ▫ 255
5.4 Gestão ambiental ▫ 277
5.5 Certificação ambiental ▫ 283

Capítulo 6
Aspectos sociais e econômicos ▫ 293
6.1 Inventário ambiental ▫ 294
6.2 Educação ambiental ▫ 298
6.3 O papel social da educação ambiental ▫ 300
6.4 A importância dos coletores ▫ 302
6.5 Aspectos sociais e econômicos da gestão ambiental ▫ 310

Considerações finais ▫ 331
Lista de siglas ▫ 333
Referências ▫ 339
Bibliografia comentada ▫ 370
Respostas ▫ 373
Sobre a autora ▫ 386

Dedicatória

Dedico esta obra à minha mãe, Sueli Mara Coleto, que, embora tenha me deixado tão cedo, sempre me incentivou, me abraçou e me envolveu em todos os momentos da minha vida.

Ao meu querido pai, Edison Luiz Coleto, minha luz e orgulho.

À minha querida irmã, Fabiana, aos meus cunhados e cunhadas, sobrinhos e sobrinhas, ao meu afilhado, Francisco, à minha sogra, Guiomar, e ao meu sogro, Mussa (*in memoriam*).

Ao meu amado, Cláudio, por todos os momentos e por estar sempre tão presente, sendo o melhor amigo e marido.

Aos meus filhos, Vicente e Caroline, a quem tanto amo e que fazem a minha vida cada dia melhor.

Agradecimentos

A Deus, por seu imenso amor.

A todos os amigos, por acreditarem no meu trabalho e por tornarem realidade os meus sonhos.

Aos meus mestres, pelo constante aprendizado.

A todos os meus alunos, que, de um jeito ou de outro, sempre me incentivaram a continuar firme e esperançosa de que estou no caminho certo.

Epígrafe

Eu nunca vejo o que já foi feito. Eu somente vejo o que ainda falta para ser feito.

Marie Curie

Apresentação

A proposta deste livro é analisar as leis ambientais vigentes no país no que diz respeito aos princípios e às normas relacionados ao meio ambiente. Sob essa ótica, nosso objetivo é aprofundar o debate na busca de soluções mediadoras para a constante agressão ambiental que cometemos com a prática de um comportamento consumista, oferecendo instrumentos para sensibilizar a todos com a intenção de atingir uma administração socialmente justa e ambientalmente correta dos resíduos sólidos. Para isso, abordaremos alguns instrumentos de gestão como meios de sensibilização, a exemplo do licenciamento ambiental, da educação ambiental, do estudo do impacto ambiental, do geoprocessamento, da mediação, do planejamento ambiental e da auditoria ambiental.

Assim, estruturamos o conteúdo da seguinte forma:
no Capítulo 1, faremos uma introdução dos aspectos e dos impactos ambientais, relacionando as terminologias técnicas às características dos resíduos. Daremos ênfase às questões associadas à coleta seletiva e ao plano de gestão de resíduos sólidos. Além disso, apresentaremos uma digressão quanto às leis ambientais no Brasil, considerando as primeiras que foram estabelecidas.

No Capítulo 2, indicaremos quais são os critérios de classificação e de identificação dos resíduos industriais e suas origens. Procuraremos, ainda, estabelecer uma identidade dos resíduos em função de suas possíveis origens, a fim de traçar um rumo sustentável para esse problema.

Já no Capítulo 3, associaremos os impactos causados pela geração de resíduos e o destino associado a eles. Também abordaremos aspectos relacionados a lixões, assoreamento de corpos de água, drenagem e manejo de águas.

No Capítulo 4, por meio de conceitos de logística, apresentaremos questões relativas ao planejamento de processo, à execução e ao controle de transporte de cargas, à movimentação e ao armazenamento de substâncias dentro e fora das empresas. Realizaremos a análise do ciclo de vida com uma abordagem holística, para a verificação dos impactos ambientais causados por produtos e processos – desde o nascimento do produto até seu "túmulo". Nesse sentido, veremos que a identificação e a avaliação do ciclo proporcionarão a minimização dos problemas ambientais causados por cada atividade.

No Capítulo 5, trataremos do dano ambiental e da responsabilidade por sua ocorrência. Assim, discutiremos os conceitos contidos no plano nacional de resíduos sólidos e as leis federais de saneamento básico e abordaremos os instrumentos ambientais e o sistema de gestão ambiental.

No Capítulo 6, discutiremos a questão social referente às limitações decorrentes da produção sustentável com o objetivo de valorizar a atuação dos coletores de material reciclável, por meio da exposição dos aspectos sociais e econômicos envolvidos na gestão ambiental.

Portanto, com esta obra, buscaremos demonstrar que o meio ambiente não está limitado ao direito, mas também ao dever de todos. Assim, as leis ambientais nada mais são do que a representação de uma proteção reivindicada pela sociedade. Dessa forma, o direito ambiental pleiteia conhecimento e pesquisa permanentes, como instrumentos de mudança.

Desejamos a todos uma ótima leitura!

Como aproveitar ao máximo este livro

Empregamos nesta obra recursos que visam enriquecer seu aprendizado, facilitar a compreensão dos conteúdos e tornar a leitura mais dinâmica. Conheça a seguir cada uma dessas ferramentas e saiba como elas estão distribuídas no decorrer deste livro para bem aproveitá-las.

Introdução do capítulo

Logo na abertura do capítulo, informamos os temas de estudo e os objetivos de aprendizagem que serão nele abrangidos, fazendo considerações preliminares sobre as temáticas em foco.

Síntese

Ao final de cada capítulo, relacionamos as principais informações nele abordadas a fim de que você avalie as conclusões a que chegou, confirmando-as ou redefinindo-as.

Atividades de autoavaliação

Apresentamos estas questões objetivas para que você verifique o grau de assimilação dos conceitos examinados, motivando-se a progredir em seus estudos.

Atividades de aprendizagem

Aqui apresentamos questões que aproximam conhecimentos teóricos e práticos a fim de que você analise criticamente determinado assunto.

---

d) Não existem leis ou medidas que regulamentem a profissão de coletores de recicláveis.
e) Os catadores de matérias reutilizáveis e recicláveis não desempenham importância na implantação da Política Nacional de Resíduos Sólidos.

Atividades de aprendizagem

Questões para reflexão

1. Considerando a Resolução Conama n. 313/2002, qual é a importância da elaboração do Inventário Nacional de Resíduos Sólidos Industriais?
2. Existem cooperativas ou associações de coletores de resíduos recicláveis na região onde você vive? Quantas? Quais são as condições dos colaboradores? Eles gozam de benefícios e de assistência pública?

Atividade aplicada: prática

1. Determinada empresa gera, por mês, 100 kg de resíduos de politereftalato de etileno. Esse produto é enviado para um aterro industrial há aproximadamente seis anos. Porém, o novo gestor da organização quer reciclar esse resíduo. Isso é possível? Durante esses seis anos, a empresa gastou, com destinação, o valor médio de R$ 186,00 por tonelada. Se o resíduo for vendido por R$ 0,90 para a reciclagem, qual será o lucro obtido?

Bibliografia comentada

Nesta seção, comentamos algumas obras de referência para o estudo dos temas examinados ao longo do livro.

Bibliografia comentada

ASSUMPÇÃO, L. F. J. **Sistema de gestão ambiental**: manual prático para implementação de SGA e certificação ISO 14001/2015. São Paulo: Juruá, 2018.

Nesse livro, o autor aborda a implementação do sistema de gestão ambiental.

BITTENCOURT, S. **Comentários à lei de crimes contra o meio ambiente e suas sanções administrativas**. 3. ed. Belo Horizonte: Fórum, 1999.

O autor aborda questões associadas ao direito ambiental, baseado na Lei n. 9.605, de 12 de fevereiro de 1998, comentada com exatidão e proficiência.

CACLINI, N. G. **Consumidores e cidadãos**: conflitos multiculturais da globalização. Rio de Janeiro: Ed. da UFRJ, 1999.

Caclini relata as mudanças culturais ocorridas nas grandes cidades e enfatiza o papel da mídia na formação de opiniões e valores.

COPOLA, G. **A lei dos crimes ambientais comentada artigo por artigo**: jurisprudência sobre a matéria. 2. ed. Belo Horizonte: Fórum, 2012.

A obra trata dos efeitos e das devastações ambientais, com grande destaque para a Lei n. 9.605/1998.

FARIAS, T. **Licenciamento ambiental**: aspectos teóricos e práticos. 5. ed. Belo Horizonte: Fórum, 2019.

Nessa obra, Farias avalia diversos aspectos, inclusive a defesa do meio ambiente. Trata-se de um livro obrigatório para os profissionais que militam na área.

Capítulo 1

Gestão de resíduos

As questões ambientais estão fundamentadas na interação entre os meios físico, biológico e socioeconômico. A constante contaminação da água, do ar e do solo, além de doenças, catástrofes naturais e alterações no clima, na paisagem e na biodiversidade tornaram-se frequentes e despertam preocupações recorrentes com o meio ambiente.

O homem, durante gerações, imaginou-se o centro do mundo e o senhor da natureza; porém, ele está sendo substituído por um novo ser humano, ético e consciente de que faz parte de um grande ecossistema.

Sob essa ótica, neste primeiro capítulo, abordaremos questões associadas à origem dos resíduos, à coleta seletiva e à identificação de conceitos e definições para a aplicação de planos de gerenciamento de resíduos sólidos. Assim, enfatizaremos o conceito de responsabilidade social, com o objetivo de desenvolver uma visão proativa da sociedade com relação aos aspectos e aos impactos ambientais causados por empreendimentos industriais.

1.1 Aspectos e impactos ambientais

A promulgação da Constituição Federal, em 5 de outubro de 1988, conferiu ao meio ambiente um tratamento diferenciado. Em seu art. 225, o texto legal estabelece que todos os brasileiros têm direito a um meio ambiente ecologicamente equilibrado, de uso comum do povo e essencial à sadia qualidade de vida. O mesmo texto impõe, ainda, que o Poder Público e a coletividade têm o dever de defendê-lo e preservá-lo (Brasil, 1988a).

Atualmente, vivemos em um mundo globalizado, com muitas sociedades capitalistas que obedecem a uma economia de mercado mobilizada pela vontade individual de obter lucro. Para sustentar o capitalismo, são necessárias estabilidade de preço, alta taxa de empregos e concorrências interna e externa equilibradas.

Nesse sentido, a exploração de recursos naturais é de grande importância para sustentar o capitalismo e impulsionar o desenvolvimento econômico de um país. No entanto, isso deve ser feito com bastante racionalidade.

Para diminuir o conflito entre um meio ambiente preservado e uma economia de mercado, deve prevalecer o desenvolvimento sustentável, ou seja, é essencial vincular a economia, a oferta de mão de obra e os setores de energia e de transportes a fatores como planejamento urbano, zoneamento industrial, proteção a mananciais e defesa e manutenção do meio ambiente.

Dessa forma, é importante compreender que o meio ambiente não é igual a natureza ou a recursos naturais. A multiplicidade de conceitos atribuídos à expressão *meio ambiente* proporciona equívocos de interpretação. Por isso, adotaremos a terminologia que a legislação brasileira consagra.

Na esteira desse raciocínio, a Lei n. 6.938, de 31 de agosto de 1981 (Brasil, 1981), representa um grande marco ambiental. Ela dispõe sobre a Política Nacional do Meio Ambiente (PNMA) e, em seu art. 3º, não apenas acolheu, como também precisou a terminologia a respeito do meio ambiente: "Para os fins previstos nesta Lei, entende-se por: I–meio ambiente, o conjunto de condições, leis, influências e interações de ordem física, química e biológica, que permite, abriga e rege a vida em todas as suas formas" (Brasil, 1981).

Essa lei possibilitou a compreensão de que o meio ambiente não pode ser considerado um bem disponível ao homem, usado apenas para sua sobrevivência e seu conforto. Ele deve ser assegurado e conservado em sua totalidade. Logo, o uso racional da natureza e dos recursos naturais é essencial para a sobrevivência humana.

O meio ambiente pode ser compreendido como a interação entre os meios físico (ar, água e solo), biológico (fauna e flora) e socioeconômico (atividades antrópicas) conforme exposto na Figura 1.1.

Figura 1.1 – Interação entre os meios

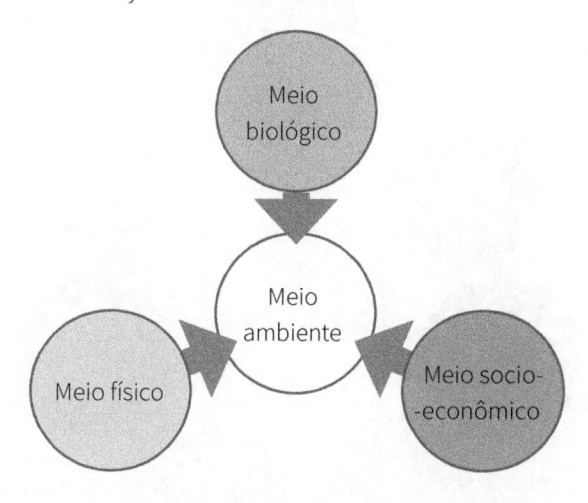

A harmonia entre os meios físico, biológico e socioeconômico garante a qualidade da integração e da interação desse conjunto. Toda vez que reciclamos resíduos sólidos, tratamos os efluentes, resguardamos os patrimônios histórico e arqueológico e defendemos os animais e as florestas, estamos agindo para que o equilíbrio ambiental seja atingido.

Nesse sentido, toda organização apresenta aspectos ambientais que podem causar modificações no meio ambiente, em função do que consome, gera ou emite ao desenvolver de suas atividades.

Na Figura 1.2, é possível verificar as atividades existentes dentro da maioria das organizações, sendo que cada uma é responsável por diferentes aspectos ambientais quantitativos e/ou qualitativos de emissões atmosféricas, geração de resíduos sólidos, despejo de efluentes líquidos e uso de energia, matéria-prima e insumos.

Figura 1.2 – Setores de uma organização

Deixar de identificar uma atividade desenvolvida por uma organização pode resultar na falta de controle dos aspectos ambientais associados a ela e que, em longo prazo, pode causar um problema ambiental.

Os impactos ambientais representam as consequências, os danos ou os efeitos que os aspectos ambientais causam à natureza. Sob essa ótica, o Conselho Nacional do Meio Ambiente (Conama), por meio da Resolução Conama n. 1, de 23 de janeiro de 1986, define *impacto ambiental* como sendo qualquer alteração das propriedades químicas, físicas e biológicas do meio ambiente (Brasil, 1986a).

Tal alteração pode ser causada por diferentes formas de energia ou matéria resultantes da atividade humana. Seus impactos podem proporcionar comprometimento direto ou indireto à saúde, à segurança e ao bem-estar da população, bem como prejuízo das atividades sociais e econômicas, das condições estéticas e sanitárias, da biota e da qualidade dos recursos ambientais.

Portanto, um aspecto ambiental pode ser considerado a causa e o impacto ambiental, além do efeito gerado. A esse respeito, apresentamos alguns exemplos relacionados no Quadro 1.1 entre o aspecto ambiental e o impacto gerado.

Quadro 1.1 – Relações entre aspecto ambiental e impacto causado

Aspecto ambiental	Impacto ambiental
Captação de água em ribeirão próximo à organização	Esgotamento de recursos hídricos.

(continua)

(Quadro 1.1 - conclusão)

Aspecto ambiental	Impacto ambiental
Despejo de efluente líquido	Alteração da qualidade do corpo receptor.
Consumo de energia elétrica	Os impactos gerados na fase da construção das hidrelétricas, pelas grandes áreas alagadas, causam impactos ambientais significativos.
Não reciclagem e não reutilização dos materiais utilizados para atender à função do produto	Esgotamento de recursos naturais.

Dessa forma, a defesa do meio ambiente representa uma parte essencial do conceito de desenvolvimento. Por isso, é necessário que a organização desenvolva processos, estratégias e atitudes ambientalmente corretas, economicamente viáveis, socialmente justas e culturalmente diversificadas para garantir a sobrevivência dos recursos naturais do planeta, ao mesmo tempo que possibilite aos seres humanos e à sociedade elaborar soluções sustentáveis de desenvolvimento.

O constante monitoramento dos aspectos ambientais de cada atividade desenvolvida dentro de uma organização é essencial para o controle dos impactos ambientais proporcionados. Somente com base nesse monitoramento torna-se possível desenvolver estratégias de melhoria contínua.

No art. 225 da Constituição Federal de 1988, parágrafo 1º, inciso IV, estabelece-se a necessidade de promover um estudo de impacto ambiental pelas organizações com o objetivo de implementar ações de remediação (Brasil, 1988a). Essa exigência

é referida na forma da lei para a instalação de obra ou de atividade causadora de significativa degradação ambiental, com base no Estudo Prévio de Impacto Ambiental (EIA).
Por meio do EIA, pode-se assegurar efetivamente o direito a um meio ambiente ecologicamente equilibrado, uma vez que sua elaboração deve ocorrer em caráter prévio, antes do início da execução de atividades de maior potencial poluidor.

Esse estudo é dividido em cinco fases: a primeira representa o planejamento da atividade; a segunda resulta das análises técnicas realizadas pela equipe multidisciplinar; a terceira envolve a elaboração do Relatório de Impacto Ambiental (Rima) ou do Relatório de Ausência de Impacto Ambiental Significativo (Raias); a quarta diz respeito à avaliação por parte do órgão competente, incumbido do julgamento de viabilidade ou não do projeto; e a quinta consiste na execução e na aplicação da atividade após a outorga da licença de operação.

As atividades produtivas, independentemente de sua natureza, podem gerar impactos ao meio ambiente. Por isso, os diferentes fatores ambientais devem integrar o processo de gestão das organizações, influenciando o surgimento dos conceitos que regem a responsabilidade social empresarial.

Todo e qualquer processo industrial é caracterizado pelo uso de insumos (matéria-prima, água, energia etc.) que, submetidos a uma transformação, dão lugar a produtos, subprodutos e resíduos. Muitas vezes, as associações entre questões ambientais e custos adicionais comprometem a proatividade, e as organizações perdem as oportunidades para a redução da geração de resíduos.

Por isso, é necessário identificar em resíduos e subprodutos um recurso potencial a ser aproveitado. Essa ação no horizonte de negócios pode resultar em atividades que proporcionem lucro ou, pelo menos, que se paguem com a poupança de energia ou de outros recursos naturais.

1.1.1 Problemas ambientais e seus impactos

É bastante importante entender que os problemas ambientais não respeitam fronteiras territoriais. Algumas escolhas realizadas por determinados países geram consequências de amplitude global pelo fato de se dispersarem e serem levadas a grandes distâncias pelo vento ou pelas águas.

Dessa forma, fica fácil perceber que os efeitos nocivos se estendem para muito além do foco poluidor, como é o caso da diminuição da camada de ozônio, do efeito estufa e da chuva ácida. Nessas situações, a emissão de substâncias causa problemas ambientais globais, conforme explicaremos nas seções a seguir.

1.1.2 Camada de ozônio

O Sol fornece energia essencial para a vida na Terra, que consiste na mistura de radiações com diferentes comprimentos de onda – luz visível, radiação ultravioleta (UV) e radiação infravermelha. A radiação UV corresponde a ondas eletromagnéticas com comprimento na faixa de 100 nm a

400 nm (UV-A: 320 nm a 400 nm; UV-B: 290 nm a 320 nm; e UVC: 100 nm a 290 nm).

A proteção contra a radiação UV é proporcionada pela camada de ozônio, que funciona como um filtro, deixando passar alguns comprimentos de onda (UV-A e UV-B) e refletindo outras (UV-C), conforme podemos ver na Figura 1.3. Segundo o Ministério do Meio Ambiente (MMA), a camada de ozônio absorve aproximadamente 95% dos perigosos raios UV emitidos pelo Sol.

Figura 1.3 – Ilustração sobre os efeitos do buraco na camada de ozônio

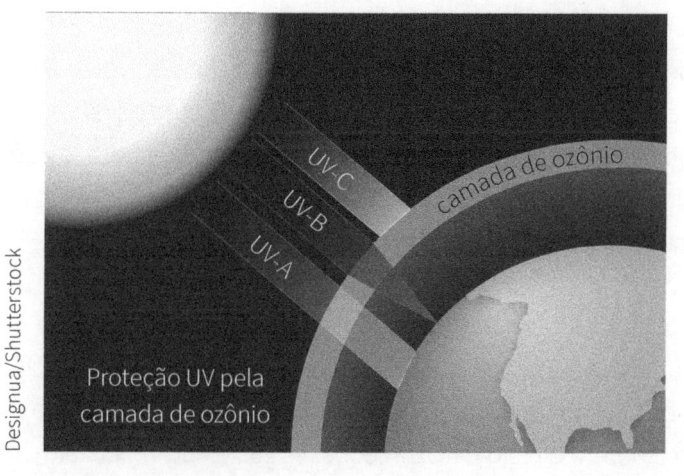

O ozônio é um alótropo triatômico do oxigênio (O_3), muito menos estável que o oxigênio diatômico (O_2), e encontra-se distribuído na troposfera e na estratosfera. Ele é formado quando as ligações moleculares do oxigênio diatômico se rompem, em razão da radiação ultravioleta que vem do Sol, sendo que os átomos se combinam triatomicamente. Portanto, a geração de ozônio na atmosfera depende da quantidade de energia vinda do Sol. Em períodos de alta atividade solar, o gás é criado em grande quantidade; em períodos de calmaria da atividade solar, a camada de ozônio é mais fina. Da mesma forma, durante a noite, ela desaparece em poucas horas, sendo reposta assim que o Sol nasce. Não há ozônio sobre cada polo em seu período de inverno polar porque não há luz solar.

Acima da estratosfera, o ar é muito leve, e a quantidade de moléculas é tão baixa que a maioria do oxigênio existe na forma atômica, resultado da dissociação das moléculas de oxigênio por fótons UV-C de luz solar.

Na estratosfera, o oxigênio se apresenta na forma diatômica (O_2), pois já não existe tanta radiação. As moléculas atômicas do nível superior acabam por colidir com as diatômicas, por meio de um processo não catalítico, gerando, assim, o ozônio, o qual, por sua vez, absorve radiação e libera novamente moléculas diatômicas e atômicas. O ciclo oxigênio-ozônio absorve a radiação solar, transformando-a em energia térmica na estratosfera.

Alguns gases conhecidos como clorofluorcarbonos (CFCs), utilizados como fluidos de resfriamento por muitos países, comprometem o ciclo do ozônio. Esses gases foram inicialmente sintetizados nos Estados Unidos em 1928 e muito bem aceitos por ter versatilidade, baixo preço e facilidade de estocagem. Dessa forma, em quase todo o planeta, passaram a ser largamente empregados como gases refrigerantes em geladeiras, aparelhos de ar-condicionado e propelentes de aerossol. E assim foi até a década de 1970, quando se suspeitou que, ao escaparem para a atmosfera, eles comprometeriam a camada de ozônio (Torrico, 2016).

Os gases contendo clorofluorcarbonos permanecem na atmosfera de 80 a 100 anos. Ao subirem até a estratosfera, por ação da radiação ultravioleta, são liberados radicais livres que destroem de forma catalítica as moléculas de ozônio (Figura 1.4), ocasionando uma diminuição da espessura da camada desse gás.

Figura 1.4 – Mecanismo de destruição da camada de ozônio pelos CFCs

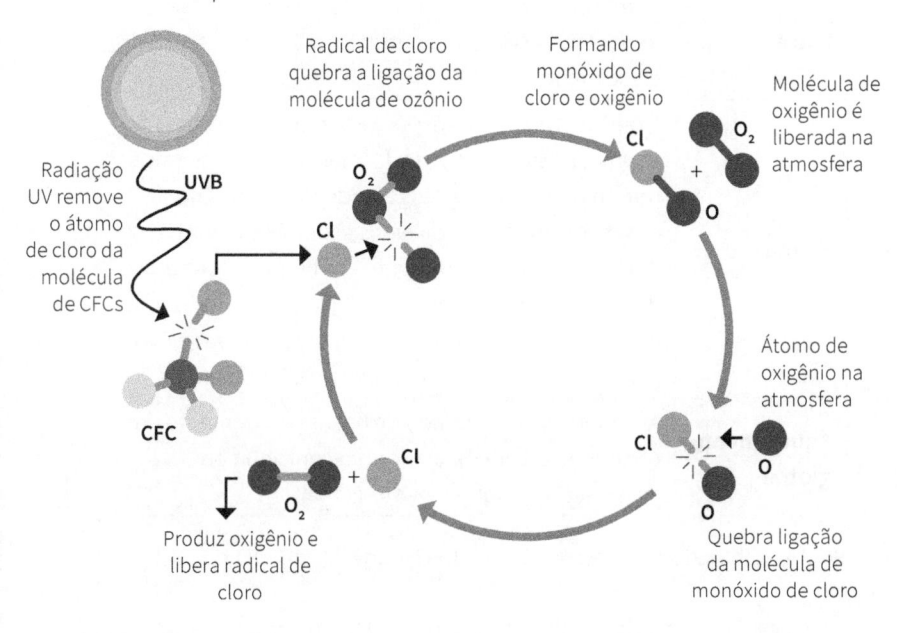

Fonte: Albuquerque, 2016.

A diminuição na densidade da camada de ozônio ocasiona o aumento da quantidade de raios ultravioleta que chegam à superfície da Terra, resultando em consideráveis impactos ambientais, conforme exposto no Quadro 1.2.

Quadro 1.2 – Impactos causados pela diminuição da camada de ozônio

Impacto	Danos
Seres humanos	Envelhecimento precoce, mutação genética, problemas no sistema imunológico e câncer de pele.
Flora	Comprometimento do processo de fotossíntese, impactando o sistema nutritivo das plantas e seu crescimento.
Fauna	Moléculas orgânicas expostas a radiação UV têm alterações significativas e formam ligações químicas nocivas aos seres vivos, gerando problemas no desenvolvimento de diversas espécies marítimas, como peixes, camarões, caranguejos e fitoplânctons (base da cadeia alimentar marítima). Além disso, o contato com essa radiação pode causar diversas mutações genéticas, alterando totalmente o DNA dos seres vivos.
Aquecimento global	A diminuição da camada de ozônio e o aumento da quantidade de raios UV podem contribuir para a aceleração do aquecimento global.

Fonte: Elaborado com base em Tevini, 1993; Hader, 2000; 2011.

Com o intuito de minimizar os impactos mundiais gerados pela utilização dos CFCs, em 1987, diversos países assinaram o Protocolo de Montreal. Essas nações se comprometeram a erradicar o uso de substâncias que provocassem algum dano à camada de ozônio e a implantar uma série de medidas protetivas.

O Brasil aderiu ao Protocolo de Montreal em 1990 por meio do Decreto n. 99.280, de 6 de junho de 1990, e se comprometeu a eliminar o CFC completamente até 2010 (Brasil, 1990c). Esse compromisso foi cumprido. Segundo uma estatística levantada pela Organização das Nações Unidas (ONU), o Brasil é o quinto país que mais reduziu o consumo de CFCs após o protocolo, atrás de Rússia, Japão, Estados Unidos e China (Cetesb, 2008).

Assim, os CFCs foram substituídos pelos hidroclorofluorcarbonos (HCFCs), que apresentam menor potencial de agressão ambiental. O mais usado na climatização é o chamado *R-22*. No entanto, descobriu-se que os HCFCs agravam o efeito estufa. Por isso, eles passaram a ser gradativamente substituídos e deverão ser extintos até 2040, por meio de ações desenvolvidas pelo Programa Brasileiro de Eliminação de HCFCs (PBH). O MMA vai coordenar, ao longo dos próximos anos, uma série de ações que visam à eliminação gradativa dos HCFCs na indústria brasileira.

Uma opção para a substituição desses gases se refere aos gases ecológicos do grupo de HFCs (hidrofluorcarbonetos). Em processos de climatização, o HFC mais usado é o R410A. Mas é importante salientar que os HFCs também contribuem para o efeito estufa e o aquecimento global, só que em uma escala muito menor do que as das alternativas anteriores.

1.1.3 Aquecimento global

Outro problema ambiental de significativo impacto é o aquecimento global, ou seja, o aumento das temperaturas médias do planeta ao longo dos últimos tempos, causado pela geração de gases poluentes decorrentes das ações humanas (nem todos no campo científico concordam com essa afirmação).

Os principais gases são: o dióxido de carbono (CO_2), gerado em maior parte pela queima de combustíveis fósseis; o gás metano (CH_4), originado na pecuária, na queima de combustíveis e da biomassa e também em aterros sanitários; e o óxido nitroso (N_2O).

Além do aumento da temperatura no planeta, existem outros impactos previstos como consequências das mudanças climáticas, os quais estão descritos no Quadro 1.3.

Quadro 1.3 – Impactos causados pelo aquecimento global

Impacto	Danos
Eventos climáticos extremos	Aumento na frequência e na intensidade de eventos climáticos extremos, tais como enchentes, tempestades, furacões e secas.
Elevação do nível do mar	Aumento do nível do mar, o que implicaria o desaparecimento de muitas ilhas (em alguns casos, de países inteiros), com danos fortes em várias áreas costeiras, além de causar enchentes e erosão.
Degelo	O Ártico já perdeu cerca de 7% de sua superfície desde 1900. Os processos de derretimento desse gelo são lentos. A eliminação completa da cobertura de gelo da Groenlândia, por exemplo, contribuiria para um aumento de cerca de 7 metros do nível do mar, embora possa levar vários séculos para que esse derretimento venha a ocorrer.

(continua)

(Quadro 1.3 – continuação)

Impacto	Danos
Recursos hídricos	Mudanças no regime das chuvas, em que áreas áridas poderão se tornar ainda mais secas. Avanço de água salgada nas áreas de foz de rios, além de escassez de água potável em regiões críticas, que já enfrentam problemas hídricos. As previsões ainda alertam sobre os riscos de diminuição dos estoques de água armazenados nas geleiras e na cobertura de neve, ao longo deste século. As áreas como os Andes e o Himalaia, que dependem do derretimento de neve armazenada no inverno, podem sofrer impactos significativos na disponibilidade de água.
Mudanças nos ecossistemas	Alterações climáticas colocam em risco a sobrevivência de várias espécies do nosso planeta. Como consequência do aquecimento global, a biodiversidade de vários ecossistemas deverá diminuir, e ocorrerão mudanças na distribuição e no regime de reprodução de diversas espécies. A antecipação ou o retardamento do início do período de migração de pássaros e insetos e dos ciclos reprodutivos de sapos, a floração precoce de algumas plantas, a redução na produção de flores e frutos de algumas espécies da Amazônia, a diminuição da distribuição geográfica de recifes de corais e mangues, o aumento na população de vetores como malária ou dengue e a extinção de espécies endêmicas são alguns exemplos dos impactos da mudança climática global sobre a biodiversidade do planeta.

(Quadro 1.3 – conclusão)

Impacto	Danos
Desertificação	A desertificação é principalmente causada pelas atividades humanas e por alterações climáticas. Áreas inteiras podem se tornar inabitáveis, como consequência de crescentes efeitos do aquecimento global, da agricultura predatória, das queimadas, dos mananciais sobrecarregados e das explosões demográficas.
Agricultura	Nas regiões subtropicais e tropicais, mudanças nas condições climáticas e no regime de chuvas poderão modificar significativamente a vocação agrícola de uma região; à medida que a temperatura mudar, algumas culturas e zonas agrícolas terão de migrar para regiões com clima mais temperado ou com maior nível de umidade no solo e de taxa de precipitação. Com o aumento da vulnerabilidade da produção de alimentos às mudanças climáticas, cresce também o risco de a fome atingir um número muito maior de pessoas no mundo. Isso ocorreria principalmente nos países pobres, os quais são os mais vulneráveis aos efeitos do aquecimento global e os menos preparados para enfrentar seus impactos.
Saúde e bem--estar humano	Aumento na frequência de doenças relacionadas ao calor (por exemplo, insolação e *stress* térmico) e daquelas transmitidas por mosquitos, tais como malária e dengue. Ainda há a possibilidade de ocorrer o deslocamento da população humana em função das alterações no clima.

Fonte: Elaborado com base em Ipam Amazônia, 2015.

É importante mencionar que, em 1997, na cidade de Quioto, durante a realização de fóruns de debates relacionados às questões climáticas, na Conferência das Nações Unidas sobre as Mudanças Climáticas (COP), foi apresentado um protocolo com o objetivo de transformar as reduções de emissão de gases do efeito estufa em questões obrigatórias. Surgiu, assim, o Protocolo de Quioto, o qual estabeleceu que os países parceiros teriam até 2008 para reduzir suas emissões em relação às de 1990, sendo que as reduções deveriam ser comprovadas no período entre 2008 e 2012, com o intuito de diminuir o impacto ambiental causado por esses gases.

Vale ressaltar que o Brasil se apresentou como um dos países mais preparados no combate aos avanços e aos impactos do aquecimento global. Sozinho, o país reduziu, em 2010, o dobro dos índices verificados por todos os países envolvidos no acordo internacional. O controle do desmatamento, no período de um ano, foi equivalente às emissões totais anuais de países como Espanha e Reino Unido (Tolentino, 2014).

1.1.4 Chuvas ácidas

A água da chuva é naturalmente ácida, em função de uma pequena quantidade de dióxido de carbono (CO_2) presente na atmosfera. O dióxido de carbono é solúvel em água, portanto, em contato com ela, proporciona a formação do chamado *ácido carbônico* (H_2CO_3). O pH* da água em equilíbrio com o CO_2 atmosférico é de aproximadamente 5,6. A reação da água com o gás carbônico é a seguinte:

$$CO_{2\,(g)} + H_2O_{\,(l)} \rightarrow H_2CO_{3\,(aq)}$$

Quando não é natural, a denominada *chuva ácida* é decorrente do aumento dos gases oriundos da queima de combustíveis fósseis usados nos transportes, nas termoelétricas, nas indústrias e em outras fontes de combustão. As chuvas ácidas também podem ser formadas por causas naturais, como a liberação de gases durante a erupção de um vulcão. A grande concentração desses gases compromete o pH da chuva, levando-o a valores muito mais representativos do que 5,6. Como resultado da chuva ácida, ocorre a destruição da cobertura vegetal, bem como a acidificação dos solos e das águas de rios e lagos, conforme esquematizado na Figura 1.5.

---

* O pH é definido como potencial hidrogeniônico presente em uma solução ou em uma mistura. Refere-se à concentração molar de cátions hidrônio (H^+), indicando um meio ácido, neutro ou básico.

Figura 1.5 – Chuva ácida

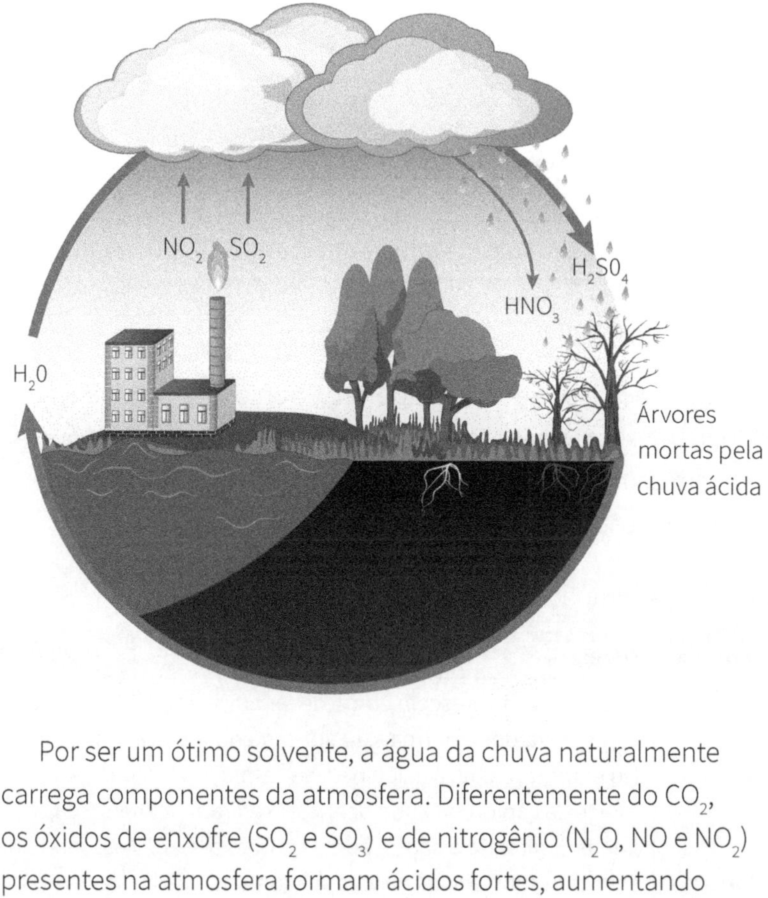

Árvores mortas pela chuva ácida

Por ser um ótimo solvente, a água da chuva naturalmente carrega componentes da atmosfera. Diferentemente do CO_2, os óxidos de enxofre (SO_2 e SO_3) e de nitrogênio (N_2O, NO e NO_2) presentes na atmosfera formam ácidos fortes, aumentando a acidez da água pluvial. Na atmosfera, ocorrem as seguintes reações:

$$2SO_2 + O_2 \longrightarrow 2SO_3$$
$$2SO_3 + 2H_2O \longrightarrow 2H_2SO_4$$

Reações semelhantes acontecem com os óxidos de nitrogênio (N_2). Como o ar é formado por N_2 e O_2, durante as tempestades, os raios provocam a seguinte reação:

$$N_2 + O_2 \longrightarrow 2NO$$

Consequentemente:

$$2NO + O_2 \longrightarrow 2NO_2$$

$$2NO_2 + H_2O \longrightarrow HNO_2 + HNO_3$$

$$2HNO_2 + O_2 \longrightarrow 2HNO_3$$

A chuva ácida pode ser transportada por longas distâncias e pode ocorrer em locais em que não há fontes de poluentes que lhe sejam causadores. Alguns dos impactos ocasionados pela chuva ácida estão descritos no Quadro 1.4.

Quadro 1.4 – Impactos causados pela chuva ácida

Impacto	Danos
Florestas	As árvores não crescem como deveriam, e as folhas, em vez de estarem verdes e normais, ficam castanhas e acabam caindo. No entanto, a chuva ácida não é a responsável direta pela morte das árvores. O que ocorre é o enfraquecimento das folhas, limitando a captação dos nutrientes e envenenando o solo com substâncias tóxicas. A água acidificada dissolve os nutrientes que estão no solo e os arrasta rapidamente, antes que as plantas possam absorvê-los. Além disso, a chuva ácida pode causar a liberação de algumas substâncias tóxicas no solo, como o alumínio. As árvores enfraquecidas são mais facilmente atacadas por doenças e insetos.

(continua)

(Quadro 1.4 – conclusão)

Impacto	Danos
Materiais	A chuva ácida pode ser responsável pela corrosão de pedra, metal ou tinta. Praticamente todos os materiais se degradam gradualmente quando expostos à chuva e ao vento. A chuva ácida acelera esse processo, destruindo estátuas, prédios ou monumentos. É importante saber que reparar os estragos causados pela chuva ácida em casas e prédios pode ser extremamente caro; além disso, muitos monumentos se encontram já muito degradados, e a sua recuperação ou substituição muitas vezes é impossível. O principal constituinte dos mármores, os quais são utilizados na construção de prédios e monumentos, é o calcário (carbonato de cálcio – $CaCO_3$), que reage com os ácidos contribuintes da acidez da chuva ácida.
Água	A maioria dos rios e lagos tem um pH entre 6 e 8. À medida que a acidez aumenta, os peixes vão desaparecendo. Mesmo que alguns mais resistentes consigam sobreviver, é muito difícil que a sua continuidade esteja assegurada, uma vez que os seus ovos não têm possibilidade de eclodir.

Fonte: Elaborado com base em Fogaça, 2020.

 O progresso e o desenvolvimento econômico estão amplamente associados à poluição ambiental. Quanto mais emergente for a economia, mais sujeito à poluição ambiental o país estará. Esse é um sinal de crescimento, ou seja, de que as pessoas estão consumindo. Portanto, as leis ambientais devem ser estabelecidas e seguidas, a fim de minimizar os danos à natureza.

 Foram muitos os equívocos ambientais ocorridos durante o desenvolvimento das civilizações. É interessante pensar que, até a metade do século passado, o lixo era predominantemente composto de restos de matéria orgânica, isto é, de comida; com o avanço tecnológico, materiais como plásticos, isopores, pilhas, baterias de celular, pneus e lâmpadas se tornaram cada vez mais frequentes, contaminando e comprometendo o meio ambiente (Figura 1.6).

Figura 1.6 – Contaminação ambiental

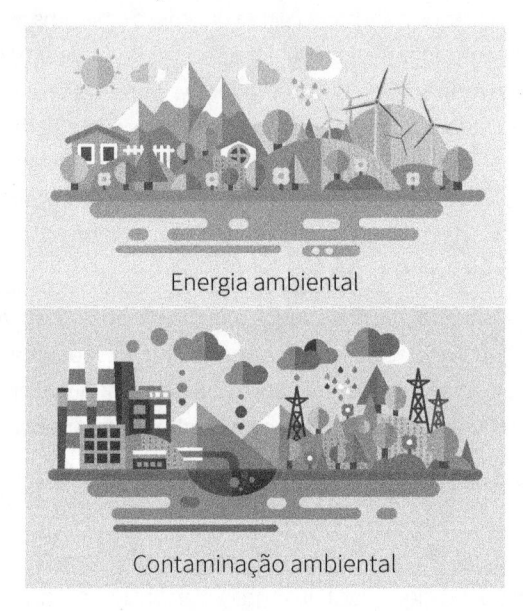

Energia ambiental

Contaminação ambiental

NotionPic/Shutterstock

Historicamente, durante a Revolução Industrial, iniciada no século XVIII, os problemas ambientais tiveram início. Não apenas a forma de produzir se transformou mundialmente, mas também as maneiras de explorar as riquezas naturais.

Com o passar do tempo, as variações tecnológicas surgiram, e a pressão por lucro e o alcance por melhor desempenho aumentaram a exploração da natureza, provocando impactos ambientais negativos, de difícil recuperação e, muitas vezes, irreversíveis, como vimos anteriormente.

Agora, no século XXI, passamos por uma nova revolução, a da tecnociência. Porém, os erros cometidos são semelhantes e até mais graves do que os cometidos no século XVIII. A diferença é que atualmente a sociedade tem muito mais condições para refletir sobre sua responsabilidade, em razão do impacto gerado.

Segundo Juras (2015, p. 51), "a poluição é sem dúvida umas das extremidades mais marcantes do modo de produção e consumo da sociedade moderna, que tem a indústria como uma de suas características marcantes". Sob essa ótica, é preciso usar a tecnologia e a ciência para mudar a situação ambiental do planeta.

1.2 A origem dos resíduos

Os conceitos atribuídos ao lixo e aos resíduos se apresentam de forma bastante distintas. O primeiro caracteriza tudo o que não pode ser reaproveitado ou reciclado, e o segundo relaciona as substâncias provenientes da atividade humana que podem provocar efeitos consideráveis ao homem e ao meio ambiente, mas que, se reutilizados parcialmente ou totalmente, geram economia dos recursos naturais.

Na norma da Associação Brasileira de Normas Técnicas (ABNT) NBR 10004/2004, há uma classificação geral para resíduos. Eles são conceituados como "materiais no estado sólido ou semissólido que resultam de atividades de origem: industrial, doméstica, hospitalar, comercial, agrícola, de serviços e varrições" (ABNT, 2004a, p. 13).

A classificação dos resíduos facilita o gerenciamento estratégico, feito com base em suas características e em suas propriedades identificáveis, basicamente de acordo com suas origens e seus graus de periculosidade.

A natureza (ou origem) desses materiais é um fator importante na caracterização dos resíduos sólidos e possibilita a identificação do responsável direto pelo gerenciamento e pelas normas legais a eles relacionados.

Nesse sentido, a Lei n. 12.305, de 2 de agosto de 2010, estabelece que os resíduos devem ser classificados, quanto à origem, em domiciliares, comerciais, públicos, agrossilvopastoris, de serviços hospitalares e de saúde, de serviços de transportes, industriais, da construção civil e de mineração (Brasil, 2010d).

A logística permite um sistema de responsabilidade compartilhada para o destino dos resíduos sólidos. Governos, empresas e consumidores passam a ser responsáveis pela sua segregação, bem como pelo descarte e pelo destino adequado. A ideia é garantir um sistema sustentável baseado na economia dos processos produtivos das empresas, uma vez que tais resíduos voltam para a cadeia produtiva, diminuindo o consumo de matérias-primas.

1.2.1 Resíduos de origem domiciliar

Originados nas atividades diárias em residências, os resíduos de origem domiciliar são constituídos por restos de alimentos, jornais e revistas, embalagens, papel higiênico, fraldas descartáveis e diversos outros itens. Esses materiais são coletados pelo Poder Público e destinados a aterros sanitários. Vale ressaltar a necessidade do estímulo à segregação e à coleta seletiva, uma vez que o consumo humano gera uma quantidade considerável de resíduos perigosos, como pilhas, baterias, lâmpadas e materiais contaminados, que, se não forem separados corretamente, comprometerão o tempo de vida útil dos aterros sanitários, além de proporcionar contaminação do chorume gerado.

1.2.2 Resíduos de origem comercial

Conforme a Lei n. 12.305/2010, os resíduos de origem comercial e de prestadores de serviços (como lojas, supermercados, *shoppings centers*, bares, restaurantes e estabelecimentos públicos) são sumariamente compostos por papel, papelões, polímeros, madeira, metais e materiais provenientes das atividades e do asseio dos funcionários (Brasil, 2010d). Além disso, tais resíduos podem conter produtos perigosos ao meio ambiente e nocivos à saúde, os quais, inclusive, também podem ser encontrados no lixo de origem doméstica. Assim como os resíduos domésticos, os de origem comercial são representados por materiais não perigosos e, quando não são reciclados, destinam-se a aterros sanitários convencionais.

Os resíduos originados nos serviços de limpeza urbana, varrição de ruas, galerias e praias, bem como de podas de árvores, limpezas de terrenos e córregos, apresentam baixo potencial de poluição. Esses resíduos não apresentam problema quanto a sua composição, mas, na maioria dos casos, compreendem volumes elevados. Também são dispostos em aterros sanitários urbanos.

1.2.3 Resíduos de origem agrossilvopastoril

Os resíduos de origem agrossilvopastoril são oriundos das atividades agrícola, pecuária e silvícola. Eles apresentam características específicas de grande volume, muito vinculadas a embalagens poliméricas usadas no acondicionamento de sementes, adubos, agrotóxicos, produtos veterinários e fitossanitários, medicamentos veterinários vencidos, óleos e lubrificantes dos maquinários agrícolas, além de materiais orgânicos originados nas sobras de biomassa das colheitas e das criações de animais em confinamento.

A falta de conscientização com relação ao manuseio adequado desses materiais faz com que sejam misturados aos resíduos comuns e dispostos nos vazadouros municipais. Em uma realidade muito pior, eles muitas vezes são queimados nas próprias propriedades rurais, gerando gases tóxicos (dioxinas).

Vale ressaltar que a Resolução Conama n. 316, de 29 de outubro de 2002, estabelece regras para o sistema de tratamento térmico de dioxinas e furanos. Por exemplo, as embalagens de agrotóxicos devem ser criteriosamente descontaminadas, longe dos aquíferos, e incineradas ou depositadas em aterros industriais (Brasil, 2002d).

1.2.4 Resíduos de origem hospitalar

Os serviços hospitalares e de saúde podem conter resíduos de origem patogênica oriundos de hospitais, clínicas, farmácias, postos de saúde e consultórios médicos e dentários. Esses materiais são compostos por seringas, agulhas, algodão utilizado em ferimentos, luvas, sangue coagulado, gaze, bandagens, meios de culturas, remédios com prazos de validade vencidos, restos orgânicos, radiografias, resinas e outros materiais potencialmente contaminantes. Eles não devem ser depositados em aterros sanitários. Assim, alguns hospitais têm câmaras crematórias; outros contam com fornos de micro-ondas; ainda, em alguns municípios, são adotadas valas sépticas apropriadas para o descarte controlado, conforme estabelecem as normas técnicas e a legislação vigente – Resolução RDC n. 306, de 7 de dezembro de 2004 (Brasil, 2004a), e Resolução Conama n. 358, de 29 de abril de 2005 (Brasil, 2005b).

Os produtos assépticos, como papéis, restos de alimentos, resíduos de limpeza e outros que não tenham contato direto com pacientes, são considerados resíduos domiciliares. Além destes, os serviços de saúde podem gerar resíduos radioativos, que emitem radiações acima dos limites permitidos pelas normas ambientais.

No Brasil, o manuseio, o acondicionamento e a disposição final do lixo radioativo ficam a cargo da Comissão Nacional de Energia Nuclear (CNEN). Vale lembrar o acidente ocorrido em Goiânia, em setembro 1987, em que o desmembramento, por catadores de papel, de uma cápsula de césio 137 oriunda de um aparelho de radioterapia resultou no maior desastre radiológico do país. Ocorreram inúmeras mortes e dezenas de pessoas foram contaminadas pelo elemento químico. O resíduo em questão continha aproximadamente 3 cm de comprimento e 90 g de peso. Até então, os envolvidos desconheciam a sua periculosidade e distribuíram partes e porções do pó.

1.2.5 Resíduos provenientes de serviços de transportes

Os resíduos gerados em portos, aeroportos e terminais rodoviários e ferroviários podem conter agentes contaminantes trazidos pelos viajantes de outros países, regiões ou cidades. Constituídos principalmente por restos de alimentos e embalagens, materiais de higiene e asseio pessoal, eles necessitam de um gerenciamento semelhante aos dos resíduos de saúde.

Um exemplo característico de contaminação com resíduos de origem em serviços de transportes é o conhecido mexilhão dourado, molusco de água doce e de pequeno porte, originário do sudeste asiático, que chegou acidentalmente ao continente sul-americano em meados da década de 1990, trazido pelas águas utilizadas como lastro em navios cargueiros. Após a ocupação inicial da Bacia do Rio da Prata, o mexilhão se dispersou em sentido ascendente pelas bacias dos rios Paraguai e Paraná, chegando ao Lago Itaipu em 2001. Com grande capacidade de proliferação e de fixação, bem como por formar macroaglomerados, o mexilhão dourado se tornou uma espécie invasora com alto potencial de comprometimento industrial, por adentrar tubulações de água e gerar obstruções em equipamentos de abastecimento (Itaipu Binacional, 2020).

1.2.6 Resíduos de origem industrial

Os processos industriais geram uma quantidade considerável de contaminantes provenientes de diversas indústrias de transformação. Logo, as atividades industriais são as principais produtoras de resíduos perigosos, e sua gestão requer planejamento detalhado e investimentos financeiros e técnicos. Por se tratar de materiais com características específicas, devem ser segregados individualmente, conforme designação adotada na NBR ISO 10004, da ABNT, que classifica os resíduos industriais em duas categorias: classe I (perigosos) e classe II (não perigosos) (ABNT, 2004a).

1.2.7 Resíduos provenientes da construção civil

Os resíduos oriundos da construção civil, decorrentes de obras de expansão urbana de empresas públicas e privadas, são, em sua grande maioria, constituídos por materiais inertes e reaproveitáveis, podendo apresentar alguns elementos tóxicos, como tintas, solventes, polímeros termofixos, pincéis e outros produtos de pintura.

Uma parte desses resíduos também é constituída por polímeros diversos (tubos e conexões de redes elétrica e hidráulica), embalagens de papel, papelão e madeiras. Por determinação legal, não devem ser depositados em aterros sanitários.

1.2.8 Resíduos provenientes da mineração

O Brasil produz cerca de 80 substâncias minerais não energéticas, com destaque para o nióbio, o minério de ferro, a bauxita e o manganês. A depender do processo utilizado, da concentração da substância mineral e da localização da jazida em relação à superfície, grandes volumes e massas de materiais são extraídos e movimentados, gerando, basicamente, dois tipos principais de resíduos sólidos: os considerados estéreis e os rejeitos.

Os estéreis estão associados aos materiais escavados, não têm valor econômico e ficam geralmente dispostos a céu aberto. Já os resíduos resultantes do processo de beneficiamento são denominados *rejeitos* e devem ser acondicionados e tratados em conformidade com as normas técnicas vigentes no país.

É difícil mensurar o volume de resíduos sólidos originados da atividade de mineração em função da complexidade e da diversidade de operações e tecnologias utilizadas em seus processos.

1.3 Coleta seletiva

O serviço sistemático de limpeza urbana foi oficialmente iniciado no Brasil em 25 de novembro de 1880, na cidade de São Sebastião do Rio de Janeiro, então capital do Império. Nessa data, foi assinado pelo Imperador D. Pedro II o Decreto n. 3.024, que aprovava o contrato de limpeza e irrigação da cidade, sendo executado por Aleixo Gary e, mais tarde, por Luciano Francisco Gary, dos quais o sobrenome deu origem à palavra *gari*, associada atualmente aos trabalhadores da limpeza urbana em muitas cidades brasileiras (Brasil, 2001a).

Em 1992, durante a Eco 92, que ocorreu durante a Conferência das Nações Unidas Sobre o Meio Ambiente e Desenvolvimento, na cidade do Rio de Janeiro, foi elaborada a Agenda 21, que estabeleceu um compromisso cooperativo entre os países, promovendo um estudo de soluções para os problemas socioambientais.

No Brasil, as discussões foram coordenadas pela Comissão de Políticas de Desenvolvimento Sustentável (CPDS), resultando em propostas extremamente produtivas. Estas contemplaram soluções que objetivaram desvendar maneiras de desenvolver os países com mais justiça social e sem destruir o meio ambiente. A Agenda 21 está estruturada em quatro seções e dividida em 41 capítulos, sendo que as questões associadas ao correto manejo ambiental de resíduos sólidos estão contempladas no capítulo 21.

Em 1997, com base na Agenda 21, a coleta seletiva foi criada, sob a prerrogativa de firmar um compromisso da sociedade brasileira com o desenvolvimento sustentável.

O correto manejo ambiental de resíduos vai além de seu simples depósito ou aproveitamento. Ele contempla mudanças no processo produtivo e no consumo, bem como a maximização da reciclagem e o reaproveitamento dos materiais, fortalecendo e ampliando os sistemas nacionais de segregação.

Nessa ótica, é necessário estimular e difundir informações, técnicas e instrumentos de política adequados para operacionalizar os sistemas de tratamento de resíduos.

Dessa forma, a prática da coleta seletiva deve ser alicerçada na educação, uma vez que, com base nela, é possível construir valores sociais, conhecimentos, habilidades, atitudes e competências voltadas para a conservação do meio ambiente.

A responsabilidade de cada segmento com relação à coleta seletiva está fundamentada na Lei n. 9795, de 27 de abril de 1999 (Brasil, 1999a), a qual dispõe sobre a política ambiental e institui a Política Nacional de Educação Ambiental (PNEA). As obrigações dispostas na legislação estão apresentadas no Quadro 1.5.

Quadro 1.5 – Setores e suas obrigações quanto à coleta seletiva

Setor	Obrigações
Poder Público	Definir políticas públicas, de acordo com os arts. 205 e 225 da Constituição Federal, que incorporem a dimensão ambiental e promovam a educação ambiental em todos os níveis de ensino e o engajamento da sociedade na conservação, na recuperação e na melhoria do meio ambiente.

(continua)

(Quadro 1.5 – conclusão)

Setor	Obrigações
Instituições de ensino	Promover a educação ambiental de maneira integrada aos programas educacionais desenvolvidos.
Órgãos integrantes do Sistema Nacional de Meio Ambiente (Sisnama)	Promover ações de educação ambiental integradas aos programas de conservação, recuperação e melhoria do meio ambiente.
Meios de comunicação de massa	Colaborar de maneira ativa e permanente na disseminação de informações e práticas educativas sobre meio ambiente e incorporar a dimensão ambiental em sua programação.
Empresas, entidades de classe, instituições públicas e privadas	Promover programas destinados à capacitação dos colaboradores, visando à melhoria e ao controle efetivo sobre o ambiente de trabalho, bem como sobre as repercussões do processo produtivo no ambiente.
Sociedade como um todo	Manter a atenção permanente à formação de valores, bem como atitudes e habilidades que propiciem a atuação individual e coletiva voltada para a prevenção, a identificação e a solução de problemas ambientais.

Fonte: Elaborado com base em Brasil, 1999a.

A participação do gerador na coleta seletiva é essencial para o sucesso do gerenciamento, pois possibilita o recolhimento dos materiais recicláveis diretamente da fonte.

Outro fator importante diz respeito à participação do serviço de limpeza pública do município, das indústrias fabricantes de embalagem e das indústrias recicladoras, que deverão estar integrados. O programa de coleta seletiva deve ser parte de um sistema amplo de gestão de resíduos sólidos regular, seguido de uma triagem e de um destino final adequado.

A responsabilidade para com o meio ambiente deve partir das organizações, pois são elas as fabricantes de volumes consideráveis de resíduos sólidos. Considerando a necessidade de reduzir o crescente impacto ambiental associado à extração, à geração, ao beneficiamento, ao transporte, ao tratamento e à destinação final de matérias-primas que ocasionam o aumento de lixões e aterros sanitários, a Resolução Conama n. 275, de 25 de abril de 2001, estabelece um código de cores para os diferentes tipos de resíduos (Brasil, 2001c). Esse texto legal incentiva a reciclagem como ferramenta para alcançar a sustentabilidade e a redução do consumo de recursos naturais não renováveis, além de matérias-primas, energia e água.

Os programas de coleta seletiva são mantidos por administrações públicas federais, estaduais e municipais e seguem as cores padronizada pelo Conama e descritas no Quadro 1.6.

Quadro 1.6 – Padrão de cores conforme Resolução Conama n. 275/2001

Cor	Resíduo
Azul	Papel/papelão
Vermelha	Plástico
Verde	Vidro
Amarela	Metal
Preta	Madeira
Laranja	Resíduos perigosos

(continua)

(Quadro 1.6 – conclusão)

Cor	Resíduo
Branca	Resíduos ambulatoriais e de serviços de saúde
Roxa	Resíduos radioativos
Marrom	Resíduos orgânicos
Cinza	Resíduo geral não reciclável, misturado ou contaminado e não passível de separação

Fonte: Elaborado com base em Brasil, 2001d.

Os objetivos desse padrão de cores são facilitar o depósito e o tratamento dos resíduos gerados, ampliar o alcance dos serviços que se ocupam desses materiais e prover a toda a população serviços de coleta e de depósito de resíduos ambientais seguros, que protejam a saúde.

Os governos, segundo sua capacidade e seus recursos, devem, quando apropriado, propor serviços de recolhimento de resíduos na altura das necessidades de suas comunidades e oferecer serviços adequados de tratamento de resíduos e saneamento ambiental para toda a população. A coleta seletiva de resíduos sólidos facilita a segregação e a comercialização do material pelas cooperativas especializadas.

1.4 Plano de Gerenciamento de Resíduos Sólidos

O desenvolvimento social e econômico do homem influencia as características e o volume de resíduos gerados; contudo, durante muitos anos, essa evolução não representou um problema ambiental, uma vez que os resíduos eram naturalmente depurados.

Porém, com o advento da Revolução Industrial, o modo de produção agrícola e manual foi deixado de lado, e a utilização de máquinas com o auxílio das ações humanas ampliou a produção e os mercados. Essa fabricação em alta escala provocou grandes efeitos ambientais provenientes da extração de recursos naturais e da geração de rejeitos.

Os resíduos sólidos são formas bastante representativas de poluição ambiental, em decorrência de suas características de não degradabilidade. Nesse sentido, a preocupação geral com a preservação do meio ambiente é uma questão de sobrevivência e de garantia de existência às presentes e às futuras gerações. Dessa forma, é importante que as empresas investiguem de maneira minuciosa seus processos, a fim de gerenciar de maneira coerente a geração de agentes contaminantes. Uma das formas utilizadas ocorre por meio do Inventário Nacional de Resíduos Sólidos.

A Resolução Conama n. 313, de 29 de outubro de 2002 (Brasil, 2002c), estabeleceu o Inventário Nacional de Resíduos Sólidos Industriais. Trata-se de um conjunto de informações sobre a geração, as características, o armazenamento, o transporte, o tratamento, a reutilização, a reciclagem, a recuperação e a disposição final dos resíduos sólidos gerados pelas indústrias do país (Brasil, 2002c). Essa resolução fortaleceu o Programa de Gerenciamento de Resíduos Sólidos (PGRS).

Desde 1998, o PGRS é um plano obrigatório para diversas empresas, em virtude da publicação da Lei n. 9.605, de 12 de fevereiro de 1998 (Brasil, 1998). Contudo, sua formalização e, principalmente, sua posição de condicionante para o licenciamento ambiental foi ajustada apenas pela Lei n. 12.305/2010, que instituiu a Política Nacional de Resíduos Sólidos (PNRS) (Brasil, 2010d).

O gerenciamento de resíduos sólidos envolve diferentes órgãos da administração pública e da sociedade, com o propósito de realizar a limpeza urbana, a coleta seletiva e a disposição final dos resíduos, promovendo o asseio das cidades e melhorando a qualidade de vida da população. Para que esse gerenciamento aconteça adequadamente, algumas características devem ser levadas em consideração, como a fonte de produção, o volume e a origem dos resíduos, para, assim, ocorrer o tratamento diferenciado e a disposição final mais viável técnica e economicamente, considerando-se as peculiaridades climáticas, demográficas e urbanísticas de cada região. Para tanto, as ações normativas, financeiras, operacionais e de planejamento devem se dar de modo articulado e integrado.

Sob essa ótica, o PGRS deve apontar e descrever as ações relativas ao manejo de resíduos sólidos, devendo ser parte integrante do processo de licenciamento ambiental, quando necessário. Assim, o plano deve conter a estratégia geral dos responsáveis pela geração dos resíduos para proteger a saúde humana e o meio ambiente.

O PGRS prevê, também, que é preciso proporcionar alternativas tecnológicas para reduzir os impactos ambientais decorrentes da geração e da destinação de resíduos em atendimento às aspirações sociais e aos aportes econômicos que possam sustentá-los.

Dessa forma, sistemas, políticas e arranjos de parcerias diferenciadas devem ser articulados para tratar dos resíduos recicláveis de forma específica, levando em consideração seu potencial transformador individual.

Logo, investir em novas tecnologias e apoiar as pequenas e as médias empresas envolvidas na reciclagem e na transformação de materiais talvez sejam os caminhos mais curtos para aperfeiçoar um plano de gestão de resíduos de sucesso.

1.5 Normas regulamentadoras para a gestão dos resíduos

Ao longo dos últimos anos, as relações com o meio ambiente têm apresentado um envolvimento humano espetacular. Enquanto há trinta anos elas eram associadas a "grupos radicais", hoje em dia essa concepção vem acompanhada de serenidade e responsabilidade social.

No Brasil, o princípio ambiental prevencionista teve origem já durante o período de colonização. As ações intituladas *ordenações do reino*, promulgadas durante o domínio português, continham regras de conduta que impediam práticas destinadas ao desperdício e à destruição dos recursos naturais. Até mesmo algumas designações a respeito da fauna eram colocadas em prática. Outra preocupação ambiental foi relatada durante a colonização holandesa no Nordeste, por meio da proibição do lançamento do bagaço da cana-de-açúcar em águas superficiais, bem como de limitações referentes à proteção de cajueiros, animais e pássaros.

Com a transferência da corte lusitana para o Brasil, a preocupação ambiental teve continuidade. A esse respeito, um dos grandes feitos foi a criação, por D. João VI, do Real Jardim Botânico, destinado à adaptação e à criação de espécies naturais.

Com a independência do país, a criação do código criminal de 1830 definiu condutas acerca do corte ilegal de matas, e em 1850, por meio da Lei de Terras, foram ofertadas à população informações a respeito de derrubadas e queimadas florestais.

Somente no final da década de 1970, com a Portaria n. 53, de 1º de março de 1979, publicada por meio do já extinto Ministério do Interior, passou a ocorrer um controle efetivo sobre a produção de resíduos sólidos no país de natureza domiciliar, industrial e de serviços de saúde e de demais materiais gerados pela diversidade humana (Brasil, 1979).

O ponto de partida para que esse controle se tornasse juridicamente obrigatório foi a Conferência de Estocolmo, realizada na Suécia, em 1972, e ampliada na Eco-92, no Rio de Janeiro. Essas duas conferências criaram princípios globais adaptáveis às realidades culturais e sociais de todos os países por meio de suas legislações. Como já mencionado anteriormente, a Constituição Federal, em seu art. 225, dispõe sobre a proteção ao meio ambiente (Brasil, 1988), mas foi com a Lei n. 6.938/1981 que a PNMA e seus instrumentos foram instituídos. Assim, foi criado o Sistema Nacional do Meio Ambiente (Sisnama). A partir desse fato, as questões ambientais efetivamente foram implementadas no país.

A criação do Sisnama decorreu da necessidade de se estabelecer uma rede de agências governamentais que assegurasse mecanismos aptos à implantação e à consolidação da PNMA em toda a Federação. O Sisnama é formado por órgãos e instituições ambientais que, por sua vez, são compostos pelos poderes Executivo, Legislativo e Judiciário e pelo Ministério Público.

O Sisnama está estruturado em seis níveis político-administrativos diferenciados, pelos quais cada órgão responsável deve desempenhar uma função específica. É regido por uma estrutura hierárquica, conforme exposto na Figura 1.7.

Figura 1.7 – Estrutura do Sisnama

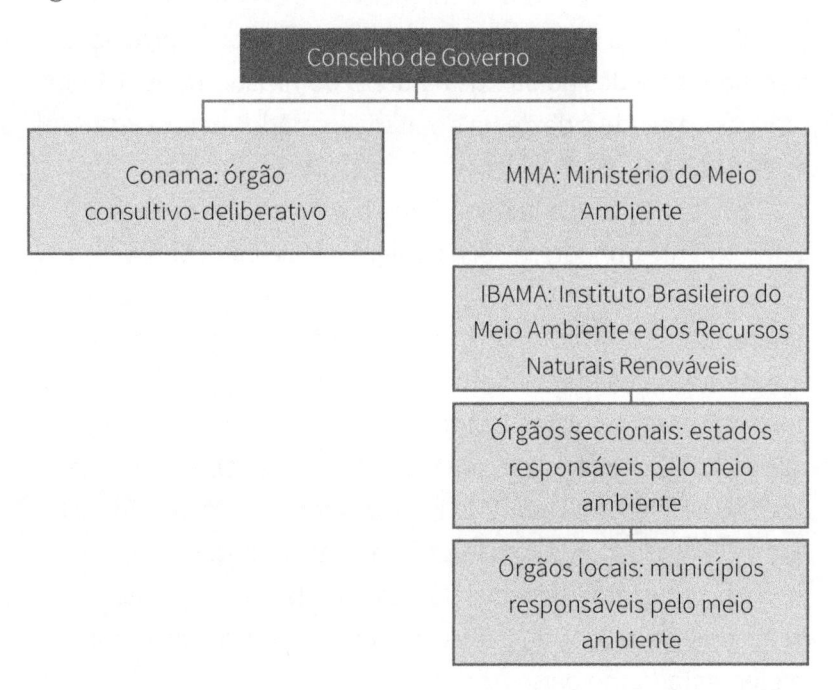

```
                    Conselho de Governo
                   /                   \
    Conama: órgão              MMA: Ministério do Meio
consultivo-deliberativo              Ambiente
                                        |
                            IBAMA: Instituto Brasileiro do
                            Meio Ambiente e dos Recursos
                                  Naturais Renováveis
                                        |
                            Órgãos seccionais: estados
                             responsáveis pelo meio
                                     ambiente
                                        |
                            Órgãos locais: municípios
                             responsáveis pelo meio
                                     ambiente
```

Fonte: Elaborado com base em Brasil, 1981.

O Sisnama está estruturado em um órgão superior, o Conselho de Governo, que assessora o presidente da República na formulação da política nacional e da diretriz governamental para o meio ambiente e os recursos ambientais. Abaixo do conselho, há um órgão consultivo e deliberativo, o Conama, cujo objetivo é assessorar, estudar e propor ao Conselho de Governo as diretrizes de políticas governamentais para o meio ambiente e os recursos naturais, além de deliberar em suas competências acerca das normas e dos padrões compatíveis com o meio ambiente ecologicamente equilibrado e essencial à sadia qualidade de vida.

Como órgão central, o MMA tenciona planejar, coordenar, supervisionar e controlar a política nacional e as diretrizes governamentais para o meio ambiente. Existem, ainda, os órgãos setoriais, instituições ou entidades da Administração Pública federal direta ou indireta (Ibama), assim como fundações instituídas pelo Poder Público e vinculadas por atuação ao meio ambiente, como os órgãos seccionais.

Essas instituições nada mais são do que entidades estaduais responsáveis pela execução de programas e projetos, bem como pelo controle e pela fiscalização das atividades capazes de provocar a degradação ambiental. Por fim, existem os órgãos municipais, que são responsáveis pelo controle e pela fiscalização das atividades no âmbito dos municípios.

Resumidamente, podemos afirmar que a Lei n. 9.605/1998 determina que o Conama é o órgão competente que elabora as diretrizes técnicas associadas à PNMA, e quem descumprir as regras está sujeito às punições da lei, com penas que vão desde multas ostensivas até a reclusão e a detenção. A fiscalização ambiental fica a cargo do Ibama, das secretarias estaduais de meio ambiente e dos respectivos órgãos ambientais de controle ambiental.

Para tratar da questão dos resíduos industriais, o Brasil dispõe de legislações e normas específicas, sendo que as principais estão destacadas no Quadro 1.7.

Quadro 1.7 – Histórico da legislação federal sobre resíduos sólidos

Ano	Norma	Observações
1981	Lei n. 6.938, de 31 de agosto de 1981	Política Nacional de Meio Ambiente.
1988	Decreto n. 96.044, de 18 de maio de 1988	Regulamento do Transporte Rodoviário de Produtos Perigosos.
1990	Decreto n. 98.973, de 21 de fevereiro de 1990	Regulamento do Transporte Ferroviário de Produtos Perigosos.
1990	Lei n. 8.080, de 19 de setembro de 1990	Política Nacional de Meio Ambiente: lei orgânica da saúde.
1997	Lei n. 9.433, de 8 de janeiro de 1997	Política Nacional de Recursos Hídricos.
1998	Lei n. 9.605, de 12 de fevereiro de 1998	Lei de Crimes Ambientais.
1999	Lei n. 9.795, de 27 de abril de 1999	Política Nacional de Educação Ambiental.
2000	Lei n. 9.966, de 28 de abril de 2000	Dispõe sobre a prevenção, o controle e a fiscalização da poluição causada por lançamento de óleo e outras substâncias nocivas ou perigosas em águas sob jurisdição nacional.

(continua)

(Quadro 1.7 – conclusão)

Ano	Norma	Observações
2000	Lei n. 10.165, de 27 de dezembro de 2000	Altera a Lei n. 6.938/1981 e cria a Taxa de Controle e Fiscalização Ambiental (TCFA).
2001	Lei n. 10.257, de 10 de julho de 2001	Estatuto das Cidades.
2004	Resolução ANTT n. 420, de 12 de fevereiro de 2004	Aprova as instruções complementares ao regulamento do transporte terrestre de produtos perigosos em substituição à Portaria n. 204, de 20 de maio de 1997.
2007	Lei n. 11.445, de 5 de janeiro de 2007	Política Nacional de Saneamento Básico.
2010	Lei n. 12.305, de 2 de agosto de 2010	Política Nacional de Resíduos Sólidos.

Fonte: Elaborado com base em Brasil 1981; 1988b; 1990a; 1990d; 1997a; 1998; 1999a; 2000a; 2000d; 2001b; 2004e; 2007a; 2010d.

A regulação dos resíduos sólidos é exercida pela atuação, em âmbito nacional, do Conama. Da mesma forma, estados e municípios podem ter decretos e regulamentos próprios sobre o tema.

Entre as regulamentações desse conselho, destaca-se a Resolução Conama n. 313/2002, que "trata da implementação das diretrizes nacionais visando o controle dos resíduos industriais, através da obrigatoriedade do inventário dos resíduos industriais gerados e/ou existentes no país" (Brasil, 2002c).

Além dela, também há a Resolução Conama n. 5, de 5 de agosto de 1993, aplicável "aos resíduos sólidos gerados em portos, aeroportos terminais rodoviários e ferroviários e estabelecimento prestador de serviço de saúde" (Brasil, 1993b). Os critérios de licenciamento ambiental em geral e específicos – associados ao licenciamento de aterro sanitário de pequeno porte de resíduos sólidos urbanos – estão estabelecidos na Resolução Conama n. 237, de 19 de dezembro de 1997 (Brasil, 1997c), e na Resolução Conama n. 404, de 11 de novembro de 2008 (Brasil, 2008c), respectivamente.

No Quadro 1.8, disponibilizamos um histórico das resoluções sobre resíduos sólidos. Dessa forma, é possível afirmar que as questões ambientais estão amplamente amparadas por leis, resoluções e normas.

Quadro 1.8 – Histórico das resoluções do Conama

Ano	Legislação	Observações	*Status*
1986	Resolução Conama n. 11, de 18 de março de 1986	Dispõe sobre alterações na Resolução Conama n. 1, de 23 de janeiro de 1986.	Em vigor.
1988	Resolução Conama n. 6, de 15 de junho de 1988	Dispõe sobre o licenciamento de obras de resíduos industriais perigosos.	Revogada pela Resolução Conama n. 313, de 29 de outubro de 2002.
1990	Resolução Conama n. 1, de 8 de março de 1990	Estabelece o controle de ruído externo causado por atividades industriais.	Em vigor.

(continua)

(Quadro 1.8 – continuação)

Ano	Legislação	Observações	Status
1991	Resolução Conama n. 2, de 22 de agosto de 1991	Dispõe sobre a adoção de ações corretivas de tratamento e disposição final de cargas deterioradas, contaminadas ou fora das especificações ou abandonadas.	Em vigor.
1991	Resolução Conama n. 6, de 19 de setembro de 1991	Dispõe sobre a incineração de resíduos sólidos provenientes de estabelecimentos de saúde, portos e aeroportos.	Em vigor.
1991	Resolução Conama n. 8, de 19 de setembro de 1991	Dispõe sobre a entrada no país de materiais residuais.	Revogada pela Resolução Conama n. 452, de 2 de julho de 2012.
1993	Resolução Conama n. 5, de 5 de agosto de 1993	Estabelece os requisitos de controle de resíduos provenientes de serviço de saúde, aeroportos, portos e terminais rodoviários e ferroviários.	Em vigor.
1993	Resolução Conama n. 9, de 31 de agosto de 1993	Recolhimento e destinação adequada de óleos lubrificantes.	Revogada pela Resolução Conama n. 362, de 23 de junho de 2005.

(Quadro 1.8 – continuação)

Ano	Legislação	Observações	Status
1993	Decreto n. 875, de 19 de julho de 1993	Promulga o texto da Convenção sobre o Controle de Movimentos Transfronteiriços de Resíduos Perigosos e seu Depósito.	Em vigor.
1994	Resolução Conama n. 37, de 7 de dezembro de 1994	Adota definições e proíbe a importação de resíduos perigosos de classe I em todo o território nacional, sob qualquer forma e para qualquer fim, inclusive reciclagem/reaproveitamento.	Revogada pela Resolução Conama n. 23, de 12 de dezembro de 1996.
1996	Resolução Conama n. 23, de 12 de dezembro de 1996	Regulamenta a importação e o uso de resíduos perigosos.	Revogada pela Resolução Conama n. 452, de 2 de julho de 2012.
1999	Resolução Conama n. 257, de 30 de junho de 1999	Estabelece que pilhas e baterias que contenham em suas composições chumbo, cádmio, mercúrio e seus compostos tenham os procedimentos de reutilização, reciclagem, tratamento ou disposição final ambientalmente adequada.	Revogada pela Resolução Conama n. 401, de 4 de novembro de 2008.
1999	Resolução Conama n. 258, de 26 de agosto de 1999	Determina que as empresas fabricantes e as importadoras de pneumáticos ficam obrigadas a coletar e a dar destinação final ambientalmente adequada aos pneus inservíveis.	Revogada pela Resolução Conama n. 416, de 30 de setembro de 2009.

(Quadro 1.8 – continuação)

Ano	Legislação	Observações	Status
1999	Resolução Conama n. 263, de 12 de novembro de 1999	Pilhas e baterias – inclui o inciso IV no art. 6° da Resolução Conama n. 257, de 30 de junho de 1999.	Revogada pela Resolução Conama n. 401, de 4 de novembro de 2008
2000	Resolução Conama n. 267, de 14 de setembro de 2000	Estabelece o controle e o registro no Ibama de substâncias listadas pelo Protocolo de Montreal.	Em vigor.
2001	Resolução Conama n. 275, de 25 de abril de 2001	Estabelece o código de cores para diferentes tipos de resíduos na coleta seletiva.	Em vigor.
2001	Resolução Conama n. 283, de 12 de julho de 2001	Dispõe sobre o tratamento e a destinação final dos resíduos dos serviços de saúde.	Revogada pela Resolução Conama n. 358, de 29 de abril de 2005.
2001	Resolução Conama n. 293, de 12 de dezembro de 2001	Dispõe sobre o conteúdo mínimo do Plano de Emergência Individual para incidentes de poluição por óleos originados em portos organizados, instalações portuárias ou terminais, dutos e plataformas, bem como suas respectivas instalações de apoio, e orienta sua elaboração.	Revogada pela Resolução Conama n. 398, de 11 de junho de 2008.

(Quadro 1.8 – continuação)

Ano	Legislação	Observações	Status
2002	Resolução Conama n. 307, de 5 de julho de 2002	Estabelece diretrizes, critérios e procedimentos para a gestão dos resíduos da construção civil.	Em vigor.
2002	Resolução Conama n. 308, de 21 de março de 2002	Licenciamento ambiental de sistemas de disposição final dos resíduos sólidos urbanos gerados em municípios de pequeno porte.	Revogada pela Resolução Conama n. 404, de 11 de novembro de 2008.
2002	Resolução Conama n. 313, de 29 de outubro de 2002	Dispõe sobre o inventário nacional de resíduos sólidos industriais.	Em vigor.
2002	Resolução Conama n. 316, de 29 de outubro de 2002	Procedimentos e critérios para o funcionamento de sistemas de tratamento térmico dos resíduos.	Em vigor.
2005	Resolução Conama n. 362, de 23 de junho de 2005	Dispõe sobre o rerrefino de óleo lubrificante. Estabelece princípios sobre a coleta, o armazenamento, o destino e a reciclagem de óleos lubrificantes já utilizados.	Em vigor.
2005	Resolução Conama n. 358, de 29 de abril de 2005	Dispõe sobre o tratamento e a disposição final dos resíduos dos serviços de saúde e dá outras providências. Aprimora, atualiza e complementa os procedimentos contidos na Resolução Conama n. 283, de 12 de julho de 2001.	Em vigor.

(Quadro 1.7 – conclusão)

Ano	Legislação	Observações	Status
2004	Resolução Anvisa RDC n. 306, de 7 de dezembro de 2004	Dispõe sobre o regulamento técnico para o gerenciamento de resíduos de serviços de saúde.	Revogada pela Resolução Anvisa RDC n. 222, de 28 de março de 2018.
2009	Resolução Conama n. 411, de 6 de maio de 2009	Dispõe sobre os procedimentos para a inspeção de indústrias consumidoras ou transformadoras florestais, madeireiras de origem nativa, bem como os respectivos padrões de nomenclatura e coeficientes de rendimento volumétricos, inclusive carvão vegetal e resíduos de serraria.	Em vigor.
2009	Resolução Conama n. 416, de 30 de setembro de 2009	Dispõe sobre a prevenção à degradação ambiental causada por pneus inservíveis e sua destinação ambientalmente adequada, e dá outras providências.	Em vigor.
2014	Resolução Conama n. 465, de 5 de dezembro de 2014	Dispõe sobre os requisitos e os critérios técnicos mínimos necessários para o licenciamento ambiental de estabelecimentos destinados ao recebimento de embalagens de agrotóxicos e afins, vazias ou contendo resíduos.	Em vigor.

Fonte: Elaborado com base em Brasil, 2020a.

A ABNT elabora procedimentos de padronização em conformidade com os requisitos estabelecidos pela legislação. As normas brasileiras proporcionam regulamentos, diretrizes, características ou orientações sobre determinado material, produto, processo ou serviço. De forma geral, as normas não são obrigatórias, tendo em vista que não são criadas pelo Poder Público, mas sim por instituições privadas. Contudo, são usadas para fins de padronização.

Na falta de uma normalização técnica nacional sobre determinado assunto, podem ser utilizadas normas técnicas emitidas por organismos internacionais – International Organization for Standardization (ISO), British Standards Institution (BSI) e National Fire Protection Association (NFPA), entre outros – esse direito é assegurado pela legislação brasileira.

Entre as normas da ABNT que tratam sobre resíduos sólidos, podemos citar: a NBR 10004/2004 (ABNT, 2004a), que classifica os resíduos sólidos; a NBR 10005/2004 (ABNT, 2004b) e a NBR 10006/2004 (ABNT, 2004c), que dispõem sobre os procedimentos para a obtenção de extrato lixiviado e solubilizado de resíduos sólidos; a NBR 10007/2004 (ABNT, 2004d), que define a amostragem de resíduos sólidos; e a NBR 13463/1995 (ABNT, 1995b), que versa sobre a coleta de resíduos sólidos.

Com relação aos locais de disposição final de resíduos sólidos, a NBR 8419/1992 (ABNT, 1992a) e a NBR 8849/1995 (ABNT, 1995a) dispõem sobre aterros sanitários e controlados de resíduos sólidos urbanos, enquanto a NBR 13896/1997 (ABNT, 1997b) define critérios para o projeto de implantação e de operação de aterros de resíduos não perigosos. Em termos de normas da ABNT que contemplam questões relacionadas a resíduos sólidos, destacamos as do Quadro 1.9.

Quadro 1.9 – Normas da ABNT para resíduos sólidos

Ano	Legislação	Observações	Situação
1987	NBR 9800	Critérios para lançamento de efluentes líquidos industriais no sistema coletor público de esgoto sanitário.	Em vigor.
1989	NBR 10703	Degradação do solo – terminologia.	Cancelada.
1990	NBR 11174	Armazenamento de resíduos classe II – não inertes e III – inertes.	Em vigor.
1990	NBR 11175	Incineração de resíduos sólidos perigosos.	Em vigor.
1992	NBR 12235	Armazenamento de resíduos sólidos perigosos.	Em vigor.
1993	NBR 9191	Sacos plásticos para acondicionamento de lixo – especificação.	Cancelada sem substituição.
1997	NBR 13894	Tratamento no solo (landfarming).	Em vigor.
1999	NBR 14283	Resíduos em solo – biodegradação/método respirométrico.	Cancelada.
2002	Norma ISO 19011	Diretrizes para auditoria ambiental – princípios gerais.	Cancelada.
2004	NBR 10004	Resíduos sólidos – classificação.	Em vigor.
2004	NBR 10005	Procedimento para obtenção de extrato lixiviado de resíduos sólidos.	Em vigor.
2004	NBR 10006	Procedimento para obtenção de extrato solubilizado de resíduos sólidos.	Em vigor.

(continua)

(Quadro 1.9 – conclusão)

Ano	Legislação	Observações	Situação
2004	NBR 10007	Amostragem de resíduos – procedimento.	Em vigor.
2013	NBR 12807	Resíduos de serviços de saúde – terminologia.	Em vigor.
2013	NBR 12809	Resíduos de serviços de saúde – gerenciamento de resíduos de serviços de saúde intraestabelecimento.	Em vigor.
2016	NBR 12808	Resíduos de serviços de saúde – classificação.	Em vigor.
2016	NBR 12810	Resíduos de serviços de saúde – gerenciamento extraestabelecimento – requisitos.	Em vigor.**
2017	NBR 13221	Transporte terrestre de resíduos.	Em vigor.
2017	NBR 7500	Identificação para o transporte terrestre, manuseio, movimentação e armazenamento de produtos.	Cancelada.

Fonte: Elaborado com base em ABNT, 1987; 1989; 1990a; 1990b; 1992b; 1993; 1997b; 1999; 2002b; 2004a; 2004b; 2004c; 2004d; 2013a; 2013b; 2016a; 2016b; 2017a; 2017b.

O Brasil está fundamentando o caminho para uma sociedade sustentável, com base em passos bem-sucedidos e de uma forte legislação ambiental. Projetos brasileiros, como a produção de álcool-combustível, a cogeração de energia alternativa com a queima de bagaço de cana-de-açúcar, o coprocessamento de resíduos sólidos e o uso de metano como biogás são exemplos de ações satisfatórias.

** Foi atualizada em 2020: NBR 12810/2020 (ABNT, 2020).

É necessário continuar seguindo um princípio de precaução, pelo qual as intervenções devem ser analisadas legalmente e somente aplicadas se não ferirem os seguintes preceitos: o princípio do direito humano fundamental em relação ao meio ambiente, o qual é consagrado pela Constituição Brasileira, conforme disposto no art. 225 (Brasil, 1988a); o princípio democrático que assegura a todos os cidadãos brasileiros o direito de participar da elaboração das políticas públicas ambientais; o princípio do limite estabelecido com base em padrões de tolerância e expresso por autoridades competentes; e o princípio gerador-pagador, que estabelece que o poluidor deve ressarcir o prejuízo causado ao meio ambiente.

Síntese

É global a concepção de que é necessário salvaguardar o meio ambiente. Partindo desse conceito, cada país define seu contexto constitucional e o regulamenta por meios legais, uns mais amplos, outros mais específicos.

No Brasil, a estratégia de regulamentar de modo amplo faz com que a legislação seja muito abrangente. As questões referentes à proteção ambiental exigem mecanismos eficazes de cooperação. Problemas ambientais como a diminuição da camada de ozônio, o efeito estufa e a chuva ácida estimularam o surgimento de condições normativas referentes à defesa do meio ambiente, que proporcionaram a criação de normas, resoluções, decretos e leis cujo objetivo é facilitar o desenvolvimento sustentável, que pode gerar benefícios econômicos.

Atividades de autoavaliação

1. Considerando os conceitos dispostos neste capítulo, analise as proposições a seguir sobre as noções de impacto ambiental.

   I. Trata-se de uma questão natural e que não sofre interferência humana. Podem ser citados como exemplos de impacto ambiental um vulcão em erupção que emite CO_2 à atmosfera e a chuva ácida.

   II. Refere-se a qualquer alteração das propriedades físicas, químicas ou biológicas do meio ambiente causada por alguma forma de matéria ou de energia resultante das atividades humanas e que, direta ou indiretamente, afete a saúde, a segurança e o bem-estar da população.

   III. Diz respeito a uma alteração ambiental que pode ser natural ou induzida pelo homem; inclui um julgamento do valor da significância de um efeito.

   IV. Todas as atividades humanas, sem exceção, geram impacto ambiental direto e/ou indireto.

   V. Os animais são os principais geradores de impactos ambientais, em função de sua alimentação carnívora.

   Assinale a alternativa correta:

   a) As afirmativas II, IV e V são verdadeiras.
   b) As afirmativas II, III e IV são verdadeiras.
   c) As afirmativas II e III são verdadeiras.
   d) As afirmativas I e V são verdadeiras.
   e) Todas as afirmativas são verdadeiras.

2. Uma empresa estrangeira pretende instalar uma indústria que fabricará pilhas e baterias na região industrial de Salvador. Considerando a Política Nacional de Resíduos Sólidos, a quem pertence a responsabilidade de estruturar e implementar sistemas de logística reversa, mediante o retorno dos produtos após o uso pelo consumidor?
   a) Ao governo federal, por se tratar de empresa estrangeira.
   b) À própria empresa, que tem dez anos para implementar um sistema de logística reversa.
   c) Por se tratar de pilhas e baterias, a empresa está isenta de responsabilidade com relação à geração de resíduos.
   d) A responsabilidade é totalmente da empresa, que deverá disponibilizar postos de entrega de resíduos reutilizáveis e recicláveis.
   e) Tal obrigação não compete à empresa, por ser estrangeira, sendo que os custos devem ser suportados somente por empresas nacionais.

3. De acordo com a Lei n. 12.305/2010, que institui a Política Nacional de Resíduos Sólidos (PNRS) e dispõe sobre a elaboração dos planos de resíduos sólidos, é correto afirmar:
   a) Os estados devem elaborar um plano estadual de resíduos sólidos que tenha acesso a recursos da União, destinados a empreendimentos e a serviços relacionados à gestão de resíduos.
   b) O PNRS é coordenado pelo Ministério da Fazenda e tem vigência de 30 anos, com atualização periódica a cada quatro anos.

c) A União priorizará o repasse de recursos para a gestão de resíduos sólidos aos municípios que possuam um plano diretor de desenvolvimento urbano aprovado por lei municipal.
d) O município que disponha de um plano municipal de gestão integrada de resíduos sólidos estará isento de executar licenciamento ambiental de aterros sanitários.
e) Cabe ao município elaborar um plano para a disposição final ambientalmente correta do resíduo, sempre objetivando a compostagem para aproveitamento energético.

4. No que concerne ao plano de gerenciamento de resíduos sólidos, assinale a alternativa correta:
   a) A Lei n. 6.938/1981 estabelece que, na inexistência do plano municipal de gestão integrada de resíduos sólidos, os resíduos municipais devem ser queimados pelo município a céu aberto.
   b) Todas as cidades com menos de 3 milhões habitantes não precisam de plano municipal de gestão integrada de resíduos sólidos.
   c) Para o controle da disposição final ambientalmente adequada dos resíduos sólidos da saúde, é necessária uma licença ambiental fornecida pelo Sisnama.
   d) O plano de gerenciamento dos resíduos sólidos deve integrar o processo de licenciamento ambiental do empreendimento ou da atividade pelo órgão competente do Sisnama.
   e) A elaboração do plano estadual de resíduos sólidos, nos termos previstos pela NBR 10004/2004, é condição para os

estados terem acesso a recursos da União, sendo vedado aos municípios e ao Distrito Federal receberem verbas diretamente da União, mesmo que desenvolvam plano municipal ou distrital de gestão integrada de resíduos sólidos referentes a serviços de limpeza urbana.

5. A coleta seletiva de lixo estabelece cores diferenciadas para os diversos tipos de resíduos. Com base na Resolução Conama n. 275, de 25 de abril de 2001, o recipiente azul é reservado para o descarte de:
    a) papel.
    b) metal.
    c) vidro.
    d) madeira.
    e) resíduos radioativos.

6. O Sisnama é estruturado em seis níveis político-administrativos diferenciados. Considerando tais níveis, assinale a alternativa correta:
    a) O Conselho de Governo assessora o presidente da República na formulação da política nacional e da diretriz governamental para o meio ambiente e os meios de transportes.
    b) O objetivo do Conama é assessorar, estudar e propor ao Conselho de Governo as diretrizes de políticas governamentais para o meio ambiente e os recursos naturais, além de deliberar, em suas competências, acerca das normas e dos padrões compatíveis com o meio ambiente ecologicamente equilibrado e essencial à sadia qualidade de vida.

c) O Ministério do Meio Ambiente é o órgão regional responsável pela fiscalização.
d) O Ibama é o órgão central que planeja, coordena, supervisiona e controla a Política Nacional do Meio Ambiente.
e) O Ibama é responsável apenas pelo controle e pelo licenciamento das operações insalubres.

7. Com relação às resoluções do Conama, assinale a alternativa correta:
   a) A Resolução Conama n. 267/2000 dispõe sobre a reciclagem de pilhas e baterias.
   b) A Resolução Conama n. 6/1991 estabelece o código de cores para a coleta seletiva de resíduos.
   c) A Resolução Conama n. 257/1999 dispõe sobre a coleta e a disposição de resíduos da saúde.
   d) A Resolução Conama n. 313/2002 dispõe sobre o inventário nacional de resíduos sólidos.
   e) A Resolução Conama n. 401/2008 regulamenta a importação e o uso de resíduos perigosos.

8. Com relação às normas da ABNT para resíduos sólidos, assinale a alternativa **incorreta**:
   a) A NBR 10004/2004 versa sobre a classificação de resíduos sólidos.
   b) A NBR 10005/2004 versa sobre a lixiviação de resíduos.
   c) A NBR 10006/2004 versa sobre a solubilização de resíduos.
   d) A NBR 10007/2004 versa sobre a amostragem de resíduos.
   e) A NBR 10703/1989 versa sobre a degradação de solo e lixiviação.

9. Para distribuir as responsabilidades entre municípios, estados e União, foi instituído o Sistema Nacional do Meio Ambiente (Sisnama). Considerando o que estudamos neste capítulo a respeito do Sisnama, assinale a alternativa correta:
   a) Aos órgãos federais cabem as mesmas atribuições, mas, no âmbito dos estados, cabe a criação de leis e normas complementares (podendo ser mais restritivas) que as existentes em nível federal, o estímulo ao crescimento da consciência ambiental e a fiscalização e licenciamento de obras que possam causar impacto em dois ou mais municípios.
   b) É formado por órgãos locais, entidades estaduais responsáveis pela execução ambiental nos estados, ou seja, pelas secretarias estaduais de meio ambiente e pelos institutos criados para a defesa ambiental.
   c) Órgãos seccionais ou entidades municipais são responsáveis pelo controle e pela fiscalização ambiental nos municípios.
   d) A Constituição Federal de 1988, fortemente marcada pelos princípios da descentralização, garantiu aos municípios maior autonomia na definição de suas prioridades ambientais, respeitando as normas gerais editadas pela União e pelos estados.
   e) No Sisnama, os órgãos federais têm a função de coordenar e emitir normas gerais para a aplicação da legislação ambiental em todo o país. Eles também são responsáveis, entre outras atividades, pela troca de informações, pela formação da consciência ambiental, pela fiscalização e pelo licenciamento ambiental de atividades cujos impactos afetem dois ou mais estados.

10. Quanto aos aspectos gerais relacionados ao meio ambiente, analise a afirmativa a seguir: "A política nacional do meio ambiente tem por objetivo a preservação, a melhoria e a recuperação da qualidade ambiental. O sistema nacional de informações sobre o meio ambiente é instrumento da política nacional do meio ambiente". Agora, assinale a afirmativa correta:
   a) A afirmação está totalmente certa.
   b) A afirmação está totalmente errada.
   c) O único trecho correto da afirmação é: "O sistema nacional de informações sobre o meio ambiente é instrumento da política nacional do meio ambiente".
   d) O único trecho correto da afirmação é: "A política nacional do meio ambiente tem por objetivo a preservação, a melhoria e a recuperação da qualidade ambiental".
   e) O único trecho **errado** é: "O sistema nacional de informações sobre o meio ambiente é instrumento da política nacional do meio ambiente".

Atividades de aprendizagem
Questões para reflexão

1. De acordo com a Resolução Conama n. 1/1986, reflita sobre a definição de *impacto ambiental*.
2. A Lei n. 9.785/1999 dispõe sobre a política ambiental e institui a Política Nacional de Educação Ambiental. Entende-se por *educação ambiental* os processos por meio dos quais

o indivíduo e a coletividade constroem valores sociais, conhecimentos, habilidades, atitudes e competências voltadas para a conservação do meio ambiente, bem de uso comum do povo e essencial à sadia qualidade de vida e à sustentabilidade. Com relação ao conceito de educação ambiental exposto, reflita sobre sua importância para a manutenção do meio ambiente e do bem-estar social.

Atividade aplicada: prática

1. Considerando a Lei Federal n. 12.305/2010, reflita sobre os conceitos a seguir e redija um breve comentário a respeito de cada um deles:
    a) Gerenciamento de resíduos.
    b) Gestão integrada de resíduos sólidos.
    c) Logística reversa.
    d) Padrões sustentáveis de produção e consumo.
    e) Reciclagem.
    f) Rejeitos.
    g) Resíduos sólidos.
    h) Responsabilidade compartilhada pelo ciclo de vida dos produtos.
    i) Reutilização.

Capítulo 2

Classificação de resíduos

Diante da necessidade de segregar e acondicionar adequadamente os resíduos, é importante compreendermos os conceitos e as definições que fundamentam a classificação desses materiais de acordo com suas características intrínsecas e extrínsecas.

Gerenciar resíduos significa adotar um conjunto de ações normativas, operacionais e financeiras para coletá-los, tratá-los e destiná-los da melhor maneira possível, levando em conta os critérios sanitários, ambientais e econômicos. Para isso, é muito importante conhecer detalhadamente o ciclo dos resíduos, desde sua origem até seu destino final.

Os desdobramentos dos aspectos ambientais e os encaminhamentos abordados neste capítulo têm por objetivo mostrar as possibilidades de recuperação e reciclagem de resíduos sólidos de forma sustentável.

2.1 Resíduos perigosos

Resíduos sólidos são materiais variados resultantes da atividade humana, os quais devem ser tratados da maneira mais coerente possível, conforme as exigências da legislação vigente.

Vale ressaltar que os resíduos gasosos contidos em recipientes, os lodos provenientes do sistema de tratamento de efluentes e afluentes, os resíduos gerados em equipamentos e instalações de controle de poluição, bem como os efluentes líquidos contendo particulados podem ser encapsulados e dispostos como resíduos sólidos.

Por muitos anos, o acondicionamento de resíduos diretamente no solo era considerado uma prática aceitável. Nessa época, acreditava-se que os produtos gerados eram completamente depurados e não representavam uma ameaça concreta de contaminação. No entanto, a realidade é bastante diferente.

Com o objetivo de proporcionar a melhor tecnologia para tratamento, aproveitamento ou destinação final dos resíduos, é necessário conhecer a classificação estabelecida pela Associação Brasileira de Normas Técnicas (ABNT) na NBR 10004/2004 para resíduos potencialmente perigosos (ABNT, 2004a). A segregação dos resíduos na fonte geradora e a identificação da sua origem são partes integrantes dos laudos de classificação, nos quais a descrição dos insumos utilizados e do processo gerador deve estar discriminada.

Segundo a NBR 10004/2004, a periculosidade dos resíduos depende dos seguintes fatores: toxicidade, inflamabilidade, corrosividade, reatividade e patogenicidade (ABNT, 2004a). Todos esses aspectos serão comentados nas seções a seguir.

2.1.1 Toxicidade

De forma geral, o agente tóxico tem a capacidade de causar danos ao sistema biológico de um ser vivo, alterando-o consideravelmente, dependendo das condições de exposição. O mesmo pode ocorrer por contaminação cutânea, ingestão ou inalação. O efeito gerado pode ser tóxico, carcinogênico, mutagênico, teratogênico ou ecotoxicológico.

O resíduo é caracterizado como tóxico se uma amostra representativa dele:

- apresentar, em seu extrato lixiviado, valores maiores do que os limites máximos descritos no Anexo F da NBR 10004/2004, o qual relaciona o extrato obtido no ensaio de lixiviação;
- apresentar uma ou mais substâncias constantes no Anexo C da NBR 10004/2004;
- contiver restos de embalagens contaminadas com substâncias constantes nos anexos D ou E da NBR 10004/2004;
- resultar do derramamento ou de produtos fora de especificação ou do prazo de validade que contenham quaisquer substâncias relacionadas nos anexos D ou E da NBR 10004/2004;
- ser comprovadamente letal ao homem. As substâncias identificados pelas letras P, U e D, dispostas nos anexos D, E e F da NBR 10004/2004, apresentam concentrações comprovadamente letais aos seres humanos.

2.1.2 Inflamabilidade

São considerados resíduos sólidos inflamáveis os materiais sujeitos à combustão espontânea ou, ainda, substâncias que em determinadas condições emitem gases inflamáveis. Trata-se, assim, da facilidade com que algo queima ou entra em ignição, gerando fogo ou combustão. O grau de dificuldade necessário para causar a combustão de uma substância é quantificado por meio do chamado *teste de chama*. O resíduo é classificado como inflamável quando apresenta uma ou mais das características a seguir:

- ser substância líquida com ponto de fulgor inferior a 60 °C – conforme NBR 14598/2012 (ABNT, 2012);
- não ser substância líquida e, em condições normais de temperatura e pressão (25 °C e 1 atm), produzir fogo por fricção, absorção de umidade ou por alterações químicas espontâneas e, quando inflamado, queimar, dificultando a extinção do fogo;
- ser um agente oxidante ou um gás comprimido inflamável.

2.1.3 Corrosividade

Basicamente, existem dois grupos de materiais que apresentam essa propriedade: ácidos e bases. Para facilitar o entendimento, serão consideradas ácidas todas as substâncias que, em contato com a água, liberam íons hidrogênio (H^+), provocando alterações de pH para a faixa de 0 a 7. Por sua vez, são consideradas bases as substâncias que, em contato com a água, liberam íons hidroxila (OH^-), provocando alterações de pH para a faixa de 7 a 14.

A NBR 10004/2004 (ABNT, 2004a) estabelece como resíduos corrosivos aqueles que apresentam uma ou mais das características a seguir:

- em estado aquoso, apresentam pH menor ou igual a 2 ou maior ou igual a 12,5;
- são líquidos ou, quando misturados em peso equivalente com o da água, produzem um líquido e corroem o aço carbono de alta resistência (Copant 1020) a uma razão maior que 6,35 mm ao ano, a uma temperatura de 55 °C, de acordo com métodos e testes para avaliação físico-químicas de resíduos sólidos,

desenvolvido pela agência de proteção ambiental dos Estados Unidos, como U.S.EPA SW-846 ou equivalente.

2.1.4 Reatividade

Todo e qualquer resíduo que suscite reação é considerado reativo. Para condições de normas, considera-se reativa toda a substância que:

- seja instável e reaja de forma violenta e imediata, inclusive com a água. Substâncias dessa natureza, quando misturadas, apresentam potencial de explosão e/ou geram gases, vapores e fumos tóxicos em quantidades suficientes para provocar danos à saúde pública ou ao meio ambiente;
- apresente em sua constituição os íons CN^- ou S^{2-} em concentrações que ultrapassem limites de 250 mg de cianeto de hidrogênio (HCN) liberável por quilograma de resíduo ou 500 mg de sulfeto de hidrogênio (H_2S) liberável por quilograma de resíduo, de acordo com ensaio estabelecido no U.S.EPA SW-846;
- seja capaz de produzir reação detonante ou explosiva sob a ação de forte estímulo mecânico, ação catalítica ou temperatura em ambientes confinados.

2.1.5 Patogenicidade

É considerada patogênica toda amostra representativa de um resíduo que contenha (ou apresente suspeita de conter) proteínas virais, ácido desoxirribonucleico (DNA) ou ácido ribonucleico (RNA), organismos modificados geneticamente, plasmídeos, cloroplastos, microrganismos, mitocôndrias ou toxinas capazes de produzir doenças em seres humanos, animais ou vegetais.

Os resíduos de serviços de saúde são exemplos de resíduos patogênicos e são classificados conforme a NBR 12808/2016, em três classes: A (resíduos infectantes); B (resíduos especiais); e C (resíduos comuns) (ABNT, 2016a). No Quadro 2.1, estão discriminadas as classes de resíduos e as características de suas subclasses, em conformidade com a norma em questão.

Quadro 2.1 – Classificação dos resíduos da saúde conforme NBR 12808/2016

Resíduo tipo A	Resíduo tipo B	Resíduo tipo C
☐ Biológico; ☐ Sangue e hemoderivados; ☐ Cirúrgico, anatomopatológico e exsudato; ☐ Perfurante ou cortante; ☐ Animal contaminado; ☐ Assistência ao paciente.	☐ Rejeito radioativo; ☐ Resíduo farmacêutico; ☐ Resíduo químico perigoso.	☐ Resíduo comum.

Fonte: Elaborado com base em ABNT, 2016a.

2.2 Classificação dos resíduos perigosos e não perigosos

A melhor tecnologia para tratamento, aproveitamento ou destinação final dos resíduos está associada a sua classificação. De acordo com a NBR 10004/2004 (ABNT, 2004a), os resíduos podem ser classificados por sua potencialidade de risco em: perigosos – classe I; não inertes – classe II-A; inertes – classe II-B.

2.2.1 Resíduos classe I: perigosos

Os resíduos são considerados perigosos quando apresentam risco à saúde pública e ao meio ambiente. Esses materiais têm ao menos uma das características relacionadas à periculosidade. São exemplos dessa classe alguns resíduos industriais e da saúde: sólidos contaminados; sobras e borras de tinta; óleos minerais; lubrificantes e solventes; equipamentos de proteção individual (EPIs), a exemplo de luvas e botas de couro; resíduos provenientes de tratamento térmico de metais; resíduos oriundos de processos de varreduras.

As empresas geradoras de materiais pertencentes a essa classe devem elaborar um inventário de resíduos adequados, pois a segregação, o acondicionamento e o descarte inadequados podem acarretar danos ao meio ambiente e pesadas sanções governamentais.

2.2.2 Resíduos classe II: não perigosos

São considerados resíduos inertes aqueles que apresentam características de combustibilidade, biodegradabilidade ou solubilidade em água. Os resíduos classe II, conforme especificado na NBR 10004/2004, segundo suas propriedades, estão divididos em A e B (ABNT, 2004a):

- Resíduos classe II-A: não inertes

    São resíduos que apresentam características de biodegradabilidade, combustibilidade ou solubilidade em água. Exemplos desse tipo de resíduo são: restos orgânicos; madeiras e produtos têxteis; materiais poliméricos; lodo do sistema de tratamento de água; EPIs contaminados; e fibras de vidro. O melhor tratamento para esses resíduos, sempre que possível, é promover a reciclagem, a reutilização e o coprocessamento.

- Resíduos classe II-B: inertes

    São considerados inertes quaisquer resíduos não inflamáveis, não reativos e que, quando amostrados de forma representativa e submetidos a um contato dinâmico e estático com água destilada ou deionizada à temperatura ambiente, conforme a NBR 10006/2004, não apresentam nenhum de seus constituintes solubilizados a concentrações superiores aos padrões de potabilidade de água (ABNT, 2004c).

São exemplos desses resíduos entulhos da construção civil e sucatas de ferro, alumínio e aço. Tais materiais podem ser dispostos em aterros sanitários ou reciclados, pois, com o passar do tempo, não sofrem qualquer tipo de alteração em sua composição.

2.3 Passivos ambientais

Um passivo ambiental se refere não somente à degradação ambiental, mas também a toda obrigação contraída pela empresa de forma voluntária ou involuntária e relacionada à preservação, à recuperação e à proteção do meio ambiente.

O passivo ambiental pode ser gerado ou herdado. Para exemplificar: ao comprar um imóvel, é possível que este tenha alguma multa por desmatamento ou um embargo por estar construído em área de unidade de conservação não edificável. E se inadequações como essa não forem verificadas nos órgãos ambientais, o novo proprietário herdará o passivo ambiental e poderá ser futuramente responsável por reparar o dano.

O conceito de passivo foi adaptado da área da economia, na qual os termos *ativo* e *passivo* se referem aos bens de direito que uma empresa possui e às dívidas e às obrigações da empresa, respectivamente.

As recorrentes mudanças nas concepções organizacionais e o surgimento de definições de sustentabilidade empresarial fizeram do termo *passivo* tornar-se um sinônimo de negligência para com o meio ambiente.

Toda vez que os passivos ambientais são transformados com o intuito de reduzir aspectos e impactos ambientais, aperfeiçoar processos, valorizar a mão de obra e economizar recursos e insumos, existe a chamada *responsabilidade social empresarial* (RSE) sendo colocada em prática. Trata-se de um conceito bastante recente e multidisciplinar, que caracteriza a atitude das empresas diante dos valores sociais. As organizações se responsabilizam por suas ações e tomam a iniciativa de diminuir ou mitigar os danos e os prejuízos gerados.

Todas as instituições que investem em sustentabilidade e assumem seus passivos ambientais com responsabilidade social empresarial são exemplos a serem seguidos e atraem um público ávido por continuar consumindo, mas extremamente exigente com relação à poluição ambiental. Medidas dessa natureza não devem ser encaradas somente como mais uma jogada de *marketing*, pois têm um intuito econômico.

As indústrias tradicionalmente responsáveis pela maior produção de passivos ambientais são as metalúrgicas, as fundições, as de equipamentos eletroeletrônicos, a indústria química e a indústria de couro e borracha. Nesse sentido, em muitas áreas urbanas, ainda predomina a inadequada disposição final de resíduos industriais. Por exemplo, o lançamento dos resíduos industriais perigosos em lixões, nas margens de estradas ou em terrenos baldios, que comprometem a qualidade ambiental e de vida da população.

É certo que todo passivo deve ser tratado e destinado a instalações apropriadas para isso. No entanto, foi somente a partir da Política Nacional de Resíduos Sólidos (PNRS), formalizada pela Lei n. 12.305, de 2 de agosto de 2010, que se tornou obrigatória a formulação de um Plano de Gerenciamento de Resíduos Sólidos (PGRS) por empresas privadas e órgãos públicos, a fim de minimizar os passivos gerados (Brasil, 2010d).

Esse gerenciamento consiste em uma ferramenta importante para a correta destinação de resíduos e exige que a empresa cumpra as leis e as normas ambientais, bem como desenvolva e utilize tecnologias limpas que diminuam as emissões de resíduos contaminantes da água, do solo e do ar.

2.4 Resíduos industriais e suas origens

É crescente a quantidade de materiais e substâncias identificados como perigosos, e a produção de volumes expressivos tem exigido soluções eficazes e investimentos consideráveis por parte de seus geradores e de toda a sociedade.

Sob essa ótica, a manipulação correta de um resíduo é essencial para o controle dos riscos que ele apresenta, pois um resíduo relativamente inofensivo, em mãos inexperientes, pode se transformar em um risco ambiental bastante grave. Por exemplo, queimar resíduos da construção civil, após o fim da obra, parece uma ação inofensiva, uma vez que as embalagens são, em sua maioria, feitas de papel, mas a presença de restos de canos de policloreto de vinila (PVC), com a queima, leva à formação de compostos clorados, como as dioxinas altamente tóxicas. Por isso, é essencial ter responsabilidade para com os resíduos gerados, e, atualmente, a legislação ambiental obriga a esse compromisso.

De acordo com a Resolução Conama n. 313, de 29 de outubro de 2002 (Brasil, 2002c), resíduo sólido industrial é todo resíduo que resulta de atividades industriais e que se encontra nos estados sólido, semissólido, gasoso (como no mercúrio em lâmpada fluorescente, por exemplo) e líquido, cujas particularidades tornem inviável seu lançamento na rede pública de esgoto ou em corpos d'água ou exijam para isso soluções técnicas ou economicamente inviáveis.

Logo, esses resíduos devem fazer parte do programa de gerenciamento de resíduos sólidos, cujos objetivos principais são mudar as atitudes e os hábitos de consumo, minimizar a geração de resíduos, combater o desperdício e incentivar a reutilização e o reaproveitamento dos materiais dentro das organizações.

Todo processo industrial apresenta elementos essenciais para a produção de determinado produto ou serviço, o qual é definido como *insumo* (matérias-primas, água, energia etc.) que, submetido a uma transformação, dá lugar a produtos, subprodutos e resíduos.

Assim, sempre que um resíduo é reciclado, ocorre uma economia de insumo como fator de produção ou como matéria-prima. Alguns resíduos apresentam um considerável potencial de reciclagem, como plásticos, papéis, vidros, metais, pneus, pilhas e baterias, embalagens longa vida, óleos lubrificantes, lâmpadas, óleos vegetais e resíduos orgânicos, agrossilvopastoris, da construção civil e da saúde, os quais, quando são adequadamente gerenciados, dão origem a ativos.

Logo, todo insumo que tiver muita procura, mas uma oferta não muito grande tem um alto valor de mercado. Dessa forma, o preço de um produto que tem um insumo de alto valor será elevado. Essa analogia também é válida para os resíduos industriais, como é o caso do alumínio. Por exemplo, o processo de produção com bauxita consome uma quantidade significativa de energia, portanto, o método de reciclagem é bastante rentável.

2.4.1 Plásticos

Durante muitos anos, pentes, fivelas, teclas de pianos e outros ornamentos foram fabricados com a utilização de cascos e chifres de gado; posteriormente, passou-se a utilizar presas de elefantes para esses produtos. Nas últimas décadas do século XIX, milhares de animais foram dizimados para atender a essa demanda produtiva. Na década de 1870, na busca por um substituto para o marfim, John Hyatt, inventor norte-americano, produziu comercialmente o primeiro plástico, com base em uma mistura de álcool, cânfora e nitrato de celulose. Esse plástico foi patenteado com o nome de *celuloide*.

Desde então, as descobertas a respeito dos plásticos só avançaram. Pouco a pouco, madeiras, papéis, vidros e metais foram substituídos. A grande intensidade de poluição causada por plásticos ocorreu no início dos anos de 1970, quando um grande volume de objetos com esse material foi utilizado e descartado aleatoriamente, o que ocasionou um colapso ambiental. Nessa ocasião, surgiram dois conceitos específicos a respeito dos polímeros: *commodities* e *specialties*.

Commodities são aceitos como polímeros de uso geral, de baixo custo de produção e grande consumo. São exemplos desses materiais o polietileno de alta densidade (PEAD), o polietileno de baixa densidade (PEBD), o politereftalato de etileno (PET), o polipropileno (PP), o poliestireno (PS) e o policloreto de vinila (PVC). Já os *specialties* são polímeros de alto desempenho, preço elevado e consumo baixo, tais como o polissulfona (PSF), o poliarilato (PAR) e o poli(éter-éter-cetona) (PEEK).

Atualmente, o mundo moderno não pode ser imaginado sem plásticos ou borrachas. Esses materiais participam de diversos segmentos industriais, como o têxtil, o automobilístico, o de eletroeletrônicos e o de embalagens, entre outros.

A matéria-prima para a obtenção de materiais poliméricos é o petróleo, formado por uma complexa mistura de compostos. O fato de esses produtos terem diferentes temperaturas de ebulição facilita a separação por meio de colunas de destilação ou craqueamento. A fração nafta resultante do craqueamento é utilizada por centrais petroquímicas, nas quais é processada, dando origem aos chamados *monômeros*.

A união sequencial de monômeros, por meio de reações de polimerização, resulta nos polímeros, definidos como *naturais*, quando encontrados em plantas ou em animais, e *sintéticos*, quando obtidos por reações de polimerização.

Os plásticos podem ser definidos como **termoplásticos** ou **termofixos**. Os primeiros representam os plásticos que não sofrem alterações estruturais durante o aquecimento controlado e podem ser novamente fundidos após o resfriamento. Já os segundos são plásticos que não se fundem com o reaquecimento. A presença de ligações cruzadas entre as cadeias poliméricas permite a formação de uma estrutura tridimensional, tornando o plástico infusível e insolúvel – desse modo, sem a possibilidade de reciclagem mecânica.

Os polímeros termoplásticos são materiais que se fundem e fluem sob o efeito da temperatura e da pressão e endurecem quando resfriados. Essa condição permite que eles possam ser convenientemente moldados. Aplicando-se sobre eles certa pressão e temperatura, pode-se iniciar um novo ciclo de fusão e endurecimento. Por essa razão, suas propriedades físicas são reversíveis. Esses materiais apresentam vantagens, como moderada resistência química, baixa densidade, elevada tenacidade e alta capacidade de reaproveitamento (reciclagem). Contudo, em geral, têm baixa estabilidade dimensional (em função das ligações lineares entre as cadeias poliméricas) e baixa temperatura de utilização. Ou seja, os termoplásticos como PP, PEAD, PEBD, PET, PS e PVC podem ser reciclados. Já as resinas fenólicas, resinas epóxi e os poliuretanos não podem.

Após o processo produtivo, as resinas são transformadas em produtos finais mediante um método que envolve compressão, injeção, extrusão e laminação com ou sem adição de insumos. Esses insumos são substâncias adicionadas à resina para lhe conferir certas propriedades que não são originalmente encontradas. Podemos exemplificar os insumos como corantes e pigmentos, plastificantes, retardantes de chama, agentes de reforço e cargas. Raramente, um artefato plástico é constituído do polímero puro. Logo, existem, basicamente, três processos de tratamento dos polímeros: (1) injeção (2) extrusão e (3) laminação.

No processo de injeção, a resina é introduzida e pressionada para o interior de moldes diversos aquecido, que são comprimidos até as formas desejadas. Nesse caso, a resina recebe energia na forma de calor e, quando entra em contato com o molde, solidifica-se. Esse método pode conferir detalhes muito importantes para a peça final, como roscas e furos, e é muito utilizado para a fabricação de painéis de carro e máquinas de lavar.

Na extrusão, a resina é progressivamente aquecida, plastificada e comprimida, sendo forçada a passar por orifícios com o formato da secção transversal desejada. Depois de o material ser aquecido, amolecido e conformado, ele passa por um processo de resfriamento. A extrusão é usada na produção de tubos e fibras sintéticas, como as de poliéster.

Já no processo de laminação, o papel ou tecido é encharcado de uma resina que funciona como carga. Depois, as lâminas são sobrepostas e comprimidas e, por meio do calor, produzem os plásticos laminados.

Independentemente do processo de obtenção, os plásticos têm grande importância na atualidade, principalmente pelo fato de serem atóxicos e inertes. Em função disso, podem ser amplamente utilizados para embalar alimentos, bebidas e medicamentos. São matérias-primas leves, isolantes térmicos e acústicos de ótima qualidade, maus condutores de eletricidade e consideravelmente resistentes ao calor. Contudo, o fato de não serem biodegradáveis os transforma em grandes contaminantes ambientais.

Nesse sentido, a coleta seletiva é um fator importante para minimizar os impactos ambientais causados pelo uso dessas substâncias. É importante salientar que cada plástico apresenta características específicas que influenciam o processo de reciclagem. Portanto, a correta segregação desses materiais é essencial.

A reciclagem consiste na reutilização dos resíduos plásticos durante o pré-consumo e o pós-consumo. A American Society for Testing and Materiais (ASTM), por meio de seu guia-padrão, designado *ASTM D 5033-90*, disponibiliza termos e informações relacionados ao desenvolvimento de plásticos reciclados. Alguns desses termos estão definidos no Quadro 2.2.

Quadro 2.2 – Termos da ASTM D 5033-90 para resíduos plásticos

Termo	Definição
Refugo plástico industrial	Material oriundo de uma variedade de operações do processo fabril, podendo ser único ou uma mistura de produtos.
Plástico reconstituído	Material obtido por quebra química ou térmica, formando componentes que passam por uma conversão por meio de ação química para obter uma composição final.
Material recuperado	Material e subproduto recuperados ou separados de resíduo sólido, com a exclusão daqueles gerados e comumente reutilizados dentro de um processo de fabricação original.
Plástico moído	Produto ou refugo, como canais e galhos de moldagem que foram aproveitados por retalhamento e granulação para uso na própria fábrica.
Plástico reciclado	Representado por material pós-consumo e/ou material recuperado, que pode ou não ter sido submetido a etapas de processamento adicionais, como aquelas usadas para se obter produtos como plásticos reciclados/reprocessados, reprocessados ou reconstituídos.

(continua)

(Quadro 2.2 – conclusão)

Termo	Definição
Plástico reciclado/ reprocessado	Produto ou refugo, a exemplo de canais e galhos de moldagem que podem ser moídos para a venda ou usados para outra finalidade.
Reciclagem de plástico	Recurso pelo qual materiais, separados ou processados, retornam ao processo de fabricação, diminuindo custo com insumos.

Fonte: Elaborado com base em ASTM, 1990.

Os principais benefícios da reciclagem estão associados à redução do volume de resíduos descartados em aterros sanitários, à preservação de recursos naturais, à economia de energia e à geração de empregos. Ainda, segundo o ASTM-D-5033/90, os polímeros podem ser reciclados de acordo com a origem da matéria-prima, e sua obtenção pode se dar conforme quatro categorias de processo: primária, secundária, terciária e quaternária (ASTM, 1990).

A reciclagem primária ou de **pré-consumo** ocorre na própria indústria de processamento do polímero, em função da reutilização das sobras obtidas durante o processo produtivo, as quais são incorporadas à fabricação na forma de matéria-prima.

A reciclagem secundária, ou de **pós-consumo**, envolve o processamento de resíduos plásticos em materiais com características diferentes dos originais. Esses plásticos pós-consumo têm origem em lixões, usinas de compostagem e sistemas de segregação, entre outros, e, em alguns casos, apresentam altos níveis de contaminação. Essa reciclagem, também conhecida como *reciclagem mecânica*, consiste na conversão dos descartes plásticos, pós-industriais ou pós-consumo em grânulos que podem ser reutilizados na produção de outros produtos (sacos de lixo, solados, pisos, mangueiras, componentes de automóveis, fibras e embalagens não alimentícias, entre outros). Nessa tipo de reciclagem, é possível obter produtos compostos por um único tipo de plástico ou produtos feitos de uma mistura de diferentes plásticos em proporções determinadas, formando polímeros reforçados em função de sua temperatura de fusão. Na Tabela 2.1, a seguir, consta a temperatura de fusão de alguns materiais poliméricos que podem ser reciclados mecanicamente.

Tabela 2.1 – Temperatura de fusão e densidade de alguns polímeros

Material	Temperatura de fusão (°C)
PEBD	120
PEAD	135
PP	165-175
PS	235
PVC	273
PET	265

Fonte: Elaborado com base em Alter, 1986; Paul, 1986.

A reciclagem terciária transforma em produtos químicos úteis os refugos poliméricos por meio de processos como pirólises e hidrólises, além de conversão catalítica ou métodos termoquímicos. Nesse tipo de reciclagem, também conhecido como *reciclagem química*, os polímeros são convertidos em substâncias petroquímicas básicas, como monômeros e misturas de hidrocarboneto, que servem como matéria-prima. Também é possível obter produtos nobres de grande qualidade e recuperar monômeros individuais, os quais podem ser reutilizados como produtos químicos.

Finalmente, por meio da reciclagem quaternária, recupera-se a energia contida nos resíduos por meio de queima. Essa reciclagem energética também diz respeito a uma maneira de reaver a energia contida nos plásticos mediante processos térmicos, nos quais o plástico é utilizado como combustível. Estima-se que a energia contida em 1 kg de resíduo de polietileno equivale à contida em 1 kg de óleo combustível, conforme disposto na Tabela 2.2.

Tabela 2.2 – Entalpia de combustão de resíduos

Material	Entalpia de combustão (MJ/kg)
Carvão	23
Madeira	16
Óleo combustível	44
Papel	14
Pneu	33
Poliamida 6,6	29
Policarbonato	29
Policloreto de vinila	18
Polietileno	43
Poliestireno	40
Politereftalato de etileno	31

Fonte: Elaborado com base em Alter, 1986; Paul, 1986.

A reciclagem pode ser classificada em **mecânica**, **química** e **energética**. A primeira está associada às reciclagens primária e secundária; a segunda se refere à reciclagem terciária; e a terceira, à reciclagem quaternária.

A recuperação energética dos resíduos plásticos está relacionada à geração de dioxinas e furanos (compostos tóxicos de hidrocarbonetos contendo cloro), dois contaminantes atmosféricos. Como método de controle, a queima deve acontecer em altas temperaturas, pois é nessa situação que ocorre a quebra das ligações químicas, atomizando macromoléculas e praticamente anulando a possibilidade dos contaminantes. É possível usar, adicionalmente, carvão ativado em leitos pós-combustão para que absorvam eficientemente qualquer resquício de dioxinas e furanos.

As diferentes formas de reciclagem de materiais poliméricos podem ser aplicadas de acordo com as características individuais, pelas quais os termoplásticos podem ser reciclados de forma mecânica, química e energética, e os termofixos, por reciclagem química e energética.

Alguns fatores limitam a reciclagem dos plásticos, como a falta de coleta seletiva, que aumenta a contaminação dos recicláveis, gerando gastos adicionais com operações de separação e lavagem. Uma das dificuldades limitantes reside no fato de que os diferentes tipos de resinas se encontram misturados. No entanto, essa dificuldade não chega a ser um empecilho, uma vez que o uso de propriedades intrínsecas, como a densidade do material, facilita a separação. Nesse sentido, o uso de soluções hidroalcóolicas (densidade de 0,9-0,98 g/cm^3) e salinas (densidade de 1,08 g/cm^3) possibilita a separação dos polímeros por flotação e decantação. A esse respeito, na Tabela 2.3, representamos a densidade dos polímeros mais comuns presentes no lixo.

Tabela 2.3 – Densidade de alguns polímeros

Material	Densidade (g/cm^3)
PEBD	0,92-0,94
PEAD	0,94-0,97
PP	0,90
PS cristal	1,05
PVC	1,35-1,45
PET	1,38

Fonte: Elaborado com base em Alter, 1986; Paul, 1986.

Outro facilitador para a segregação e, por consequência, para a reciclagem é o uso de uma simbologia técnica. Muito utilizada na triagem manual, essa facilitação decorre da separação em conformidade com o símbolo de Mobius, que consiste em três setas retorcidas, no centro das quais consta o número da resina e, abaixo delas, a sigla de tal resina, conforme exposto na Figura 2.1

Figura 2.1 – Simbologia técnica brasileira

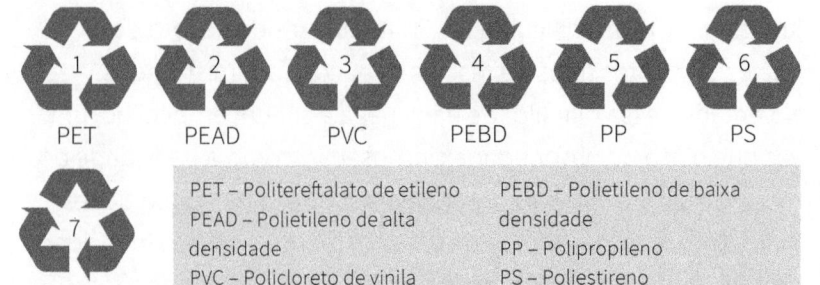

1 PET   2 PEAD   3 PVC   4 PEBD   5 PP   6 PS

7 Outros

PET – Politereftalato de etileno
PEAD – Polietileno de alta densidade
PVC – Policloreto de vinila
PEBD – Polietileno de baixa densidade
PP – Polipropileno
PS – Poliestireno

M-O Vector/Shutterstock

Esses critérios de seleção por composição não são totalmente satisfatórios, uma vez que podem induzir ao erro, pois um único símbolo é usado para identificar materiais que apresentam o mesmo monômero, mas copolímeros (formados por mais de um tipo de monômero) diferentes.

Vale ressaltar que existem propriedades intrínsecas próprias e inerentes ao material polimérico, como densidade, viscosidade, resistência química, dureza, calor específico e flamabilidade, as quais também podem ser usadas para a identificação e a caracterização desses resíduos.

2.4.2 Papel

A palavra *papel* advém de *papiro*, que nomeia uma planta que cresce nas margens do Rio Nilo, no Egito. Por volta de 3000 a.C, as fibras do papiro eram muito utilizadas para a produção de folhas usadas para a escrita. Depois dos papiros, surgiram os pergaminhos, muito mais resistentes, feitos de couro curtido de bovinos.

O papel com as características que conhecemos atualmente foi inventado na China, 105 anos depois de Cristo, por T'sai Lun, por meio de uma mistura umedecida de casca de amoreira, cânhamo, restos de roupas e outros produtos que apresentassem fonte de fibras vegetais. A técnica foi mantida em segredo durante aproximadamente 500 anos, pois o comércio de papel era bastante lucrativo.

O processo básico de fabricação de papel criado por T'sai Lun foi sendo aprimorado, o que possibilitou o desenvolvimento de uma imensa diversidade de produtos quanto a texturas, cores, maleabilidade, resistência etc.

Um dos principais constituintes do papiro, a celulose, é um polímero formado de pequenas moléculas de carboidratos, a glicose. A celulose extraída do algodão, do cânhamo, da chita ou do linho também pode ser usada para a fabricação de tecidos.

Atualmente, as fibras de madeira são obtidas de áreas reflorestadas que se mantêm produtivas, sendo as espécies mais utilizadas o pinus e o eucalipto, por questões sustentáveis. Estima-se que o crescimento do eucalipto é de 30 m de altura em sete anos.

Existem diferentes tipos de papel, que variam de acordo com a composição e a gramatura*. A maior parte da matéria-prima dos papéis (95%) é obtida do tronco de árvores; as partes menores das árvores, como ramos e folhas, não são aproveitadas.

A madeira é digerida por ação química, de modo a extrair a celulose e obter as fibras. Na sequência, ela pode sofrer um processo de clareamento, impregnação ou revestimento (com outras substâncias como plástico e parafina). A técnica de clareamento químico do papel é um dos mais poluentes que existem. Uma alternativa sustentável é o papel *ecograph*, clareado a oxigênio e cujas folhas adquirem uma coloração creme.

Esse processo consome quantidades consideráveis de energia e água. Estima-se que, para produzir uma tonelada de papel, são necessários 5 mil KW/h de energia, mas, para a mesma tonelada

---

* Massa em gramas de uma área de um metro quadrado de papel – área linear do papel.

de papel reciclado, consome-se de mil a 2,5 mil KW/h de energia, tornando a reciclagem um bom método de economia.

A produção de papel reciclado evita a utilização de processos químicos poluentes, reduzindo em 74% as substâncias liberadas no ar e em 35% as despejadas na água. A cada 28 toneladas de papel reciclado, evita-se o corte de um hectare de floresta, ou seja, uma tonelada evita o uso de 25 a 30 árvores.

O papel é formado por milhões de fiapos, chamados de *fibras*, as quais podem ser recicladas de sete a dez vezes. Além disso, ele também pode variar em peso e espessura, de acordo com o tipo de interesse, conforme disposto no Quadro 2.3.

Quadro 2.3 – Tipos de papéis e suas aplicações

Tipos	Aplicações
Cartões perfurados	Cartões para computação de dados;
Branco	Papéis brancos de escritório, manuscritos, impressos, cadernos usados sem capas;
Kraft	Sacos de papel para cimento, sacos de papel de pão;
Jornais	Jornais;
Cartolina	Cartão e cartolina;
Ondulado	Caixa de papelão ondulado;
Revistas	Revistas;
Misto	Papéis usados mistos de escritórios, gráficas, lojas comerciais, residências;
Tipografia	Aparas de gráficas e tipografias.

Fonte: Recicloteca, 2020.

O papel é largamente utilizado no mundo, e sua coleta seletiva é feita de maneira bastante eficiente, uma vez que esse material apresenta um considerável potencial para reciclagem. Entretanto, é importante entender que não são todos os papéis que podem ser reciclados. O Quadro 2.4 mostra um comparativo entre os recicláveis e não recicláveis – a mistura desses materiais pode causar perda de potencial de reciclagem.

Quadro 2.4 – Papel reciclável *versus* não reciclável

Recicláveis	Não recicláveis
Jornais e revistas	Papel vegetal
Folhas de caderno	Papel impermeável
Caixas em geral	Papel carbono
Aparas de papel	Papel sanitário
Envelopes	Papel contaminado
Longa vida – Tetrapak	Papel plastificado
Papelão	Fotografias
Cartazes	Etiquetas e fita crepe
Folhetos	Papéis de bala e de biscoito

Fonte: Elaborado com base em Silva et al., 2004.

Embora o processo de reciclagem reduza a incidência de cortes de árvores, diminua a poluição do solo e do lençol freático e restrinja o volume de lixo descartado, o papel reciclado para impressão não atinge patamares competitivos com o convencional, pois o preço de ambos é praticamente o mesmo. O desgaste das fibras faz com que o papel não possa ser reciclado muitas vezes, e, de fato, esse material segregado para reciclagem se transforma em papelão, papel higiênico e papel de embrulho.

A produção de papel reciclado para impressão necessita que haja aparas mais selecionadas, misturadas às sobras oriundas do próprio processo, o que não gera, necessariamente, economia.

2.4.3 Vidro

A invenção do vidro é muito antiga – acredita-se que tenha sido em torno de 2000 a.C. Durante a Idade Média, os principais centros de fabricação de vidro foram Veneza e Constantinopla.

A qualidade do vidro depende de sua composição química e da preparação mecânica envolvida. O material é o resultado da fusão por meio do calor (altas temperaturas) de várias substâncias, seguida por um resfriamento da massa em fusão que endurece pelo contínuo aumento da viscosidade até atingir uma condição rígida, porém amorfa.

A composição desse material varia de acordo com suas aplicações, mas, independentemente disso, trata-se de uma substância inorgânica e fisicamente homogênea. A sílica, o óxido de cálcio e o óxido de sódio compõem a base do vidro, mas suas composições individuais são muito variadas, influenciando propriedades específicas como o índice de refração, a cor e a viscosidade.

O vidro também resiste a altas temperaturas sem perda de suas propriedades físicas e químicas, diferencial que lhe possibilita ser utilizado inúmeras vezes para a mesma finalidade.

A sílica deve ser a mais pura possível. Como fonte de sílica, utiliza-se o quartzo pulverizado ou a areia isenta de ferro. Ao longo dos anos, em muitas das aplicações do vidro, embora tenha ocorrido sua substituição por outros materiais, principalmente o plástico, suas características (Tabela 2.4) o tornaram indispensável para a humanidade.

Tabela 2.4 – Composição química de diferentes tipos de vidros

Tipo	Componentes majoritários (%)							Propriedades
	SiO_2	Al_2O_3	CaO	Na_2O	B_2O_3	MgO	Outros	
Sílica fundida	99							Dilatação térmica muito baixa, viscosidade muito alta. Elevada temperatura de fusão, coeficiente de expansão muito baixo (resistente ao choque).
Vasilhames	47		5			4		Fácil trabalhabilidade, grande durabilidade.
Borosilicato (*pyrex*)	81	2,5		3,5	13			Resistente a choques térmicos e a ataques químicos – usado em vidrarias para forno. Baixa expansão térmica, pequena troca de íons.

(continua)

(Tabela 2.4 - conclusão)

Tipo	Componentes majoritários (%)							Propriedades
	SiO_2	Al_2O_3	CaO	Na_2O	B_2O_3	MgO	Outros	
96% Sílica (*vycor*)	96				4			Resistente a choques térmicos e a ataques químicos - usados em vidrarias de laboratório.
Recipientes (cal sodada)	74	1	5	16		4		Baixa temperatura de fusão, facilmente trabalhável e durável.
Sílex ótico	54		1				37% PbO, 8% K_2O	Alta densidade e alto índice de refração - lentes óticas.
Vidro cerâmico	43,5	30			14		6,5% TiO_2, 0,55 As_2O_3	Facilmente fabricado; resistente; resiste a choques térmicos - usado em vidrarias para forno.

Fonte: Callister, 2007, p. 462, tradução nossa.

Espelhos, vidros planos, cristais e lâmpadas não podem ser reciclados por apresentarem substâncias que impossibilitam o reprocessamento, o que é capaz de ocasionar trincas e defeitos que podem danificar os fornos de processamento. O vidro também deve ser separado por cor, para evitar alterações de padrão visual do produto final.

A reciclagem é iniciada pela coleta da sucata que é enviada aos fornos, nos quais permanece até fundir, podendo chegar à temperatura de 1500 °C para, em seguida, ser retirada com uma aparência viscosa.

São muitas as tecnologias utilizadas para a reciclagem desse material (há, aproximadamente, 60 formas), mas as principais estão descritas no Quadro 2.5.

Quadro 2.5 – Reciclagem de vidro

	Vidro	Agregado para cimento Portland	Agregado para concreto asfáltico
Vantagem	Diminuição da energia necessária para a fundição (Santos, 2009).	Estudos estão sendo feitos no intuito de verificar a possibilidade de utilização de sucata de vidro em substituição a uma porcentagem dos agregados. Esse tipo de reciclagem proporciona a economia de agregados naturais, que são os comumente utilizados para essa finalidade (Coutinho, 2011).	A vantagem nesse caso é a mesma o agregado para cimento Portland. Não há necessidade de nenhum equipamento especial para a sua utilização.

(continua)

(Quadro 2.6 - conclusão)

	Vidro	Agregado para cimento Portland	Agregado para concreto asfáltico
Processo	O vidro é derretido, possibilitando a produção de novos utensílios.	Para esse fim, o vidro é moído e/ou quebrado em cacos – estudos têm sido feitos para a determinação da melhor maneira de inserir o vidro na pasta de cimento (Paiva, 2009).	A sucata de vidro é utilizada na forma de cacos e adicionada ao concreto asfáltico como se fosse um agregado comum (Barksdale, 1971).
Grau de aplicação	Esse processo já é utilizado com eficiência, estando em escala industrial.	O principal obstáculo a ser ultrapassado é a reação álcali-agregado que pode ser intensificada, uma vez que o vidro é composto de sílica, a qual pode reagir com os álcalis do cimento em meio aquoso. Essa reação tem como produto um gel que sofre expansão em presença de água, o que pode comprometer o desempenho do concreto se tal processo não for controlado de maneira adequada (Koller, 2007).	É utilizado nos Estados Unidos, em Nova Jersey, e conhecido por *glasphalt* (Arabani, 2012).

São muitas as formas de reciclagem dos restos de vidro, o que o torna um resíduo com alta taxa de reaproveitamento.

2.4.4 Metais

O uso dos materiais metálicos teve grande importância na consolidação das primeiras grandes civilizações da Antiguidade. Acredita-se que a utilização do metal pode ter influenciado tanto a expansão quanto o desaparecimento de determinadas civilizações. O primeiro metal forjado foi o cobre, seguido do estanho, sendo que a junção de ambos ocorreu por volta de 3000 a.C., com a formação de uma liga metálica homogênea, o bronze. Já a descoberta do ferro aconteceu em 1500 a.C., na Ásia Menor. A difusão do uso do ferro foi lenta em função de esse material necessitar de técnicas elaboradas de manipulação.

Os metais são compostos inorgânicos e podem conter em sua estrutura elementos não metálicos, como carbono, nitrogênio e oxigênio. Apresentam, em geral, boa resistência mecânica, são ótimos condutores de calor e de eletricidade e podem ser deformados permanentemente sob a ação de forças externas sem perder suas propriedades originais.

Na vida moderna, os metais são essenciais, principalmente para as indústrias automotiva, aeronáutica e marítima. Eles assumem formas bastante variadas, conforme exposto na Figura 2.2, e são associados à alta resistência térmica e mecânica, que incentiva o seu uso recorrente. Por exemplo, a água quente deve ser transportada em tubos metálicos, uma vez que tubos poliméricos não são suficientemente resistentes.

Figura 2.2 – Materiais metálicos

Ouro

Cobre

Alumínio

Aulia1, Flegere e NUM LPPHOTO/Shutterstock

Alguns metais, como o titânio, são uma opção bastante interessante no ramo da biomedicina, por se tratar de um material biocompatível, com resistência muito próxima à do aço, mas com aproximadamente a metade do peso deste. O titânio também é utilizado na substituição de estruturas humanas lesionadas, como os ossos.

Simplificadamente, pode-se dizer que os metais não são facilmente encontrados no subsolo na forma de materiais simples, mas, em sua maioria, na forma de substâncias denominadas *minérios*. Quanto mais elementos químicos tiver um minério, mais complexo e caro será seu processo de transformação.

A esse respeito, *metalurgia* é o nome utilizado para designar a sequência de processos que são executados visando à obtenção de um elemento metálico por meio de dado minério, com o uso de processos de transformação.

As operações unitárias de separação se iniciam na lavra – extração do minério da jazida – e terminam na confecção do objeto vendido ao consumidor. De todas as etapas, a mais delicada corresponde àquela que envolve a reação química de redução. O grau de dificuldade para a sua realização varia de acordo com a nobreza do metal.

No caso de metais muito nobres, como o ouro e a platina, a redução se torna desnecessária, pois eles já são encontrados na forma de substância simples – também chamada de *forma nativa*.

Embora o cobre, a prata e, mais raramente, o mercúrio também possam ser encontrados na forma nativa, sua produção industrial é feita a partir de minérios. Por serem metais de considerável nobreza, sua etapa de redução é relativamente fácil, relizada pelo simples aquecimento do minério na presença do oxigênio do ar.

Metais como o ferro, o estanho, o zinco e o manganês não são tão fáceis de reduzir quanto os anteriores. Nesse caso, devem ser aquecidos na presença de um agente redutor. Os agentes redutores mais usados são o coque (um tipo de carvão) e o monóxido de carbono (CO).

Por sua vez, metais pouco nobres, como o alumínio, o magnésio e o sódio, são tão difíceis de reduzir que é preciso utilizar um método mais consistente, empregando corrente elétrica, em um processo bastante caro. O Quadro 2.6, apresenta alguns metais importantes e seus minérios mais representativos.

Quadro 2.6 – Metais e seus respectivos minérios

Metal	Fórmula do minério	Nome do minério
Alumínio	Al_2O_3	Bauxita
Cobre	Cu Cu_2S $CuS \cdot FeS$ Cu_2O $CuCO_3 \cdot Cu(OH)_2$ $CuCl_2 \cdot 3Cu(OH)_2$	Ocorre também não combinado Calcosita (ou calcocita) Calcopirita Cuprita Malaquita Atacamita
Cromo	$FeO \cdot Cr_2O_3$	Cromita
Chumbo	PbS	Galena
Estanho	SnO_2	Cassiterita
Ferro	Fe_2O_3 Fe_3O_4 $FeCO_3$ $2Fe_2O_3 \cdot 3H_2O$	Hematita Magnetita Siderita Limonita
Manganês	MnO_2	Pirolusita
Mercúrio	HgS Hg	Cinábrio Muito raramente, ocorre não combinado
Níquel	$FeS \cdot NiS$	Pentlandita
Platina	Pt	Ocorre não combinada

(continua)

(Quadro 2.7 – conclusão)

Metal	Fórmula do minério	Nome do minério
Prata	Ag Ag_2S	Ocorre também não combinada Argentita
Ouro	Au	Ocorre não combinado
Zinco	ZnS	Blenda ou esfalerita

Fonte: Elaborado com base em Dana, 1969.

Os metais são classificados em dois grupos de acordo com sua composição: ferrosos e não ferrosos. Os ferrosos, como o próprio nome diz, são representados pelo ferro e seus derivados, como o aço. Já os não ferrosos referem-se aos demais, como o alumínio, o cobre, o chumbo, o níquel e o zinco.

A reciclagem dos metais é bastante vantajosa, uma vez que eles podem ser reciclados inúmeras vezes sem perder suas propriedades. Sob essa ótica, o processo de reciclagem depende, primeiramente, das fases de coleta e de separação dos materiais (ferrosos e não ferrosos).

O aço é o mais antigo material reciclado de que se tem notícia e atualmente figura entre os materiais mais reciclados do mundo, tanto é que, após as batalhas, os soldados romanos já recolhiam suas espadas, facas e escudos para a fabricação de novas armas. A reciclagem do aço ocorre a 1350 °C, principalmente em siderúrgicas, nas quais o produto gerado apresenta as mesmas propriedades intrínsecas do resíduo metálico original.

Já o alumínio recebe destaque nos processos de reciclagem por ser um material com alto valor agregado. Seu preço gira em torno de R$ 3 mil a R$ 4 mil a tonelada. Por necessitar de um processo produtivo bastante elaborado, a reciclagem do alumínio é bastante incentivada e pode ser feita com as sobras do próprio processo de produção ou das sucatas dos produtos que o contêm, como as latinhas de bebidas, por exemplo – aproximadamente 62 latinhas equivalem a 1 kg de alumínio. O Brasil é líder na reciclagem das latas de alumínio. Estima-se que a cada quilograma de alumínio reciclado, cinco quilogramas de bauxita são poupados. A reciclagem de metais é economicamente viável, pois elimina as etapas de mineração e de eletrólise (redução), as mais caras do processo, conforme demonstra a Figura 2.3.

Figura 2.3 – Relação de energia entre o processo primário (extração e beneficiamento) e o processo secundário (reciclagem)

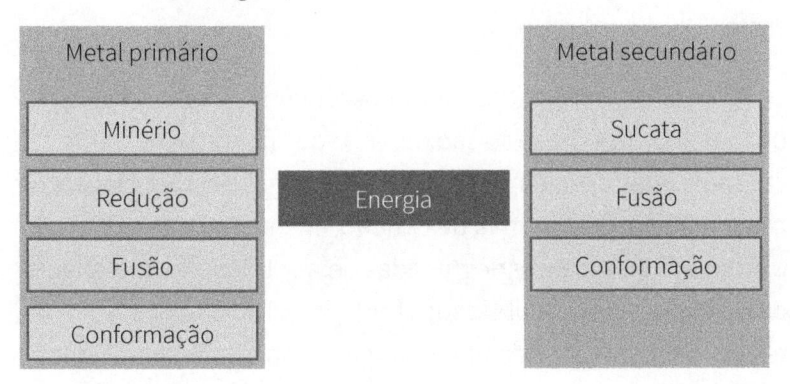

Metal primário		Metal secundário
Minério		Sucata
Redução	Energia	Fusão
Fusão		Conformação
Conformação		

A economia de energia também é bastante significativa na reciclagem dos metais. Na Tabela 2.5, consta a temperatura de fusão e a energia empregada na produção primária e na secundária, sendo possível afirmar que nesse processo há uma economia média de 90% de energia elétrica.

Tabela 2.5 – Energia empregada na transformação de metais

Metal	Número atômico (Z)	Temperatura de fusão (°C)	Energia empregada na produção com o minério (kWh/t)	Energia empregada na reciclagem (kWh/t)
Níquel	28	1455	23000	600
Cobre	29	1085	2424	310
Alumínio	13	660,3	17600	750
Magnésio	12	650	18000	1830
Zinco	30	419,5	4000	300
Chumbo	82	327,5	3954	450
Estanho	50	231,9	2377	360

Fonte: Elaborado com base em Ahluwalia; Nema, 2007.

Além disso, os resíduos metálicos têm um elevado tempo de decomposição e, quando são descartados no meio ambiente, causam sérios problemas ambientais. Por isso, sua reciclagem contribui para a economia de minério, energia e água, além da diminuição de áreas degradadas pela extração do material, da poluição e da insalubridade. Ainda, a reciclagem desses resíduos prolonga a vida útil dos aterros sanitários e gera novas oportunidades de emprego.

2.4.5 Matéria orgânica

Trata-se de um resíduo de origem biológica (animal ou vegetal) produzido em residências, empresas e escolas. Consiste em um lixo menos volumoso, e a sua geração está condicionada aos animais, que muitas vezes são vetores de doenças, além de formarem o chorume, contaminando a água subterrânea.

Segundo o Ministério do Meio Ambiente (Brasil, 2017), por meio da caracterização nacional de resíduos publicada na versão preliminar do Plano Nacional de Resíduos Sólidos (PNRS), os resíduos orgânicos correspondem a mais de 50% do total de resíduos sólidos urbanos gerados no Brasil. Em função dessa grande proporção, formas de reciclagem desse material são bastante importantes. Levando-se em consideração que a maior parte do lixo doméstico é constituída de substância putrescível, após passar por um processo de compostagem, a matéria orgânica pode ser transformada em excelente adubo orgânico, aumentando a taxa de nutrientes no solo e a qualidade da produção agrícola.

A compostagem representa um processo natural de decomposição biológica de materiais orgânicos (aqueles que têm carbono em sua estrutura), de origem animal e vegetal, pela ação de microrganismos, não sendo necessária a adição de qualquer outro componente físico ou químico. Os fatores que afetam a velocidade de degradação da matéria orgânica são: umidade, oxigênio, temperatura e razão carbono/nitrogênio (C/N). Os índices ideais para a compostagem estão dispostos na Tabela 2.6.

Tabela 2.6 – Índices para compostagem

	Temperatura	Umidade	Partes de carbono	Partes de nitrogênio	C/N
Ideal	40 °C a 50 °C	50%	25 a 30	1	25 a 30

Existem usinas simplificadas que fazem a compostagem natural, em que todo o processo ocorre ao ar livre. Nesses locais, o lixo é fragmentado e disposto em montes, denominados *leiras*, nos quais permanece até a bioestabilização. As leiras para compostagem devem ter forma piramidal ou cônica, com base de aproximadamente 3 m de largura e com altura variando entre 1,50 m a 2 m.

Várias são as vantagens relacionadas à compostagem, como a biodegradabilidade dos compostos e a diminuição de volumes dispostos em aterros sanitários, além do possível aproveitamento agrícola da matéria orgânica, da eliminação de patógenos e da economia de tratamento de efluentes. O composto orgânico produzido por compostagem deve ser constantemente analisado, principalmente quanto à presença de metais pesados em concentrações que possam comprometer a cultura agrícola e a saúde do consumidor. Os metais pesados estão presentes em materiais existentes no lixo, como tecidos, cerâmicas, borrachas, papéis coloridos, pilhas e baterias, que, se não forem corretamente segregados, permanecem no meio de transformação. Um fator bastante interessante é que estudos comprovam que apenas uma pequena quantidade de metais pesados solúveis é efetivamente absorvida pelas raízes das plantas.

No Brasil, o composto orgânico produzido em usinas de compostagem de lixo domiciliar deve atender a valores estabelecidos pelo Ministério da Agricultura, Pecuária e Abastecimento (Mapa) para que possa ser comercializado.

2.4.6 Resíduos da saúde

Até meados da década de 1980, os resíduos da saúde considerados perigosos eram apenas os oriundos de hospitais. Atualmente, a norma da ABNT NBR 12807/2013 usa a terminologia que define *resíduo de serviços de saúde* como um produto não utilizável resultante de atividade exercida por estabelecimento prestador de serviço de saúde (ABNT, 2013a). A nomenclatura engloba os resíduos produzidos por todos os estabelecimentos prestadores de serviço de saúde, como hospitais, ambulatórios, consultórios médicos e odontológicos, laboratórios, farmácias e clínicas veterinárias, entre outros.

A norma NBR 12808/2016 estendeu esse conceito e estabeleceu que os resíduos de serviços de saúde deveriam seguir uma classificação por grupos (ABNT, 2016a). Assim, pertencem ao grupo A os resíduos em que há possível presença de agentes biológicos que, por suas características de virulência ou concentração, podem apresentar risco de infecção. Já o grupo B corresponde aos resíduos que apresentam substâncias químicas capazes de gerar riscos à saúde pública e ao meio ambiente.

Pertence ao grupo C qualquer material resultante de atividade humana que contenha radionuclídeos em quantidades superiores aos limites de isenção especificados pelas normas do Conselho Nacional de Energia Nuclear (CNEN) e para os quais a reutilização é imprópria ou não prevista.

Os resíduos que não apresentam risco biológico, químico ou radiológico à saúde ou ao meio ambiente – podendo ser equiparados aos resíduos domiciliares, como papel sanitário, fraldas, absorventes, vestuário descartável, restos de alimento de pacientes, material utilizado na antissepsia e hemostasia de venóclises, equipamento de soro e outros similares – pertencem ao grupo D.

E, por fim, estão no grupo E os perfurocortantes ou escarificantes, tais como lâminas de barbear, agulhas, escalpes, ampolas de vidro, brocas, limas endodônticas, pontas diamantadas, lâminas de bisturi, lancetas, tubos capilares, micropipetas, lâminas e lamínulas, espátulas e todos os utensílios de vidro quebrados em laboratório (pipetas, tubos de coleta de sangue e placas de petri), entre outros materiais.

No Quadro 2.7, estão dispostas algumas normas que regem o gerenciamento de resíduos sólidos da saúde (RSS).

Quadro 2.7 – Instruções normativas sobre resíduos sólidos da saúde

Norma	Objetivo	Situação
NBR 12807/2013: Resíduos de serviços de saúde – terminologia	Define os termos empregados em relação aos resíduos de serviços de saúde.	Em vigor.
NBR 12808/2016: Resíduos de serviços de saúde – classificação	Classifica os resíduos de serviços de saúde quanto aos riscos potenciais ao meio ambiente e à saúde pública, para que tenham gerenciamento adequado.	Em vigor.

(continua)

(Quadro 2.8 – continuação)

Norma	Objetivo	Situação
NBR 12809/2013: Resíduos de serviços de saúde – gerenciamento de resíduos de serviços de saúde intraestabelecimento	Estabelece os procedimentos necessários ao gerenciamento intraestabelecimento de resíduos de serviços de saúde.	Em vigor.
NBR 12810/2020: Resíduos de serviços de saúde – gerenciamento extraestabelecimento – requisitos	Estabelece requisitos para o gerenciamento extraestabelecimento de resíduos de serviços de saúde.	Em vigor.
NBR 13853/1997: Coletores para resíduos de serviços de saúde perfurantes ou cortantes – requisitos e métodos de ensaio	Fixa as características de coletores destinados ao descarte de resíduos de serviços de saúde perfurantes ou cortantes.	Cancelada.
NBR 13853-1/2008: Recipientes para resíduos de serviços de saúde perfurantes ou cortantes – requisitos e métodos de ensaio – Parte 1: recipientes descartáveis	Fixa as características de coletores destinados ao descarte de resíduos de serviços de saúde perfurantes ou cortantes.	Em vigor.
NBR 14652/2013: Implementos rodoviários – coletor-transportador de resíduos de serviços de saúde – requisitos de construção e inspeção	Estabelece os requisitos mínimos de construção e de inspeção dos coletores transportadores rodoviários de resíduos de serviços de saúde do Grupo A	Cancelada.

(Quadro 2.8 – conclusão)

Norma	Objetivo	Situação
NBR 14652/2019: Implementos rodoviários – coletor- -transportador de resíduos de serviços de saúde – requisitos de construção e inspeção	Estabelece os requisitos mínimos de construção e de inspeção dos coletores transportadores rodoviários de resíduos de serviços de saúde do Grupo A.	Em vigor.
NBR 16457/2016: Logística reversa de medicamentos descartados pelo consumidor – procedimento	Estabelece requisitos para a logística reversa de medicamentos descartados pelo consumidor.	Em vigor.

Fonte: Elaborado com base em ABNT 1997a; 2013a; 2013b; 2013c; 2016a; 2016b; 2016c; 2018b; 2019.

O manejo dos RSS compreende a ação de gerenciar os resíduos em seus aspectos dentro e fora do estabelecimento de saúde, desde sua geração até sua disposição final.

Os processos de tratamento disponíveis para os resíduos da saúde têm por objetivo promover o uso de métodos, técnicas ou processos que modifiquem as características dos riscos inerentes aos resíduos, reduzindo ou eliminando a ameaça de contaminação, de acidentes ocupacionais ou de danos ao meio ambiente. Essas ações podem ser incineração, pirólise, autoclavagem, micro-ondas, radiação ionizante, desativação eletrotérmica e tratamento químico.

De acordo com a Resolução Conama n. 237, de 19 de dezembro de 1997 (Brasil, 1997c), os sistemas para o tratamento de resíduos de serviços da saúde devem ser objeto de licenciamento ambiental. Os resíduos da área da saúde podem acarretar prejuízos ocupacionais e ambientais consideráveis, conforme disposto na Figura 2.4.

Figura 2.4 – Risco associado ao manejo de resíduos sólidos da saúde

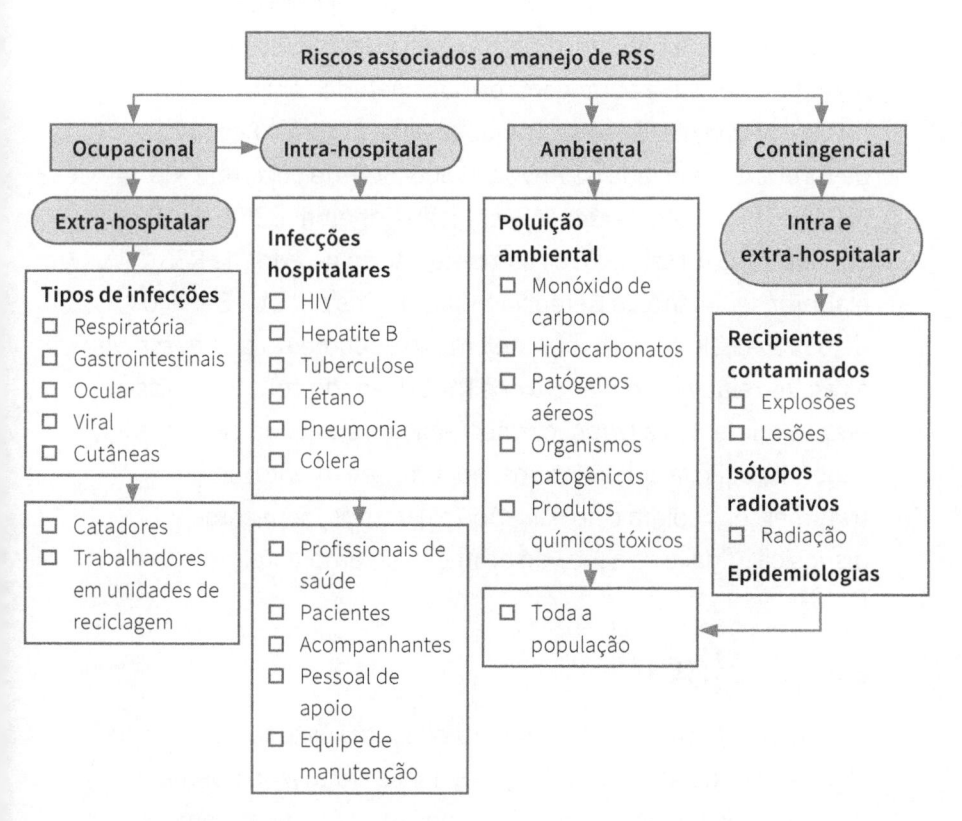

Riscos associados ao manejo de RSS

Ocupacional

- Extra-hospitalar
  - Tipos de infecções
    - ☐ Respiratória
    - ☐ Gastrointestinais
    - ☐ Ocular
    - ☐ Viral
    - ☐ Cutâneas
  - ☐ Catadores
  - ☐ Trabalhadores em unidades de reciclagem

Intra-hospitalar

- Infecções hospitalares
  - ☐ HIV
  - ☐ Hepatite B
  - ☐ Tuberculose
  - ☐ Tétano
  - ☐ Pneumonia
  - ☐ Cólera
- ☐ Profissionais de saúde
- ☐ Pacientes
- ☐ Acompanhantes
- ☐ Pessoal de apoio
- ☐ Equipe de manutenção

Ambiental

- Poluição ambiental
  - ☐ Monóxido de carbono
  - ☐ Hidrocarbonatos
  - ☐ Patógenos aéreos
  - ☐ Organismos patogênicos
  - ☐ Produtos químicos tóxicos
- ☐ Toda a população

Contingencial

- Intra e extra-hospitalar
  - Recipientes contaminados
    - ☐ Explosões
    - ☐ Lesões
  - Isótopos radioativos
    - ☐ Radiação
  - Epidemiologias

Fonte: Paiz et al., 2014, p. 944.

Problemas com o acondicionamento e o destino inadequado dos resíduos potencializam o risco de contaminação dos trabalhadores do serviço de saúde, da comunidade e do meio ambiente, em razão de suas características insalubres, perigosas e patogênicas.

Vale ressaltar que a geração dos rejeitos radioativos é permitida somente aos estabelecimentos autorizados pela Resolução da Comissão Nacional de Energia Nuclear (CNEN).

É importante entender que os resíduos sólidos da área da Saúde são regulamentados pela Agência Nacional de Vigilância Sanitária (Anvisa) e abrangem resíduos gerados em serviços de assistência médica e sanitária. De acordo com a Resolução da Diretoria Colegiada da Anvisa n. 306, de 7 de dezembro de 2004 (Brasil, 2004a), e com a Resolução Conama n. 358, de 29 de abril de 2005 (Brasil, 2005c), compete a todo gerador de RSS elaborar seu Plano de Gerenciamento de Resíduos de Serviços de Saúde (PGRSS), que consiste em um documento que descreve as ações relativas ao manejo dos RSS, devendo contemplar as etapas referentes à geração, à segregação, ao acondicionamento, à identificação, à coleta interna, ao armazenamento, ao tratamento, à coleta e ao transporte externos, bem como à disposição final e às ações de proteção ao ambiente.

2.4.7 Pneus

Os pneus surgiram no final do século XIX, em virtude de algumas pesquisas realizadas por Charles Goodyear, por meio da modificação das propriedades mecânicas do látex com a adição de enxofre, processo pelo qual se obtêve uma borracha bastante flexível. Nos dias de hoje, o pneu é um componente imprescindível ao funcionamento dos veículos e já passou por várias alterações desde sua origem, até atingir a tecnologia atual.

Quando o pneu chega ao fim de sua vida útil, é considerado um resíduo inerte e deve ser corretamente descartado, uma vez que o descarte inadequado gera gastos públicos, pois pode ocasionar a proliferação de vetores de doenças. Nesse sentido, tecnologias como reforma, regeneração, pirólise e coprocessamento são as mais utilizadas para a correta destinação desses produtos.

A reforma consiste na remoldagem e/ou na recauchutagem. Na primeira, ocorre a substituição da banda de rodagem, dos flancos e dos ombros, e, na segunda, há a troca apenas da banda de rodagem.

Por sua vez, na regeneração, o resíduo é moído e incorporado a outros processos produtivos, como a fabricação de manta asfáltica e de asfalto-borracha, de pisos de quadra poliesportiva, de artefatos de borracha, de tapetes para automóveis ou de solados de sapato.

Já a pirólise representa um processo de degradação térmica em ausência de oxigênio, gerando óleo e gás combustível. Por fim, o coprocessamento diz respeito ao uso de pneus como combustíveis em indústrias cimenteiras, representando o processo mais comum de reutilização desse material.

A produção de cimento é um processo caracterizado pelo alto consumo de energia, a qual é fornecida pela queima de coque pelos fornos rotativos. O coque é um combustível fóssil, derivado do petróleo, sólido, de cor negra e forma granular, ou do tipo "agulha", obtido como subproduto da destilação do petróleo (no fundo da coluna de destilação), em um processo denominado *cracking térmico*. Esse processo representa cerca de 5% a 10% do petróleo total utilizado em uma refinaria de petróleo.

Com o objetivo de diminuir o consumo do coque, a indústria cimenteira adotou a queima de resíduos industriais com bom poder calorífico e baixo teor de cloro, sendo o pneu um excelente representante desses resíduos. Ao serem enviados para coprocessamento, tais resíduos são denominados *combustíveis alternativos* ou *secundários*.

Os critérios para esse procedimento estão estabelecidos na Resolução Conama n. 264, de 26 de agosto de 1999 (Brasil, 2000e). O maior problema encontrado nesse processo é a emissão de gases, como o dióxido de enxofre, que, como já mencionamos no Capítulo 1, pode levar à precipitação de chuvas ácidas.

Vale ressaltar que o pneu apresenta de 1% a 2% de enxofre em sua composição, responsável pelo processo de vulcanização que confere ao material flexibilidade e dureza. Essa quantidade é inferior à da maioria dos carvões utilizados nos fornos rotativos de clínquer. Sabe-se que o carbonato de cálcio, a principal matéria-prima do cimento, reage com o gás sulfúrico, contribuindo para o controle das emissões de enxofre nos fornos. Ou seja, o impacto ocasionado pela emissão de derivados do enxofre é totalmente controlado.

Os fornos alcançam temperaturas de aproximadamente 2000 °C, com tempo de retenção dos gases de aproximadamente oito segundos. Essa característica possibilita a destruição de poluentes orgânicos. Assim, os contaminantes inorgânicos gasosos ácido fluorídrico (HF) e ácido clorídrico (HCl) são absorvidos pelos reagentes alcalinos presentes no clínquer.

A completa utilização das cinzas do combustível como componente do clínquer e a incorporação químico-mineralógica de metais pesados não voláteis na matriz do clínquer faz do coprocessamento um excelente processo de destruição térmica. A esse respeito, o Quadro 2.8 apresenta algumas vantagens de certos processos de reciclagem.

Quadro 2.8 – Vantagens do processo de reciclagem e recuperação de pneus

Reciclagem	Vantagem
Recauchutagem	Há muito tempo se desenvolveu um processo para a reforma de um pneu usado, denominado *recauchutagem*, pelo qual a camada superior de borracha da banda de rolamento é reposta e vulcanizada.
Recuperação	A recuperação consiste na simples trituração dos pneus e na moagem dos resíduos, reduzidos a pó fino.
Desvulcanização	As carcaças de pneus se enquadram na classificação de resíduos que contêm fibras em elevadas proporções. A regeneração é feita por vários processos – alcalino, ácido, mecânico e vapor superaquecido.
Pneus Remoldados	Com a globalização da economia e a abertura do mercado internacional, os brasileiros passaram a ter acesso a milhares de oportunidades de consumo e a novas tecnologias, inclusive os pneus remoldados, que representam uma forma de reindustrialização.

(continua)

(Quadro 2.9 – conclusão)

Reciclagem	Vantagem
Coprocessamento com rocha de xisto betuminoso	Desde 1998, em sua unidade de São Mateus do Sul, no Paraná, que há anos explora o xisto betuminoso, a Petrobras instalou uma usina de reprocessamento conjunto de xisto e de pneus descartados para a produção de óleo e gás combustíveis, por meio de tecnologia desenvolvida pela própria empresa. Nesse processo, uma tonelada de pneus coprocessados gera 530 kg de óleo, 40 kg de gás, 300 kg de negro de fumo e 100 kg de aço.
Laminação	O processo de laminação consiste em diversas operações de cortes para extração de lâminas e trechos de contornos definidos. Estes são utilizados em diversas aplicações, como rodos, tubos para águas pluviais, tubos para combate a erosões e passagem de níveis, solados, saltos e palmilhas de pneus e percintas para sofás, solados de calçados, tiras para móveis, sofás e poltronas, cestos e inúmeras outras aplicações.

Fonte: Elaborado com base em Novick; Martignoni; Paes, 2000.

Das tecnologias de reciclagem de pneus no Brasil, algumas têm enorme potencial: reforma, valorização energética, laminação, fabricação de artefatos de borracha e utilização de pneus na pavimentação asfáltica, por exemplo. A utilização dos pneus como combustível ou matéria-prima proporciona uma redução nos custos operacionais e ocasiona um aumento da produtividade. A tendência natural, para um resíduo tão perigoso, é aumentar as estratégias de reciclagem, a fim de aproveitar o potencial do material e minimizar os danos ambientais.

2.4.8 Pilhas e baterias

A primeira pilha elétrica foi construída por Alexandro Volta, em 1800. Ele intercalou discos de cobre e de zinco com panos embebidos em uma solução salina, a qual foi capaz de gerar eletricidade por meio de uma reação química.

Tanto as pilhas quanto as baterias são dispositivos capazes de transformar energia química em energia elétrica mediante reações espontâneas de oxirredução, pelas quais há transferência de elétrons entre os materiais. A diferença entre ambas está no fato de que as pilhas têm somente dois eletrodos (polos negativo e positivo) e um eletrólito, ao passo que as baterias são formadas por várias pilhas ligadas em paralelo ou em série.

Esses dispositivos são compostos por metais pesados (como exposto no Quadro 2.9) e resíduos corrosivos que são perigosos à saúde e ao meio ambiente.

Cerca de 50% do mercúrio, 65% do chumbo e 75% do cádmio, elementos que as compõem, dispostos em lixos residenciais provêm de baterias descartadas.

Por isso, o descarte de pilhas e baterias nos resíduos sólidos domiciliares vem sendo gradativamente restringido. Esse descarte é regulamentado pela Resolução Conama n. 401, de 4 de novembro de 2008, que estabelece "os limites máximos de chumbo, cádmio e mercúrio para pilhas e baterias comercializadas no território nacional e define os critérios e padrões para o seu gerenciamento ambientalmente adequado" (Brasil, 2008b).

Quadro 2.9 – Pilhas e baterias e seus usos

Tipo de pilhas e baterias	Principais usos
Alcalinas (alcalina-manganês)	Rádios, gravadores brinquedos e lanternas.
Chumbo-ácido (recarregáveis)	Indústrias, automóveis e filmadoras.
Lítio	Equipamentos fotográficos, agendas eletrônicas, calculadoras, filmadoras, relógios, computadores e *notebooks*.
Níquel-hidreto metálico (recarregáveis)	Celulares, telefones sem fio, filmadoras e *notebooks*.
Níquel-cádmio (recarregável)	Telefone sem fio e barbeadores.
Zinco-ar	Aparelhos auditivos.
Zinco-carbono (pilhas secas)	Rádios, gravadores, brinquedos e lanternas, entre outros.

Fonte: Elaborado com base em Furtado, 2004, p. 33.

Outra legislação que facilita o descarte desses materiais é a Instrução Normativa n. 8, de 3 de setembro de 2012, do Instituto Brasileiro do Meio Ambiente e dos Recursos Naturais Renováveis (Ibama), que institui, "para fabricantes nacionais e importadores, os procedimentos relativos ao controle do recebimento e da destinação final de pilhas e baterias ou de produtos que as incorporem" (Brasil, 2012c). Como alternativa, existem processos de reciclagem dos componentes constituintes das pilhas e das baterias, bem como de metais e de outros materiais.

Atualmente, são três as tecnologias aplicadas na reciclagem de pilhas e baterias, como mostra o Quadro 2.10.

Quadro 2.10 – Reciclagem de pilhas e baterias

Reciclagem	Vantagem
Mineralurgia	Envolve somente processos físicos de segregação dos materiais. Inicia-se pela remoção do eletrólito (no caso da bateria) quando este é líquido, seguida da desmontagem do invólucro da bateria para a remoção de plásticos e isolantes e, se possível, a retirada das placas e dos eletrodos. A mineralurgia é aplicada principalmente em baterias industriais de grande porte, sendo os materiais posteriormente recuperados por outros processos.
Hidrometalurgia	Consiste na dissolução ácida ou básica dos metais existentes nas pilhas e nas baterias, previamente moídas. Tais metais podem ser recuperados por precipitação (variando-se o pH da solução) ou por extração por solventes (aplicando-se diferentes solventes, que se ligam a íons metálicos específicos, separando-os da solução). O uso da eletrólise permite a recuperação dos metais – o mercúrio, por exemplo, é removido por aquecimento. Trata-se de um processo que gasta menor quantidade de energia se comparado ao processo pirometalúrgico; no entanto, gera resíduos que precisam ser devidamente tratados.
Pirometalurgia	Ocorre posteriormente ao tratamento de minérios, por meio do qual são separados os componentes metálicos e não metálicos. Os primeiros são aquecidos a temperaturas específicas (superiores a 1000 °C) para a obtenção de materiais com alto grau de pureza. Esse processo não gera resíduos sólidos perigosos, porém necessita de uma quantidade considerável de energia elétrica.

Fonte: Elaborado com base em Pistoia; Wiaux; Wolsky, 2001.

As pilhas e as baterias apresentam em sua composição substâncias tóxicas que provocam sérios danos ambientais e à saúde da população. A contaminação dos metais pelo organismo humano se dá prioritariamente por inalação seguida da ingestão e, mais raramente, pela pele. Pelo aparelho respiratório, os metais penetram no organismo por meio de poeiras e fumos. Pelo sistema digestivo, a contaminação ocorre por acidente, na ingestão de alimentos e de água contaminada. Cada substância apresenta um risco em potencial.

O cádmio, quando está presente no organismo humano, causa distúrbios gastrointestinais, provocados por ingestão de alimentos ácidos ou bebidas contaminadas, e pneumonite química; nos rins, ele se acumula no córtex renal, provocando alterações morfológicas e funcionais, segundo Rosenstock e Cullen (1994).

Para esses autores, a intoxicação por chumbo leva a distúrbios como a anemia e a neuropatia periférica e a alterações cognitivas em adultos e crianças, além de provocar complicações renais, hipertensão, doenças cerebrovasculares, perda de apetite, distúrbios digestivos e cólicas abdominais (Rosenstock; Cullen, 1994). Já o manganês leva à desordem crônica do sistema nervoso central, conhecida como *manganismo* ou *Parkinson mangânico* e ainda causa problemas respiratórios, como bronquite e pneumonia.

Por sua vez, o mercúrio, o mais tóxico e acumulativo de todos, afeta o sistema nervoso, gerando mudanças de comportamento, perda de memória, tremor, dormência, formigamento e alterações visuais e auditivas.

A Resolução Conama n. 401, de 4 de novembro de 2008 (Brasil, 2008b), determina que as pilhas e as baterias que contenham em sua composição metais pesados e seus compostos sejam entregues pelos usuários, após seu esgotamento, aos estabelecimentos que as comercializam ou à rede de assistência técnica, para que lhes seja dada a devida tratativa.

Estima-se que, dos resíduos perigosos gerados anualmente no Brasil, somente 22% recebem tratamento adequado, ao passo que os 78% restantes são depositados indevidamente em lixões, sem qualquer tipo de tratamento (Agência Estado, 2002). Resíduos contendo metais poluem o solo e a água e afetam consideravelmente a vida da população.

2.4.9 Resíduos provenientes da construção civil

Os materiais usados na construção civil constituem um conjunto de fragmentos ou de restos dos processos de construção ou de demolição. São formados por uma ampla variedade de produtos, como materiais orgânicos, metálicos e cerâmicos.

Os entulhos oriundos da construção civil se tornaram um grande problema na administração das grandes cidades brasileiras em virtude das enormes quantidades geradas desses materiais. Em função de suas características, durante muitos anos foram dispostos em aterros ou em lixões. Contudo, inconvenientes ambientais tornaram escassos tais espaços, e a simples disposição do entulho não atende ao disciplinado pela Resolução Conama n. 307, de 5 de julho de 2002 (Brasil, 2002b), e à NBR 15113/2004 (ABNT, 2004e), que tratam da gestão de resíduos da construção civil e da execução de aterros para essa finalidade.

O reaproveitamento desses resíduos, além de proporcionar melhorias significativas do ponto de vista ambiental, é economicamente vantajoso, pois introduz no mercado um novo material com grande potencialidade de uso, preservando recursos financeiros e ambientais.

Os resíduos da construção civil têm particularidades que são relacionadas às condições específicas de cada obra, conforme exposto na Tabela 2.7, que mostra a composição de alguns desses resíduos.

Tabela 2.7 – Composição dos resíduos oriundos da construção civil

Entulhos	Porcentagem (%)
Materiais cerâmicos	52
Argamassas	16
Gesso	15
Madeira	11
Aço	6

Fonte: Elaborado com base em Marques, 2007.

A melhor disposição final para esses resíduos é a reciclagem, processando o entulho e vendendo-o para os próprios produtores, a fim de que sejam utilizados como agregadores. O fato de cada material residual apresentar uma dureza específica facilita o processo de segregação. A trituração do entulho pode ser realizada pela ação de rolos compactos e pela passagem por peneiras com variadas gramaturas, o que possibilita a separação dos materiais. A argamassa obtida, por exemplo, ainda apresenta boa plasticidade, maciez e liga. Da mesma forma, a areia, o pó de cimento e o pó de cal ainda apresentam atividade aglomerante.

Optando pela não segregação da massa particulada, é possível substituir a areia da obra por entulho (até 30%), pois a argamassa obtida apresenta mais resistência à compressão. Já o agregado pode ser utilizado na fabricação de peças não estruturadas, como sub-base para a pavimentação e para guias, e na obtenção de concreto para vedação.

2.4.10 Óleos lubrificantes

Os óleos lubrificantes têm origem animal ou vegetal (óleos e graxas), podem ser derivados do craqueamento do petróleo (óleos minerais) ou produzidos laboratorialmente (óleos sintéticos). Além disso, também podem ser formados pela mistura de dois ou mais tipos de óleos, formando os chamados *óleos compostos*. Esses produtos constituem uma categoria muito importante de materiais recuperáveis, pois um óleo lubrificante nunca se desgasta, ou seja, nunca perde suas qualidades lubrificantes, apenas é contaminado durante o uso, seja por aditivos, seja por detergentes, seja por antiferrugem.

Em sua composição, os óleos apresentam ácidos orgânicos ou hidrocarbonetos polinucleares aromáticos (HPAs), além de metais pesados como cádmio, níquel, chumbo, mercúrio, cromo e cobre – todos considerados potencialmente carcinogênicos.

Se forem descartados inadequadamente no meio natural, os óleos poderão prejudicar seriamente a oxigenação do solo e das águas, pois apresentam um caráter tóxico para a fauna e a flora. A queima desses óleos em caldeiras e em fornos gera a emissão de uma elevada quantidade de substâncias nocivas no ar, como cádmio, níquel, cromo e chumbo, provocando poluição atmosférica.

A recuperação de óleos usados ou contaminados proporciona, além da proteção ao meio ambiente, a minimização do desperdício e a melhoria na utilização dos recursos naturais não renováveis. O refino de óleos usados ou contaminados consiste em uma sequência de processos que removem todos os contaminantes, incluindo água, partículas sólidas, produtos de diluição, produtos de oxidação e os aditivos previamente incorporados ao óleo básico.

A logística reversa envolvendo óleos lubrificantes pós-consumo já é praticada no país desde 1963, quando a Resolução n. 6, de 21 de maio de 1963, do antigo Conselho Nacional do Petróleo, tornou obrigatória sua coleta e sua destinação ao refino (Brasil, 1963).

2.4.11 Lâmpadas

Em 1650, o cientista alemão Otto von Guericke descobriu que a luz podia ser obtida por meio da eletricidade. Porém, embora diversos cientistas tenham contribuído para essa descoberta, a invenção da lâmpada foi atribuída ao norte-americano Thomas Edison, em 1879.

As lâmpadas incandescentes são os modelos mais antigos e comuns, feitas por um filamento de tungstênio apoiado em um suporte de molibdênio envolvido em gases inertes dentro de um bulbo de vidro fechado por um soquete de metal. No entanto, essas lâmpadas devem desaparecer completamente nos próximos anos. As lâmpadas acima de 75 W deixaram de ser comercializadas em 2014; já as de 25 W a 75 W deixaram de ser produzidas em 2015, e sua comercialização foi encerrada em 2016.

Por sua vez, as lâmpadas fluorescentes apresentam dois tipos básicos: tubulares e compactas. São compostas de um tubo selado de vidro preenchido com gás argônio à baixa pressão e vapor de mercúrio, à baixa pressão parcial. O interior do tubo é revestido com uma poeira fosforosa constituída por vários elementos. Espirais de tungstênio, revestidas com uma substância emissora de elétrons, formam os eletrodos em cada uma das extremidades do tubo.

Quando uma diferença de potencial elétrico é aplicada, os elétrons passam de um eletrodo para o outro, criando um arco voltaico.

Uma lâmpada fluorescente é formada por até 5 mg de mercúrio, revestida por vidro, com terminais de alumínio e plástico, eletrodos de tungstênio, níquel, cobre ou ferro e uma camada de 4 g a 6 g de clorofluorfosfato de cálcio, com antimônio e manganês. Seu funcionamento ocorre com a colisão entre os elétrons e os átomos de argônio, provocando a emissão de mais elétrons, os quais se chocam com os átomos de mercúrio, emitindo uma radiação ultravioleta (UV) que atinge a camada fosforosa, fazendo ocorrer a fluorescência. As lâmpadas fluorescentes apresentam componentes que devem ser adequadamente tratados.

As lâmpadas de LED** não apresentam os agentes contaminantes contidos nas lâmpadas fluorescentes. São fabricadas com material semicondutor semelhante ao usado nos *chips* de computador. Além disso, elas são ecologicamente corretas, pois não contêm substâncias nocivas à saúde humana e à natureza (tais como mercúrio ou poeira fosforosa).

Pelo menos 12 elementos presentes nas lâmpadas podem originar impactos ambientais: mercúrio, antimônio, bário, chumbo, cádmio, índio, sódio, estrôncio, tálio, vanádio, ítrio e elementos de terras raras.

Todos os estudos referentes ao impacto ambiental das lâmpadas se referem mais frequentemente ao mercúrio e ao sódio, visto que esses elementos apresentam mais relevância quantitativa nas lâmpadas.

Sob essa ótica, a reciclagem de lâmpadas é o caminho mais seguro para tratar os elementos químicos perigosos presentes principalmente nas fluorescentes, para que eles possam ser utilizados como matéria-prima na fabricação de outros produtos.

Mediante a Política Nacional de Resíduos Sólidos (PNRS) – Lei n. 12.305, de 2 de agosto de 2010 (Brasil, 2010d), os fabricantes de lâmpadas se tornaram obrigados a implantar o sistema de logística reversa, bem como a promover uma destinação final ambientalmente adequada a esses objetos. Existem diversos tipos de tecnologias de reciclagem de lâmpadas atualmente, e todos funcionam em um sistema a vácuo, para garantir o controle da emissão dos gases tóxicos durante o processo.

** Light emitting diode (diodo emissor de luz).

2.4.12 Resíduos agrossilvopastoris

O Brasil é um país essencialmente agrícola e está se firmando gradativamente como um dos principais fornecedores no mercado internacional de alimentos. Esse aumento da produtividade ocorreu, principalmente, em função da modernização da agricultura. A produção de alimentos foi ampliada, e os sistemas agrícolas ficaram mais intensivos, fazendo surgir, dessa forma, um novo segmento industrial, responsável pelo processamento da produção primária de alimentos: a agroindústria.

Esse crescimento se traduz em benefícios para o país, como a geração de empregos, de alimentos e de riqueza. Em contrapartida, também dá origem a significativos impactos ambientais, os quais decorrem do grande volume de resíduos, da sua lenta degradabilidade e da geração de subprodutos tóxicos e cumulativos. Por essa razão, torna-se essencial reduzir, reciclar ou reaproveitar os resíduos gerados, a fim de preservar os recursos naturais e evitar a degradação ambiental.

As culturas agrícolas permanentes são representadas por produtos como café em grãos, cacau em amêndoas, banana em cachos, laranja, castanha-de-caju, coco-da-bahia e uva. Já as culturas agrícolas temporárias se referem a itens como soja, milho, feijão e trigo (todos em grãos), cana-de-açúcar, arroz em casca e mandioca. Na pecuária, consideram-se criações de bovinos de corte e de leite, aves de corte e de postura e suínos. Já na silvicultura, destacam-se e a produção de componentes como madeira em toras e madeira utilizada na produção de lenha, carvão vegetal, celulose e papel.

O reaproveitamento dos resíduos remanescentes dos processos da agroindústria, além de evitar acúmulo ambiental, pode substituir o uso exagerado de fertilizantes. A utilização na adubação permite a recuperação de elementos valiosos para o solo, como nitrogênio (N), fósforo (P) e potássio (K). Além disso, o emprego do biofertilizante contribui para melhorar a estrutura e a capacidade do solo de absorver água e de fornecer nutrientes para as plantas, garantindo a melhoria na produção.

Dados da Associação Nacional para Difusão de Adubos (Anda, 2020) mostram que, no Brasil, em 2018, foram comercializadas mais de 29,9 milhões de toneladas de fertilizantes. Nesse período, os fertilizantes potássicos apresentaram um crescimento de 3,6%, e os fosfatados, de 0,6%. Já os nitrogenados registraram redução de 5,5%.

Os estados que mais consomem fertilizantes químicos são Mato Grosso, Paraná, Rio Grande do Sul, São Paulo, Goiás e Minas Gerais. Ou seja, existe um mercado em ascensão que utiliza quantidades significativas de fertilizantes químicos que poderiam ser substituídos por biofertilizantes.

A cultura de cana-de-açúcar é a que mais gera resíduos agrossilvopastoris no país, nas formas de torta de filtro e de bagaço, além do processamento do melaço, que produz a chamada *vinhaça*, subproduto considerado cem vezes mais poluente do que o esgoto doméstico. Cada litro de álcool pode resultar em até 18 litros de vinhaça. O reaproveitamento desses resíduos ocorre por meio da geração de biofertilizantes e da queima da biomassa, resultando em potencial energético.

Na pecuária, a criação extensiva dificulta a utilização desses resíduos na biodigestão e no aproveitamento energético.

As atividades predominantemente confinadas, como a suinocultura, a avicultura e a pecuária leiteira, produzem um potencial energético considerável, em função do tratamento dos dejetos e da geração de energia elétrica.

Por fim, os resíduos agrossilvopastoris podem ser utilizados para a alimentação animal, a produção de fertilizantes orgânicos e a geração de energia.

Síntese

Os efeitos adversos e irreversíveis ocasionados ao meio ambiente por ocasião da disposição inadequada de resíduos sólidos impõem a necessidade de implantar políticas ambientais preventivas.

Para isso, é necessário utilizar instrumentos adequados para garantir a responsabilidade civil ambiental das organizações. Entre esses instrumentos, destacam-se: o estabelecimento de parâmetros de qualidade ambiental; a avaliação de impactos ambientais; o incentivo à produção sustentável; e a instalação de equipamentos e de métodos para assegurar a melhoria da qualidade ambiental.

Só será possível atuar de maneira proativa se os parâmetros que definem a classificação de resíduos em perigosos e não perigosos forem compreendidos e, dessa forma, forem estimulados a segregação, o acondicionamento, o transporte e a disposição geral ambientalmente correta, sempre com o intuito de realizar a reciclagem e a reutilização, levando em consideração as características físico-químicas desses materiais.

Atividades de autoavaliação

1. A identificação consiste no conjunto de medidas que permite o reconhecimento dos resíduos contidos em sacos e em recipientes, fornecendo informações para o correto manejo dos resíduos sólidos de saúde. Nesse contexto, assinale a alternativa correta:
   a) O grupo A, com rótulo de fundo branco, desenho e contornos pretos, indica a presença de substância infectante.
   b) O rótulo de fundo amarelo e contornos pretos, acrescido da expressão *rejeito radioativo*, representa o grupo B.
   c) O grupo C é identificado por meio do símbolo de risco associado, com discriminação de substância química e frases de risco.
   d) O grupo E é representado pelas substâncias que produzem radiações ionizantes.
   e) O grupo D é formado pelos resíduos perfurocortantes infectados.

2. Considere a afirmativa a seguir: "Quaisquer resíduos que, quando amostrados de uma forma representativa, segundo a NBR 10007, e submetidos a um contato dinâmico e estático com água destilada ou deionizada, à temperatura ambiente, conforme a NBR 10006, não tiverem nenhum de seus constituintes solubilizados a concentrações superiores aos padrões de potabilidade de água, excetuando-se aspecto, cor, turbidez, dureza e sabor" (ABNT, 2004a, p. 8). A que tipo de resíduo a afirmação se refere?

a) Resíduo classe II-B.
b) Resíduo classe II-A.
c) Resíduo classe I-A.
d) Resíduo classe I-B.
e) Resíduo classe III.

3. A respeito dos resíduos sólidos, assinale V para as afirmativas verdadeiras e F para as falsas.
   ( ) As legislações específicas para resíduos de saúde impõem a incineração como única forma de tratamento aplicável a resíduos contendo agentes biológicos capazes de disseminar doenças.
   ( ) Na coleta seletiva, é fundamental que cada gerador separe, em sua residência, os resíduos orgânicos dos inorgânicos.
   ( ) A definição de *resíduo sólido* da ABNT inclui iodos e determinados tipos de líquidos.
   ( ) Todo solo degradado está poluído, mas nem todo solo poluído está degradado.
   ( ) Solo é a camada superficial da crosta terrestre, composta por rocha em desagregação misturada à matéria orgânica, ao ar, à água e a outras substâncias químicas.

   Assinale a alternativa que apresenta a sequência correta:
   a) V, F, F, V, V.
   b) V, V, F, F, V.
   c) F, F, V, V, F.
   d) F, V, V, F, F.
   e) F, F, V, F, V.

4. Indique a alternativa correta a respeito dos resíduos sólidos:
   a) O responsável pelos resíduos industriais (sólidos e/ou líquidos), bem como os da barragem de rejeito da mineração, é o Poder Público municipal.
   b) Um aterro sanitário consiste em um local para a disposição na terra do lixo coletado sem causar moléstia nem perigo à saúde pública ou à segurança sanitária. Para isso, utilizam-se métodos de engenharia para confinar os despejos sem riscos à coletividade, na menor área possível, os quais são periodicamente cobertos com terra.
   c) Um dos resíduos que menos se beneficia da coleta seletiva é o papel, pois sua reciclagem se baseia na formação de uma polpa com água que acaba lavando o papel sujo e levando embora a sujeira eventualmente impregnada nele.
   d) O desmatamento no Brasil sempre teve relação direta com as atividades econômicas, como a extração de pau-brasil e as culturas de cana-de-açúcar e de café, que afetaram o cerrado brasileiro.
   e) O metal mais reciclado no Brasil é o ferro, pois apresenta fácil identificação, segregação e acondicionamento. As proporções de reciclagem atingem aproximadamente 99% de todo o ferro produzido no mercado interno brasileiro.

5. Um resíduo é caracterizado como perigoso quando apresenta, entre outros aspectos, características de inflamabilidade, corrosividade, reatividade, toxicidade e/ou patogenicidade. Sob essa ótica, considere as amostras aquosas relacionadas na tabela a seguir

Exemplos de amostras aquosas

Amostra	pH
A	11,5
B	1,7
C	2,8
D	4
E	12,9

De acordo com a NBR 10004/2004 (ABNT, 2004a), que trata da classificação de resíduos sólidos, assinale a alternativa que apresenta as substâncias corrosivas considerando-se o pH:

a) Amostras B e E.
b) Amostras A e C.
c) Amostras A e B.
d) Amostras B e D.
e) Amostras C e D.

Atividades de aprendizagem

Questões para reflexão

1. Qual é o objetivo de haver um laudo de classificação de resíduos? Como e por quem ele é elaborado? O que deve constar nesse laudo? Os parâmetros dispostos nele podem proporcionar ações preventivas? Por quê?

2. Todos os dias, um considerável volume de resíduos é produzido em todas as cidades do planeta. Sob essa ótica, reflita sobre quais são as formas mais adequadas para o encaminhamento desses resíduos e, se possível, procure explicar, em um pequeno parágrafo, em que consiste e como funciona o coprocessamento.

Atividade aplicada: prática

1. Os polímeros denominados *termoplásticos* são recicláveis. O grande problema associado à reciclagem é a separação adequada dos materiais que são acondicionados juntos. Uma maneira bastante viável é separá-los por densidade. Pensando nisso, desenvolva um método de separação por densidade. Você deverá propor soluções hidroalcoólicas e salinas (mistura de água, álcool ou água e cloreto de sódio, por exemplo) para separar uma mistura de materiais poliméricos recicláveis que contêm: polipropileno (PP), polietileno de alta densidade (PEAD), politereftalato de etileno (PET), polietileno de baixa densidade (PEBD) e policloreto de vinila (PVC).

Capítulo 3

Resíduos urbanos

A incorporação de novos hábitos de consumo na sociedade moderna gera produtos que estão em constante mudança e que muito rapidamente se tornam obsoletos e descartáveis. Para gerir esses resíduos, são necessários programas de educação ambiental e de coleta seletiva. A educação ambiental possibilita que o cidadão entenda seu papel como gerador, ao passo que a coleta seletiva favorece o estímulo à cidadania e à diminuição do volume do lixo a ser descartado, além de possibilitar a formação de parcerias com catadores, empresas, associações e sucateiros.

Os resíduos urbanos devem ser separados em sua essência, por meio do restabelecimento dos constituintes iniciais ou na forma de recuperação energética. Assim, a separação correta e o acondicionamento adequado permitem gerenciar as melhores possibilidades de destino.

Sob essa ótica, nosso objetivo neste capítulo é apresentar os conceitos centrais relacionados à gestão integrada de resíduos sólidos urbanos, enfatizando a relação entre cadeia produtiva e destinação. Abordaremos, ainda, os possíveis destinos finais atribuídos ao lixo, firmando o papel da gestão de resíduos sólidos como alternativa sustentável.

3.1 Resíduos urbanos

Os resíduos sólidos urbanos (RSU) também são chamados de *lixo* e apresentam uma grande variedade de componentes basicamente constituídos de material orgânico, polímeros, vidros, papéis e metais. Os RSU também podem se referir a resíduos com alto grau de toxicidade, como tintas, solventes, inseticidas, remédios, frascos de aerossóis, pilhas, baterias, lâmpadas, óleos lubrificantes (resíduo e embalagem), pneus, lâmpadas fluorescentes, lâmpadas de vapor de sódio, lâmpadas de mercúrio, lâmpadas de luz mista e produtos eletroeletrônicos.

A Associação Brasileira de Normas Técnicas (ABNT), por meio da NBR 8419/1992*, define esses resíduos como gerados em um aglomerado urbano, excluindo os industriais perigosos, hospitalares, de portos e aeroportos, os quais seguem uma política de gerenciamento diferenciado, em conformidade com os conceitos atribuídos na logística reversa, que possibilita o retorno dos RSU para as empresas de origem (ABNT, 1992a).

Dentre as atribuições específicas dos municípios com relação à destinação dos RSU, estão a de coletar e a de dispor adequadamente o lixo gerado por seus cidadãos. Por inúmeras razões, como problemas administrativos, ausência de recursos e falta comprometimento ambiental, a maioria dos 5570 municípios brasileiros não gerencia seus resíduos da maneira correta. Segundo dados de 2016, considerando todos os municípios de nosso território, aproximadamente 69% apresentam sistemas de coleta seletiva, sendo que a melhor situação se encontra na Região Sudeste, com 87% dos municípios, ao passo que a pior pertence à Região Centro-Oeste, com 43% (Abrelpe, 2016). A esse respeito, o Gráfico 3.1 apresenta alguns dados relacionados ao número de municípios em cada região que praticava a coleta seletiva em 2016.

---

* Versão corrigida de 1996.

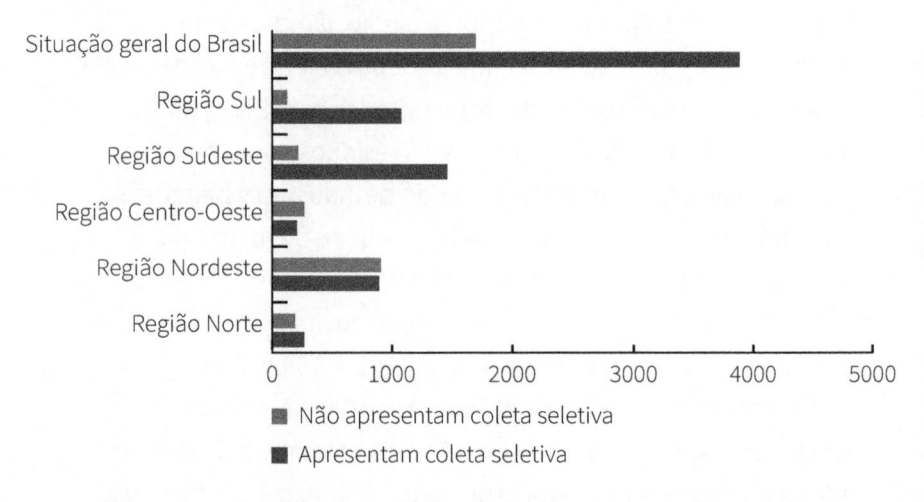

Gráfico 3.1 – Situação da coleta seletiva em municípios brasileiros em 2016

■ Não apresentam coleta seletiva
■ Apresentam coleta seletiva

Fonte: Elaborado com base em Abrelpe, 2016.

A limpeza urbana dos municípios é composta de serviços especializados, incluindo os processos de poda e corte de árvores, varrição, desobstrução de bueiros e lavagem de ruas.

Existem diferentes sistemas de coleta e disposição final de RSU, mas, de maneira geral, eles se referem à geração, ao acondicionamento, à captação e à disposição final desses materiais. O que difere é a possibilidade de transbordo e de pré-processamento entre a captação e a disposição.

Em muitos municípios brasileiros, a coleta regular (Figura 3.1) normalmente acontece de porta em porta, nos domicílios, sendo que a frequência com que tal coleta ocorre deve ser estabelecida pelas necessidades do bairro ou do município. A separação entre os lixos reciclável e orgânico dentro das residências é essencial para minimizar os custos com transporte e aumentar a vida útil dos aterros sanitários.

Figura 3.1 – Ilustração de coleta regular de resíduos

Oxy_gen/Shutterstock

Há outras opções de recolhimento fundamentadas nas características específicas de cada município, as quais são estruturadas em função da natureza do material recolhido e da tecnologia empregada na operação. Entre essas opções, estão as seguintes:

- Coleta de meio-fio ou de esquinas: os resíduos devidamente acondicionados são deixados pelos moradores nas calçadas e, após a coleta do lixo, os contêineres que passam a acondicioná-lo são enviados para os abrigos.
- Recolhimento no quintal: a equipe recolhe o resíduo no quintal da propriedade.
- Porta a porta: os resíduos são recolhidos pelo sistema de coleta na porta da propriedade – a opção mais comum.
- Local específico de entrega: para a coleta do lixo, são acordados locais preestabelecidos, denominados *ecocentros* ou *estações de transferência*. Esse método é bastante usado em áreas rurais ou com baixa densidade demográfica.
- Contêineres: esse método envolve a utilização de recipientes rolantes de alta capacidade para a remoção de resíduos de grandes edifícios, complexos comerciais e indústrias.
- Método pneumático ou extração a vácuo: os resíduos são colocados em dutos existentes já envoltos em sacos plásticos e direcionados ao acondicionamento coletivo.
- Recolhimento e devolução no quintal: a equipe de coleta desloca os recipientes até os veículos de coleta e, após o esvaziamento, devolve-os ao abrigo inicial. Esse método, muito oportuno em áreas residenciais, conta com a participação de duas equipes: uma para descolar e outra para esvaziar.

Os recursos aplicados pelos municípios em 2016 para fazer frente a todos os serviços de limpeza urbana no Brasil custaram, em média, de cerca de R$ 9,92 mensais por habitante (Abrelpe, 2016).

A geração de resíduos sólidos urbanos está diretamente associada às características sociais da comunidade, à predominância do nível socioeconômico, à sazonalidade de ocupação, à existência de planos municipais de coleta seletiva e às ações de educação ambiental, sendo extremamente complexo estimar a geração de RSU em todos os municípios.

De modo geral, a coleta de RSU pode ser realizada das seguintes formas:

- Coleta seletiva: como explicado anteriormente, consiste na coleta diferenciada de materiais com potencial de reciclagem.
- Coleta regular: efetuada de porta em porta nos domicílios.
- Coleta extraordinária: ocorre quando é solicitada pelo Poder Público.
- Coleta especial: trata-se do sistema de coleta de resíduos especiais, como os de serviço de saúde.

A destinação final de RSU é realizada em lixões ou em vazadouros a céu aberto, mas também pode ocorrer em aterros controlados e/ou sanitários, cujas características são especificadas pela Agência Nacional de Vigilância Sanitária (Anvisa).

Os RSU que, em razão de suas características químicas, apresentem risco potencial à saúde pública e ao meio ambiente deverão ser submetidos a tratamento e a disposição final específicos, de acordo com suas características de toxicidade, inflamabilidade, corrosividade e reatividade, segundo as exigências do órgão ambiental competente.

O tratamento dos resíduos urbanos normalmente é realizado mediante um dos seguintes processos:

- Depósito: despejo do resíduo em espaço ambiental sem acondicionamento apropriado (como impermeabilização, por exemplo), que pode ocasionar sério risco de dano ambiental.
- Aterros: constitui-se na deposição que envolve a cobertura do resíduo com camada de terra.
- Reciclagem: transformação de materiais usados para serem reutilizados na forma de novos produtos.
- Compostagem: consiste na transformação do material orgânico pela atuação de microrganismos aeróbios e anaeróbios. Representa um tratamento biológico do resíduo.

Existem muitas rotas para a destinação dos resíduos urbanos, como lixão, aterro controlado, aterro sanitário e incineração. Essas possibilidades serão analisadas nas seções a seguir.

3.1.1 Lixão

O lixão, também conhecido como *vazadouro*, consiste em uma forma inadequada de disposição final dos RSU, uma vez que, nesse local, os resíduos são simplesmente depositados a céu aberto, sem qualquer medida de controle ambiental ou sanitário, podendo ocasionar contaminação do solo e das águas subterrâneas e superficiais por meio do líquido lixiviado (chorume) e do contato com o próprio resíduo, além de contaminação atmosférica (biogás).

Esses contaminantes têm origem natural e são gerados na decomposição do RSU. O chorume é oriundo de várias fontes líquidas, como a umidade natural dos resíduos e a água da chuva que incide sobre eles. Sua composição, sua quantidade e sua produção dependem das condições climáticas, da temperatura, da umidade, do pH, da composição e da densidade dos materiais.

Os resíduos apresentam características bastante variadas, mas se sobressaem as de substâncias sólidas com alto teor de matéria orgânica. A falta de impermeabilização do lixão permite que o chorume percole pelo substrato (solo), solubilizando substâncias contidas no RSU, o que compromete o lençol freático.

O biogás, resultado das interações físico-químicas e biológicas que ocorrem entre os resíduos, é outro fator constante nos lixões. É importante compreender que as comunidades microbianas presentes nos RSU participam da decomposição dos materiais e da geração do biogás por meio de dois tipos de metabolismos, o aeróbio e o anaeróbio (Brasil, 2004c; 2004d).

- **Processo aeróbio**

    O oxigênio presente nos espaços vazios entre os resíduos, juntamente com o oxigênio dissolvido, quando associado à umidade, acelera a decomposição aeróbia por meio da atuação de microrganismos termofílicos e mesofílicos, gerando dióxido de carbono, água e calor.

    $$\text{Matéria orgânica} + O_2 + N_2 \xrightarrow{\text{microrganismos}} CO_2 + H_2O + N_2 + \text{calor}$$

- **Processo anaeróbio**

    Esse processo se inicia quando o oxigênio se torna escasso na massa de resíduos em decorrência da superposição das camadas. É nesse processo que o metano é gerado.
    A velocidade de degradação anaeróbia é muito lenta e acontece em quatro etapas:

1. A primeira, denominada *acidogênica*, é provocada pela ação de enzimas celulares que quebram a matéria orgânica, formando compostos mais simples, como ácidos solúveis (ácidos graxos, aminoácidos e açúcares). Os subprodutos formados são principalmente água, hidrogênio e dióxido de carbono. Essa fase é representada pelo esquema a seguir:

   Matéria orgânica $\xrightarrow{\text{bactérias acidogênicas}}$ CO_2 + H_2 + H_2O + ácidos e açúcares

2. A segunda fase, chamada *metanogênica instável*, é provocada por bactérias como *Methanobacterium bryantii* e a *Methanosarcina barkeri*, presentes no solo, que transformam os ácidos orgânicos e o dióxido de carbono em metano. Sua expressão química é a seguinte:

   Ácido orgânicos + CO_2 + H_2 $\xrightarrow{\text{bactérias metanogênicas}}$ CH_4 + H_2O + CO_2

3. A terceira fase, denominada *metanogênica estável*, é a mais longa. Nela, a composição básica do biogás é de cerca de 60% de metano (CH_4) e de 40% de dióxido de carbono (CO_2).
4. Por fim, a última fase ocorre após várias décadas, quando a porcentagem de metano na composição do biogás chega a um índice desprezível, em razão do esgotamento do material degradável nas condições de decomposição.

É possível afirmar que, no decorrer dos processos aeróbios e anaeróbios de decomposição, o biogás apresenta constituição variada, como descrito na Tabela 3.1, sendo influenciada pelas condições ambientais e do resíduo, assim como de seu tempo de deposição.

Tabela 3.1 – Constituintes típicos encontrados no biogás gerados pela decomposição do RSU**

Gás	Fórmula	% volume	
Metano	CH_4	45-60[a]	40-70[b]
Dióxido de carbono	CO_2	40-60	30-60
Nitrogênio	N_2	2-5	3-5
Oxigênio	O_2	0,1-1,0	0-3
Sulfeto de hidrogênio	H_2S	0-1,0*	0-2
Amônia	NH_3	0,1-1,0	–
Hidrogenio	H_2	0-0,2	0-5
Monóxido de carbono	CO	0-0,2	0-3
Componentes traço	–	0,01-0,6	0-1

[a] Ham et al. (1979); Lang et al. (1989) e Parker (1983), apud Tchobanogous et al. (1993).
[b] El-fadel et al (1997) apud Aljarallah (2002).
* Inclui sulfetos, dissulfetos, mercaptanos, etc.

Fonte: Alcântara, 2007, p. 98.

Os lixões são construídos em áreas completamente inadequadas, sem o uso de critérios técnicos de engenharia. Por isso, ao analisarmos a geração dos contaminantes, é importante compreender que os resíduos de decomposição não são tratados nos lixões e que certamente gerarão impactos à saúde pública e ao meio ambiente.

** Os autores mencionados nas notas da Tabela 3.1 são citados por Alcântara (2007).

Com o objetivo de remediar as condições dos lixões no Brasil e propiciar segurança à população de seu entorno, a melhoria da qualidade dos solos e das águas superficiais e subterrâneas e a minimização dos riscos à saúde pública, foi sancionada a Lei n. 12.305, de 2 de agosto de 2010, que estabeleceu a Politica Nacional de Resíduos Sólidos (PNRS), determinando ações como a extinção dos lixões do país e sua substituição por aterros sanitários (Brasil, 2010d).

Essa lei incentiva a implantação da reciclagem, da compostagem, do tratamento e da coleta seletiva nos municípios. Quando foi publicada, o prazo estabelecido para que as cidades se adequassem à PNRS era de quatro anos. Ou seja, tais ações deveriam ser colocadas em prática em 2014, o que não ocorreu na maioria dos municípios.

Diante disso, em 2014, o Senado Federal aprovou o Projeto de Lei Complementar n. 425 (Brasil, 2017a), que prorrogava os prazos para a disposição adequada dos resíduos sólidos para até 31 de julho de 2021 (Altafin, 2014).

Extrapolado o prazo inicial, mais da metade dos municípios não alcançou a meta estabelecida por lei. Segundo os dados da Associação Brasileira das Empresas de Limpeza (Abrelpe), apenas 59% dos municípios dispõem seus resíduos em aterros adequados. Na Tabela 3.2, está discriminada a quantidade de municípios brasileiros que destinam seus RSU a lixões, a aterros controlados e a aterros sanitários. Os dados são de 2016.

Tabela 3.2 – Disposição final de RSU adotada por 5570 municípios brasileiros – dados de 2016

Disposição Final	[...]	2016 – Regiões e Brasil					
		Norte	Nordeste	Centro--Oeste	Sudeste	Sul	Brasil
Lixão	[...]	246	836	158	202	117	1.559
Aterro Controlado	[...]	112	500	148	644	368	1.772
Aterro Sanitário	[...]	92	458	161	822	706	2.239
Brasil	[...]	450	1.794	467	1.668	1.191	5.570

Fonte: Abrelpe, 2016, p. 19.

Os problemas proporcionados pelos lixões afetam também a saúde pública. O lixo acumulado a céu aberto oferece alimentação e abrigo para diversos animais que podem ser potenciais transmissores de doenças, como insetos, cachorros, porcos, cavalos, aves e ratos, entre outros (Figura 3.2).

Figura 3.2 – Ilustração de lixão (depósito de lixo a céu aberto)

EvGavrilov/Shutterstock

Boa parte dos resíduos dispostos em lixões tem potencial de reciclagem. O fato de serem áreas abertas, sem controle, torna esses espaços um problema social, porque eles possibilitam a coleta de materiais recicláveis pela população de menor renda média que, ao manipular os materiais reciclados nesses locais, está exposta a condições perigosas e insalubres, podendo ocorrer acidentes. Além disso, muitas pessoas podem se alimentar dos restos de comida presentes nos lixões, o que pode causar intoxicações alimentares.

3.1.2 Aterro controlado

No **aterro controlado**, na disposição de RSU, é utilizada uma técnica de recobrimento dos materiais com uma camada de material inerte (normalmente argila), na conclusão de cada jornada diária de trabalho. O objetivo desse recobrimento é minimizar a proliferação de vetores, diminuir a geração de odores e impedir a saída descontrolada do biogás.

Pode-se dizer, então, que um aterro controlado consiste em um lixão coberto, pois não apresenta barreiras para evitar a contaminação do solo e das águas subterrâneas e superficiais. Nesse tipo de tratamento de RSU, existe o risco frequente de explosão ocasionada pela cobertura recorrente por camadas, que encapsula o gás gerado na decomposição dos materiais.

O maior número de lixões se encontra na Região Nordeste do país, ao passo que os aterros controlados se concentram principalmente na Região Sudeste, de acordo com o Sistema

Nacional de Informações sobre Saneamento (SNIS), conforme disposto no diagnóstico de manejo de resíduos sólidos (Brasil, 2015a).

3.1.3 Aterro sanitário

De acordo com Albuquerque (2011, p. 315), "um aterro sanitário é definido como aterro de resíduos sólidos urbanos, ou seja, adequado para recepção de resíduos de origem doméstica, varrição de vias públicas e comércio". Já a NBR 8419/1992 define que o aterro sanitário de RSU

> consiste na técnica de disposição de resíduos sólidos urbanos no solo, sem causar danos ou riscos à saúde pública e à segurança, minimizando os impactos ambientais, método este que utiliza os princípios de engenharia para confinar os resíduos sólidos ao menor volume permissível, cobrindo-os com uma camada de terra na conclusão de cada jornada de trabalho ou a intervalos menores se for necessário. (ABNT, 1992a, p.62).

Com base no estabelecido, o **aterro sanitário** se refere ao local de disposição de RSU com menor risco de impactos ambientais e danos à saúde. Nesse local, o lixo é depositado no solo que recebeu tratamento para isso, ou seja, foi preparado com nivelamento e impermeado com argila e geomembranas de polietileno de alta densidade (PEAD).

As geomembranas são mantas poliméricas flexíveis com baixa permeabilidade e atuam como impermeabilizantes do solo, protegendo os mananciais e o lençol freático.

A geomembrana PEAD apresenta densidade de 0,941 g/cm³ a 0,959 g/cm³, o que ajuda na resistência química por dificultar a entrada de líquidos e gases, e permeabilidade em torno de 10^{-10} cm/s, podendo ser considerada impermeável (Feldkircher, 2008). Essa impermeabilização garante que o chorume seja captado, drenado, tratado e devolvido ao meio ambiente sem risco de contaminação.

O chorume é encontrado em lixões, aterros controlados, aterros sanitários, aterros industriais e cemitérios (nesse caso, tem o nome de *necrochorume*). Trata-se de um composto consideravelmente poluente, viscoso, de cor escura e com um cheiro fortemente desagradável, procedente de reações de decomposição (aeróbia e anaeróbia) e de processos físicos, químicos e biológicos, e que se mistura à água das chuvas que percola pela massa de líquido aterrada, solubilizando substâncias e as arrastando para a área da geomenbrana.

Esse líquido apresenta uma carga orgânica muito alta, o que significa uma baixa biodegradabilidade, além de causar sérios danos ao meio ambiente, visto que tem metais pesados, os quais os organismos são incapazes de eliminar. Vale ressaltar que alguns metais são essenciais para o crescimento dos seres vivos e para suas reações biológicas, porém seu acúmulo em altos níveis é tóxico e causa sérios riscos tanto para a flora quanto para a fauna. O tratamento do chorume é obrigatório em aterros sanitários e industriais.

Outros contaminantes que são captados dentro do aterro sanitário são os gases provenientes da decomposição anaeróbia da fração orgânica dos RSU, isto é, o biogás, rico em metano (CH_4), que tem um excelente potencial combustível. Ele é um contribuinte representativo para o aquecimento global.

A captação desses gases é incentivada por meio do advento do Protocolo de Quioto, e a criação do mercado de carbono, regulado pelo Mecanismo de Desenvolvimento Limpo (MDL) configura uma oportunidade para o tratamento do biogás dos aterros sanitários mediante a queima e a geração de energia elétrica, o que certamente é bastante positivo para o meio ambiente e para a qualidade de vida da população.

Os aterros sanitários buscam reduzir ao máximo o volume dos resíduos e, consequentemente, a necessidade de área para sua disposição. Ao término de cada jornada de trabalho, os resíduos depositados são cobertos com uma camada de material inerte, seguido da manta de impermeabilização (Figura 3.3), minimizando a presença de animais no local. Por isso, essa é considerada a forma mais correta de disposição dos RSU, pois segue critérios de engenharia e normas operacionais bastante específicas.

Figura 3.3 – Vista aérea do aterro sanitário do Caxímba, em Curitiba

Albari Rosa/Gazeta do Povo/Folhapress

Mesmo após o término da vida útil do aterro, ele permanece, durante anos, gerando chorume e gases, os quais devem ser devidamente tratados.

Existem variadas formas de tratar os líquidos lixiviados de aterro sanitário (chorume): tratamento por meio de equipamentos e unidades internas aos limites do próprio aterro; tratamento conjunto com o esgoto sanitário em estações localizadas fora dos domínios do aterro; ou a combinação dessas duas possibilidades.

Independentemente do local de tratamento, os processos utilizados na remoção dos poluentes envolvem ambas ou apenas uma destas modalidades: processo físico-químico e/ou processo biológico.

Quando há o uso de processos físico-químicos, diversos procedimentos podem ser empregados, como: diluição; filtração/ultrafiltração; coagulação/floculação; precipitação; sedimentação; adsorção/absorção; troca iônica; oxidação química; osmose reversa; evaporação/vaporização; e lavagem com ar (IPT; Cempre, 2000).

Hamada e Matsunaga (2000) indicam que, para chorumes antigos, com demanda química de oxigênio (DQO) na faixa de 1500 a 3000 mg/L, proporção relativa entre a demanda bioquímica de oxigênio (DBO) e a DQO (DBO_5/DQO) menor do que 0,4 e elevada concentração de nitrogênio amoniacal, o tratamento indicado é o físico-químico, sendo ainda interessante o emprego do método aeróbio como auxiliar na remoção de nitrogênio amoniacal – tanto na forma não ionizada ($N-NH_3$) quanto na forma ionizada ($N-NH_4^+$).

O tratamento biológico (aeróbio ou anaeróbio) do chorume é indicado para líquidos que apresentam elevada DQO (acima de 10000 mg/L), baixa concentração de nitrogênio amoniacal, uma relação DBO_5/DQO entre 0,4 e 0,8 e elevada concentração de ácidos graxos voláteis.

Para chorumes que apresentam uma relação DBO_5/DQO muito baixa, menor do que 0,1, possivelmente em razão da baixa concentração de ácidos voláteis, a única alternativa apontada é o tratamento físico-químico.

Segundo Hamada e Matsunaga (2000), o tratamento físico-químico deve ser entendido como uma alternativa complementar ao biológico, pois, se considerado isoladamente, sua aplicabilidade fica restrita ao chorume proveniente de aterros bastante antigos.

Infelizmente, a disposição final dos RSU ainda apresenta índices insatisfatórios. Segundo dados divulgados pela Abrelpe, em 2016, 41,7 milhões de toneladas de lixo foram enviadas para aterros sanitários. O restante, 29,7 milhões de toneladas, correspondentes a 41,6%, foram enviados para lixões ou aterros controlados (Abrelpe, 2016).

Os aterros sanitário são capazes de conter os poluentes, reduzindo problemas ao ambiente e à saúde pública. Contudo, é importante salientar que devem lhe ser destinados somente aqueles resíduos que contêm poluentes passíveis de atenuação no solo, por processos de degradação ou por retenção físico-química (Cetesb, 1992).

É essencial promover a educação ambiental dos cidadãos, a fim de aprimorar a coleta seletiva e/ou a segregação de materiais recicláveis antes do aterramento.

3.1.4 Aterro industrial

Todos os resíduos industriais são de responsabilidade do gerador, cabendo-lhe a segregação, o acondicionamento e o destino adequado, o qual vai depender das características dos materiais descartados conforme o estabelecido na NBR 10004/2004 (ABNT, 2004a).

Algumas formas de disposição final de resíduos industriais mais comuns são: a utilização de barragens de rejeitos, para resíduos líquidos ou pastosos (com teor de umidade superior a 80%); o emprego de *landfarming* (tratamento biológico), para derivados de petróleo e compostos orgânicos; o uso de cavernas subterrâneas salinas ou calcárias ou injeção em poços de petróleo esgotados (Ibam, 2001), para resíduos considerados de alta periculosidade; e, por fim, os aterros industriais, no caso de resíduos sólidos cuja periculosidade não permita outros destinos mais sustentáveis.

Da mesma maneira que os aterros sanitários, os industriais seguem técnicas rigorosas que permitem a disposição controlada dos resíduos no solo, sem causar danos ou riscos à saúde pública e minimizando os impactos ambientais, visando garantir proteção total à natureza (Loureiro, 2005; Pinto, 2011).

Esse aterro é dividido por classes I, II-A ou II-B. O aterro de classe I apresenta custo de investimento e operação mais elevado do que o de classe II, por necessitar de condições um pouco mais rigorosas, em razão do maior potencial contaminante dos resíduos a serem aterrados (Monteiro, 2006). Testes de reatividade são aplicados aos materiais a fim de minimizar a possibilidade de dispor resíduos compatíveis próximos, o que poderia provocar entre eles uma reação química – geração de calor, fogo ou explosão, produção de fumos e gases tóxicos e inflamáveis, solubilização de substâncias tóxicas e polimerização violenta (Loureiro, 2005).

3.2 Consumo e geração de resíduos

É certo que estamos diante de um iminente esgotamento dos recursos naturais (Rattner, 1977), e a sociedade busca constantemente uma solução para essa premente realidade.

Nesse sentido, uma boa estratégia é incentivar a reutilização e a reciclagem dos materiais. É possível, também, modificar processos por meio de novas tecnologias e práticas operacionais dentro da indústria e do comércio.

A política dos **5 Rs** facilita a determinação de prioridades para a redução do consumo e incentiva o reaproveitamento dos materiais em relação à própria reciclagem. Essa política consiste em um processo educativo que tem por objetivo promover uma mudança de hábitos no cotidiano dos cidadãos. O ponto-chave é levar as pessoas a repensar seus valores e suas práticas, reduzindo o consumo exagerado e o desperdício. Ela envolve as seguintes ações: repensar, recusar, reduzir, reutilizar e reciclar.

O primeiro "R" se refere à ação de **repensar**, que relaciona o consumo à sua real necessidade. Sob essa ótica, no momento de comprar algo, é importante considerar os impactos que serão posteriormente causados no descarte do produto, buscando sempre optar por materiais reutilizáveis e recicláveis.

Por sua vez, o segundo "R" pressupõe que é necessário **recusar** os produtos que apresentem um significativo impacto ambiental, dando preferência àqueles que não agridam a natureza. Se a sociedade em geral recusar em larga escala as mercadorias que podem gerar danos ao meio ambiente, seus fabricantes poderão melhorar seus sistemas de produção ou a composição de seus artigos.

Dando sequência, o terceiro "R" se refere a **reduzir** o consumo e, consequentemente, a produção de lixo, incentivando a compra e a utilização de itens sem exagero e somente quando necessário.

É preciso optar por materiais e produtos mais duráveis, que demoram mais tempo para ser descartados, pois, além de isso reduzir o lixo, desonera a exploração dos recursos naturais.

O quarto "R" representa a **reutilização**, isto é, a possibilidade de uma nova opção aos materiais que já foram utilizados, agregando valores e oportunidades por meio dessa ação. Nesse sentido, os artesãos são protagonistas nas formas de reutilização de materiais descartados.

Por fim, o quinto "R" diz respeito à **reciclagem**, por meio da qual as indústrias podem substituir parte de suas matérias-primas por sucata (produtos já utilizados), como papel, vidro, plástico ou metal, entre outros materiais. Com o intuito de valorizar a reciclagem, as empresas estão inserindo em suas embalagens símbolos padronizados que indicam a composição de seus produtos, a fim de facilitar a segregação e o gerenciamento dos resíduos. Esse tipo de rotulagem ambiental também tenciona facilitar a identificação e a separação dos materiais, encaminhando-os para a reciclagem.

Adotando essas práticas, estamos contribuindo para a redução da exploração dos recursos naturais, para a diminuição da disposição de resíduos em aterros e para o aumento de sua vida útil, cortando os gastos do Poder Público com o tratamento do lixo, minimizando o uso de energia nas indústrias e intensificando a economia local, por meio de recicladoras e catadores, entre outros.

3.3 Resíduos de saneamento básico

O Plano Nacional de Saneamento Básico (PNSB) foi estabelecido por meio da Lei n. 11.445, de 5 de janeiro de 2007 (Brasil, 2007a), que regulamentou o setor e estabeleceu diretrizes a serem adotadas pelos serviços públicos de saneamento básico, sendo estas: abastecimento de água potável, esgotamento sanitário, limpeza urbana e manejo de resíduos sólidos e drenagem e manejo de águas pluviais.

A cobrança por fornecimento de serviço de água e esgoto tem caráter tarifário e garante a sustentabilidade econômica e financeira dos serviços. As taxas devem ser estipuladas levando-se em conta a adequada destinação dos resíduos coletados, as características da população atendida e as condições dos lotes, considerando peso ou volume médio recolhido. Entretanto, para isso, a prestadora de serviço deve atender a requisitos mínimos de qualidade.

Cada serviço estabelecido tem suas características individuais e deve ser abordado conforme as tecnologias compatíveis com o grau de desenvolvimento do município. Independentemente do estágio socioeconômico, o zelo e os cuidados pela boa funcionalidade desses sistemas indicam o estágio cultural, organizacional e de desenvolvimento dos habitantes.

3.3.1 Distribuição de água potável

A água, tão necessária à vida do homem, é um elemento bastante complexo. Sabe-se que, mesmo quando considerada pura, ela consiste na mistura de 33 substâncias distintas. Por ser um excelente solvente, são inúmeras as impurezas presentes nas águas naturais, várias delas inócuas, outras pouco desejáveis e algumas extremamente perigosas. Entre as impurezas nocivas, encontram-se vírus, bactérias, parasitas, substâncias tóxicas e em, alguns casos, elementos radioativos.

Por conta disso, foram criados os padrões de potabilidade, ou seja, normas de qualidade para as águas de abastecimento. A esse respeito, dados da Organização Mundial da Saúde (OMS) revelam que muitas das doenças que se alastram em países em desenvolvimento são provenientes da má qualidade da água. Microrganismos entéricos e outros patogênicos são responsáveis por doenças de pele, ouvido e garganta, e são parâmetros relevantes no que se refere ao adequado tratamento da água para consumo (Leitão et al., 1988).

Dejetos provenientes do homem e de animais, além do solo, são a principal fonte de contaminação, facilitando o desenvolvimento de microrganismos patogênicos que podem transmitir doenças que atingem o trato gastrointestinal (contaminação digestiva), levando a sintomas que vão desde uma dor de cabeça a moléstias tão temidas como a febre tifoide (Richter; Azevedo Neto, 1991).

Assim, alguns dos males mais comuns ocorrem por transmissão hídrica (WHO, 2006). No Quadro 3.1, são apresentadas algumas dessas doenças e seus agentes causadores.

Quadro 3.1 – Doenças e agentes causadores

Doenças	Agente causador
Febre tifoide	*Salmonella typhi*
Febre paratifoide	*Salmonela paratyphi paratifoides*
Disenteria bacilar	*Bacilo shigella*
Disenteria amebiana	*Entamoeba histolytico*
Doença de Weil	*Leptospira sp*
Cólera	*Vibrio cholerae*
Diarreia	*Escherichia coli*
Hepatite infecciosa	Vírus da hepatite A
Giardíase	*Giardia lamblia*
Poliomielite	*Enterovirus poliovirus*
Rotavírus	*Reoviridae*
Shigueloses	*Shiguella sp*
Tuberculose	*Mycobacterium Tuberculosis*

Fonte: Elaborado com base em Macedo, 2001.

Além dessas doenças, existem outras possibilidades recorrentes, como a presença de substâncias tóxicas ou nocivas na água. Logo, inúmeras enfermidades podem ser transmitidas direta ou indiretamente, seja pelo contato com águas poluídas, seja pelos vetores presentes no meio aquático (Macêdo, 2004).

Segundo dados de 2018 da Agência Nacional de Águas (ANA), a Terra é composta de, aproximadamente, 70% de água. Contudo, de toda água de que o nosso planeta dispõe, apenas uma parcela (2,5%) é composta de água doce, da qual 1,5% encontra-se em estado sólido nas geleiras dos polos terrestre e em topos de montanhas (ANA, 2018).

Considerando-se a disponibilidade de água doce por pessoa, a região mais rica do mundo é a América Latina. A água é muito utilizada para o consumo humano, no preparo de alimentos, na higiene pessoal e na lavagem de roupas ou para lazer. Logo, é considerada um bem essencial, isto é, não existe vida em sua ausência.

Historicamente, o tratamento de águas de abastecimento público originou-se na Escócia, onde o engenheiro John Gibb construiu o primeiro filtro lento. A filtração rápida da água foi iniciada em uma instalação construída na cidade de Campos, no Rio de Janeiro, em 1880 (Richter; Azevedo Neto, 1991). É possível perceber, por meio de uma análise que considera o desenvolvimento das civilizações, que técnicas de aproveitamento e de uso coerente da água sempre foram muito exploradas. A esse respeito, o Quadro 3.2 apresenta um referencial histórico do aproveitamento da água pela humanidade.

Quadro 3.2 – Aproveitamento da água ao longo dos tempos

Data	Aproveitamento
9000 a.C.	Potes de barro não queimado são usados para o armazenamento de água.
7000 a.C.	Potes de cerâmica queimada são usados para armazenamento de água.
2900 a.C.	Construção, no Egito, da primeira represa, pelo Faraó Menes, para abastecer a capital Memphis.

(continua)

(Quadro 3.2 – conclusão)

Data	Aproveitamento
2500 a.C.	Primeiro sistema eficiente de distribuição de água instaurado na Índia, no Vale do Indo, para abastecer a cidade de Mohenjo-Daro, que apresentava um complexo de abastecimento de água e coleta de esgoto.
1900 a.C.	Construção da primeira represa de pedra pelos assírios.
700 a.C.	Construção do primeiro aqueduto por Ezequiel, rei de Judá, para abastecer Jerusalém.
691 a.C.	Construção, pelo Rei Senaqueribe, da Assíria, de um canal de 80 km e de um aqueduto de 330 m.
1725	Construção do aqueduto da Lapa, no Rio de Janeiro, que levava água da nascente do Rio Carioca, colhido no Silvestre, em Santa Teresa, até o chafariz do Largo da Carioca, abastecendo a população da cidade.
1829	Construção da primeira estação de tratamento em Londres, que filtrava a água com areia oriunda do Rio Tâmisa. O cloro começou a ser utilizado no século XIX.
1872	Construção, no Chile, da primeira usina de dessalinização de água, na cidade de Las Salinas. O sistema utilizava energias térmica e solar para evaporar e condensar a água.
1949	Fundação da primeira grande usina de dessalinização de água, no Kuwait.
1951	Início do processo de adição de flúor em água de abastecimento.

Fonte: Elaborado com base em Oliveira, 1999.

Os serviços públicos de abastecimento devem fornecer água de boa qualidade, sendo constantemente avaliados por meio de análises físico-químicas. Nesse sentido, o tratamento da água deverá ser adotado e realizado sempre que a purificação for necessária.

A decisão mais importante em um projeto de abastecimento de água é a que se refere ao manancial a ser adotado. Dessa forma, é importante avaliar as características de potabilidade da água, e não apenas os aspectos econômico-financeiros associados à escolha da fonte. A qualidade da água, as tendências futuras relativas à sua preservação e as condições de segurança devem ser, também, consideradas.

A avaliação da qualidade da água não pode ser feita com base em uma única análise, não apenas por questões de variabilidade, mas também por questões associadas a flutuações e a erros associados.

Logo, bons tratamentos somente podem ser garantidos por meio de uma operação correta e efetuados por meio das chamadas *estações de tratamento de afluentes* (ETA) (Figura 3.4).

Figura 3.4 – Esquema de tratamento de água

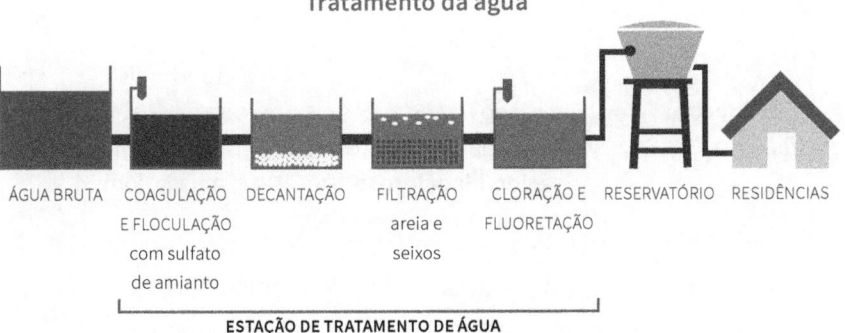

Tratamento da água

| ÁGUA BRUTA | COAGULAÇÃO E FLOCULAÇÃO com sulfato de amianto | DECANTAÇÃO | FILTRAÇÃO areia e seixos | CLORAÇÃO E FLUORETAÇÃO | RESERVATÓRIO | RESIDÊNCIAS |

ESTAÇÃO DE TRATAMENTO DE ÁGUA

Fonte: Como funciona..., 2014.

Cada etapa do processo de tratamento tem um objetivo específico, conforme definido no Quadro 3.3.

Quadro 3.3 – Etapas do tratamento de afluentes

Processo	Objetivo
Represa	Escolha de local apropriado para captação de água de abastecimento.
Floculação	Substâncias químicas aglomerantes como o hidróxido de cálcio [$Ca(OH)_2$] e o sulfato de alumínio [$Al_2(SO_4)_3$]. Essas substâncias reagem formando o hidróxido de alumínio [$Al(OH)_3$], substância com aspecto gelatinoso que tem a capacidade de aglomerar as partículas menores, formando flocos.
Decantação (sedimentação)	Separação de contaminantes com formato de flocos.
Filtração	Nessa etapa, a fase sólida fica retida em uma superfície porosa. É comum em estações de tratamento de água utilizar filtro de areia e cascalho.
Desinfecção da água	Nessa etapa, são exterminados os microrganismos nocivos. O método mais utilizado nas estações é a cloração, na qual o cloro gasoso é borbulhado em água, formando o **ácido hipocloroso**, [HOCl], substância com elevado poder desinfetante.

Mesmo escolhendo um local de fornecimento de água compatível, é necessário promover um tratamento para que a saúde da população seja preservada. Cada reservatório tem características que precisam de um processo de tratamento específico, como, por exemplo, a remoção do odor, que pode ser originado pela presença de moléculas provenientes da decomposição de matéria orgânica. Essas moléculas ficam retidas na superfície do carvão ativado em uma etapa conhecida como *adsorção*. A qualidade da água final é regulada pelo Ministério da Saúde.

Com a constante poluição dos recursos hídricos, o custo com o tratamento de água tem aumentado significativamente, sendo que suas principais fontes de contaminação são as seguintes:

- o esgoto lançado em rios e lagos sem tratamento;
- o chorume oriundo do processo de decomposição dos resíduos dispostos em lixões que poluem o lençol freático;
- os defensivos agrícolas que escoam com a chuva, sendo arrastados para rios e lagos;
- os garimpos, que usam de maneira descontrolada substâncias poluidoras e persistentes, como o mercúrio, e as indústrias, que despejam os efluentes em corpos receptores.

No Brasil, o esgoto doméstico é lançado em rios ou no mar sem nenhum tratamento. Isso compromete o abastecimento de água, encarecendo o tratamento em um país continental, onde existe uma enorme desigualdade de abastecimento entre as cidades brasileiras e seus habitantes.

Os efluentes industriais seguem as condições estabelecidas pela Lei n. 9.433, de 8 de janeiro de 1997, a Lei das Águas, que estabelece outorgas para o lançamento de efluentes nos rios (Brasil, 1997a) que se tornaram cada vez mais caras e restritivas. Com essas medidas, o governo garantiu que as indústrias percebessem as vantagens de reutilizar a água em suas cadeias produtivas e implantassem soluções com esse propósito. Assim, o reuso da água pelas indústrias se mostrou uma prática extremamente vantajosa, já que, além de reduzir o impacto ao meio ambiente, reduz os custos da produção.

A prática consiste no uso da água de descarte, de forma indireta, para a limpeza de equipamentos, lavagem de caminhões de transporte e descargas sanitárias. A OMS define como as formas mais comuns de reutilização da água industrial (WHO, 1973):

- Reuso indireto: o efluente tratado é despejado em corpos receptores para diluição e nova captação e reuso.
- Reuso direto: uso planejado dos recursos hídricos provenientes da organização, em que o efluente industrial ou o conteúdo da captação de águas pluviais é devidamente tratado e reutilizado industrialmente.
- Reciclagem interna: após o uso, o efluente é tratado, e a água é reutilizada na própria produção.

O tratamento dos efluentes industriais para a reciclagem interna pode ser feito por meio de processos primários, secundários e terciários. O tratamento primário envolve processos exclusivamente físicos. Já os processos secundários, também conhecidos por *biológicos*, provêm da decomposição da matéria orgânica por bactérias aeróbias e anaeróbias, utilizando ou não o oxigênio. Por fim, o tratamento terciário, também conhecido como *desinfecção*, é destinado à remoção de interferente persistente. Os meios utilizados nesse método geralmente são o cloro, o ozônio e, mais recentemente, a radiação ultravioleta.

Embora saibamos que a água é um bem de todos, infelizmente ela não está disponível para toda a população. Existem inúmeras situações em que a escassez de águas superficiais é constante. Sob essa ótica, uma importante fonte alternativa diz respeito às águas subterrâneas, porém seu uso é limitado por um problema bastante frequente, principalmente nos poços do interior nordestino: o alto teor de sais. Grande parte da região (788 mil km², ou 51% da área total do Nordeste) está situada sobre rochas cristalinas, e o contato por longo tempo, no subsolo, entre a água e esse tipo de rocha leva a um processo de salinização (Carvalho, 2000).

Apesar da deficiência em recursos hídricos superficiais, poderiam ser extraídos do subsolo da Região Nordeste, sem risco de esgotamento dos mananciais, pelo menos 19,5 bilhões de m³ de água por ano (40 vezes o volume explorado atualmente), segundo estudos da Associação Brasileira de Águas Subterrâneas (Abas), que potencialmente poderiam abastecer milhares de habitantes do semiárido brasileiro (Carvalho, 2000). No entanto, essa água só poderia ser usada para consumo se passasse por processos de tratamento eficientes que retirassem os excessos nela presentes.

Uma alternativa para isso pode residir no uso de tecnologias diferenciadas que permitem a potabilidade de grandes quantidades de água, como processos que envolvem técnicas de dessalinização, osmose reversa, eletrodiálise e desmineralização.

3.3.2 Processos de purificação

Os requisitos da água potável são definidos pela Portaria n. 36, de 19 de janeiro de 1990, do Ministério da Saúde, que apresenta normas de potabilidade (Brasil, 1990f).

Os contaminantes inorgânicos e orgânicos (Quadro 3.4) da água de alimentação são decorrentes de sua fonte e de sua exposição ao meio ambiente até chegar ao ponto de consumo.

Quadro 3.4 – Características de contaminantes da água

Contaminante	Principais
Material inorgânico dissolvido	Bicarbonatos, cálcio, carbonatos, cloretos, flúor, magnésio, sulfatos sódio, metais (alumínio cobre, ferro, manganês, chumbo, cádmio, mercúrio, zinco), nitrogênio (amoniacal, nitritos e nitratos), sílica em suspensão (dióxido de silício), silicatos (trióxido de silício). Dureza temporária e permanente.
Gases dissolvidos	Dióxido de carbono, oxigênio e nitrogênio
Material orgânico dissolvido	Taninos, ligninas, ácidos húmicos (originários de folhas e galhos), hidrocarboneto clorado (organoclorados), hipoclorito de sódio, hipoclorito de cálcio, gás cloro e detergentes (tensoativos).
Organismos	Bactérias, fungos, protozoários e algas.
Pirogênios (endotoxinas)	São produtos do metabolismo de organismos, como bactérias e fungos, que podem causar danos à saúde.

Fonte: Elaborado com base em Macedo, 2001.

Em função dessas possíveis contaminações, a água de consumo deve passar por tratamentos para minimizar os contaminantes.

3.3.2.1 Dessalinização

A dessalinização por aquecimento é um dos processos mais antigos de tratamento de água e consiste na construção de canaletas, recobertas por vidro, cujas beiradas ultrapassam a largura da canaleta e alcançam calhas coletoras. Assim, a radiação solar ultrapassa o vidro e aquece a água salgada que está retida na canaleta, provocando sua evaporação. O vapor se condensa na superfície interna do vidro, escorrendo para as canaletas que, por sua vez, leva o líquido para os tanques de armazenamento, conforme exposto na Figura 3.5.

Figura 3.5 – Dessalinização por evaporação

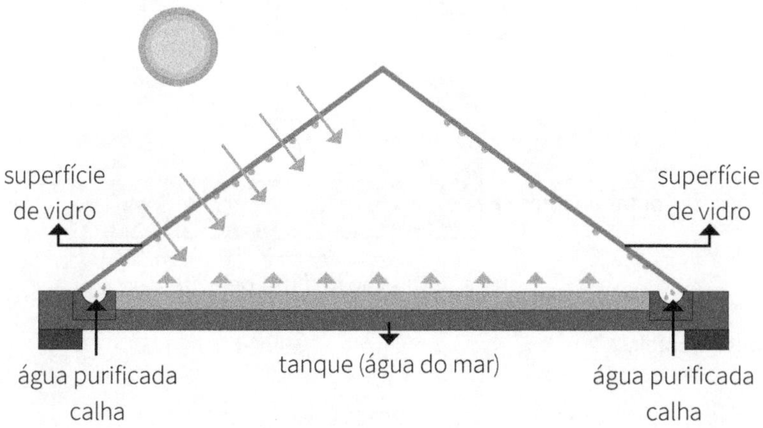

Fonte: Ministério da Cidadania, citado por Unifesp, 2016, p. 8.

Por meio desse processo, a água obtida apresenta ótimas condições de consumo. Trata-se de uma alternativa simples e barata, que necessita de extensas áreas com excelente incidência de iluminação solar para que a evaporação ocorra com sucesso.

3.3.2.2 Osmose reversa

Na osmose reversa (Figura 3.6), a água é forçada sob pressão (bomba de alta pressão e baixa vazão) e atravessa uma membrana semipermeável, produzindo uma água química e microbiologicamente pura. Esse processo não remove gases ionizáveis dissolvidos.

Figura 3.6 – Osmose reversa

OSMOSE REVERSA (INVERSA)

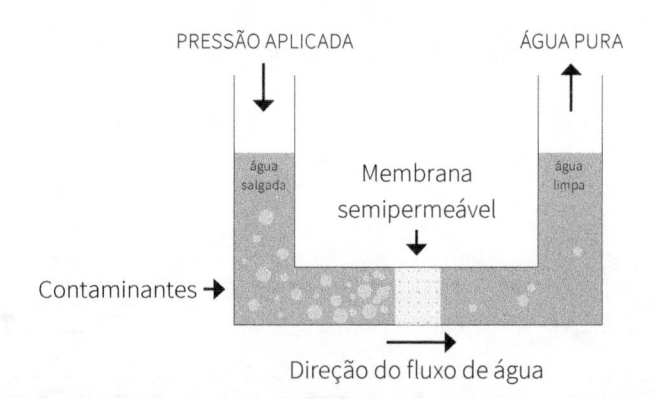

PRESSÃO APLICADA ↓   ÁGUA PURA ↑

água salgada | Membrana semipermeável ↓ | água limpa

Contaminantes →

Direção do fluxo de água →

Fonte: Pentair, 2020.

Nesse processo, é possível remover a maioria dos contaminantes orgânicos e até 99% de todos os íons, vírus, bactérias e coloides. Diferentemente da filtração convencional, em que os contaminantes ficam retidos na superfície dos filtros, na osmose reversa, eles são eliminados pelo fluxo transversal de rejeito.

A parte mais sensível da osmose reversa é a membrana semipermeável (Figura 3.7). Por isso, é importante colocar filtros de partículas e de carvão ativado antes da osmose reversa, para evitar a degradação da membrana. O processo remove material particulado, pirogênico e solúvel e microrganismos (Amberpack, 1999).

Figura 3.7 – Membrana semipermeável

SECÇÃO LONGITUDINAL DA TUBULAÇÃO ONDE OCORRE A OSMOSE REVERSA

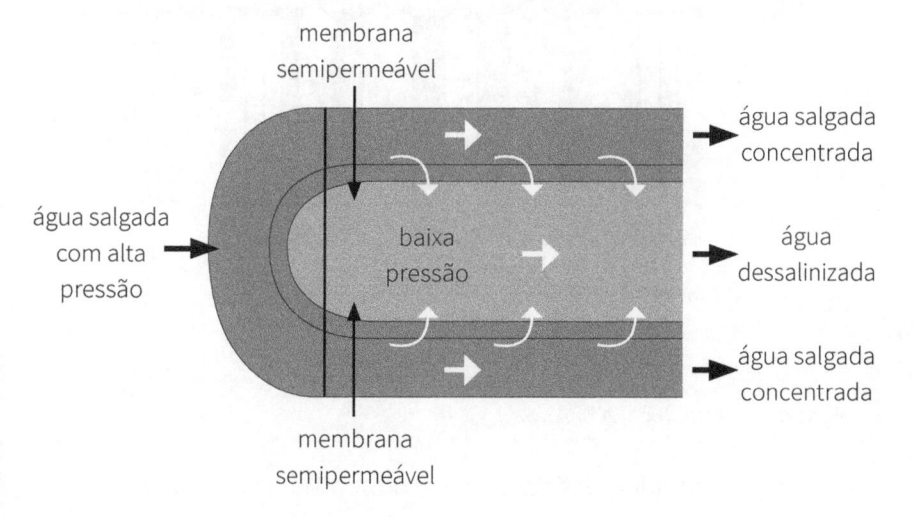

Fonte: Ferran Tratamento de Água, 2020.

A desvantagem desse processo está associada ao preço das membranas e à baixa vida útil delas.

3.3.2.3 Eletrodiálise

Na eletrodiálise, uma corrente elétrica contínua passa pela água salgada e por uma sucessão de membranas trocadoras de cátions e ânions. As membranas não permitem o fluxo de íons de mesmo sinal, ou seja, ânions não ultrapassam as negativas, e cátions, as positivas (Figura 3.8). A eficiência desse método está diretamente associada ao número de membranas.

Figura 3.8 – Processo de eletrodiálise

[Diagrama do processo de eletrodiálise com os seguintes elementos identificados: Fluxo de sais, Canais de água salobra, Fluxo de água salobra, Fonte de corrente contínua (em ambos os lados), Polo negativo, Polo positivo, Eletrodo, Fluxo concentrado de sólidos dissolvidos, Fluxo de água dessalinizada, Membranas de separação de cátions, Membranas de separação de ânions.]

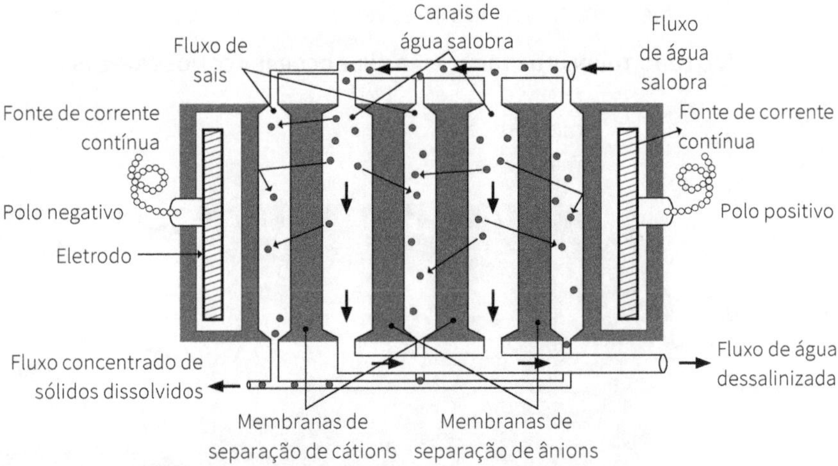

Fonte: Carvalho; Jucá, 2002, p. 3.

As técnicas utilizadas para dessalinizar a água costumam ser bastante dispendiosas, visto que consomem muita energia elétrica e, em muitos casos, não são viáveis para determinada região. Elas são mais necessárias em locais onde a água doce é bastante limitada ou escassa, como em regiões áridas.

3.3.2.4 Deionização

Esse processo de purificação utiliza resinas sintéticas para permitir uma troca de íons H^+ e OH^- pelas impurezas ionizadas na água. Em geral, usa-se primeiramente uma resina catiônica e, depois, uma aniônica.

Essas resinas têm aparência de grânulos e em sua estrutura há radicais ácidos ou básicos passíveis de troca por íons em solução. Os íons positivos ou negativos fixos nesses radicais são substituídos pelos íons contaminantes na solução.

Esse processo remove sólidos ionizáveis e gases ionizados dissolvidos, mas não é adequado para material orgânico dissolvido, material particulado, bactérias e pirogênio.

Os abrandadores são resinas catiônicas muito usadas para o tratamento de águas de caldeiras, por retirarem íons de cálcio e magnésio (dureza), responsáveis por entupimentos da tubulação.

As resinas catiônicas de ácido forte trabalham em qualquer pH e separam todos os sais. Portanto, servem para quase todas as aplicações de abrandamento de água e podem remover ferro e manganês.

Existem também as resinas aniônicas de base forte e de base fraca, as quelantes, as catiônicas e as aniônicas fortes de leitos mistos, que fazem polimento final da água desmineralizada por meio da retenção dos cátions e dos ânions que passam pelo sistema de osmose reversa, garantindo os limites de especificação da água.

Como vantagens, esse processo tem baixo custo e simples operação, e as resinas são facilmente regeneradas. Além disso, a taxa de recuperação de água chega a 98%. As catiônicas, em geral, são regeneradas com ácido sulfúrico ou clorídrico na concentração de 2% a 4%, ao passo que as aniônicas são regeneradas com hidróxido de sódio, na concentração de 2% a 10% (Macedo, 2001).

3.3.2.5 Filtração

Nesse processo, a água passa através de uma substância porosa, sendo ideal para material insolúvel. A eficácia da filtração varia em função do meio filtrante, pois somente retém partículas e microrganismos acima do tamanho do poro. Para sistemas de altas vazões, usa-se carvão (com 0,8 a 1,0 mm), quartzo e areia. Para a filtração absoluta de bactérias, indica-se filtro de 0,2 μm (micrômetro).

Esse processo não remove pirogênios, sólidos ionizados e gases ionizados dissolvidos nem material orgânico dissolvido.

3.3.2.6 Carvão ativado

Trata-se de um material muito poroso e com alta capacidade de adsorção. Muito eficiente na remoção de trialometanos (THM) e substâncias cloradas, como diclorodifeniltricloroetano (DDT), dieldrin, lindane e pation, muito utilizados como defensivos agrícolas.

3.3.2.7 Destilação

Processo que reduz as impurezas para um nível de 10ng/L e envolve mudanças de fases (líquido-vapor-líquido), sendo que a qualidade da água obtida depende do material que constitui o destilador (inox, cobre, vidro etc.). Para a obtenção de água bidestilada, o ideal é usar destilador de vidro (ControlLab, 1996).

Esse processo pode gerar a precipitação de sais dissolvidos na forma de carbonato de cálcio e magnésio, levando à incrustação. A condutividade da água destilada é maior que a deionizada, por conta da presença de gases como CO_2, H_2S, NH_3 e outros gases ionizáveis.

Infelizmente, a manutenção, a operação e o consumo de água de resfriamento tornam o processo muito caro.

3.3.2.8 Radiação ultravioleta

Na oxidação de matéria orgânica e na desinfecção, a radiação ultravioleta é muito útil, em função de seu comprimento de onda. O processo de oxidação de matéria orgânica usa luz com comprimento de onda igual a 185 nm (nanômetros) e transforma compostos orgânicos totais (TOC) em gás carbônico, muito eficiente quando empregado em águas que têm menos de 5 partes por bilhão (ppb) de TOC. Já o processo de desinfecção usa radiação com comprimento de onda de 240 nm e depende da intensidade de luz, da distância da lâmpada em relação ao local de desinfecção, do tempo de ação e da vazão de água a ser tratada (Macedo, 2001).

3.3.3 Coleta e tratamento de esgoto

Após a água ser utilizada nas residências, ela é enviada para os esgotos. As casas devem estar conectadas às redes oficiais existentes para lançamento adequado nos coletores-tronco, que são encaminhados aos interceptores e, por fim, às estações de tratamento de esgotos (ETE) (Figura 3.9).

Figura 3.9 – Estação de tratamento de esgoto

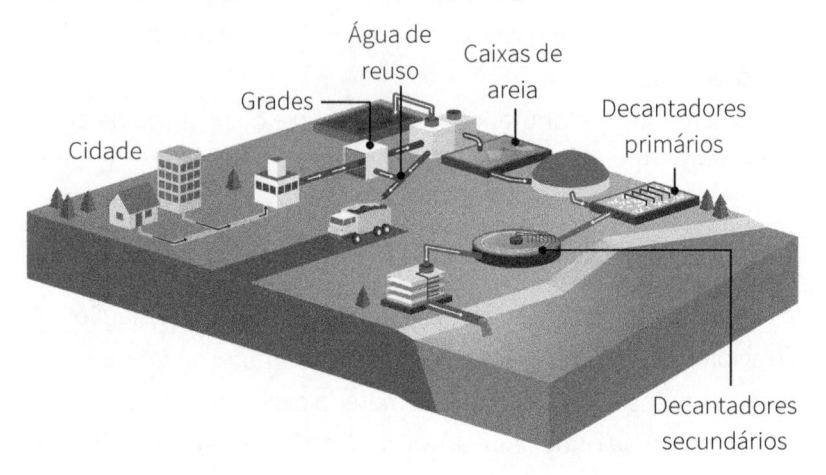

Para o tratamento, o esgoto deve passar inicialmente por grades, a fim de separar a sujeira grosseira (papel, plástico, tampinhas etc.). A segunda etapa consiste na passagem do efluente pela caixa de areia, na qual é feita a remoção de todos os detritos sólidos presentes no esgoto e que possam ter escapado ao processo anterior.

No decantador primário, ocorre a sedimentação de partículas mais pesadas. A etapa seguinte consiste em separar o esgoto já tratado da massa de microrganismos conhecida como *lodos ativados*. Essa separação é realizada por gravidade no decantador secundário, no qual o sólido restante vai para o fundo, e a parte líquida, já sem 90% das impurezas, é lançada ao corpo receptor ou reaproveitada para limpar ruas e praças e regar jardins.

Tanto os resíduos sólidos quanto os líquidos produzidos por processos e operações industriais devem ser devidamente tratados e/ou dispostos e retirados dos limites do empreendimento, a fim de evitar riscos à saúde da população.

Para o despejo de esgoto industrial, é necessário saber qual é a classificação do corpo de água, localizado próximo à empresa, que o receberá, uma vez que o processo de tratamento de efluentes exigido pelo órgão estadual de licenciamento varia de acordo com certos parâmetros de especificação. Nesse sentido, a Resolução Conama n. 430, de 13 de maio de 2011 (Brasil, 2011b), é a que regulamenta e classifica os corpos de água. O descumprimento dos critérios estabelecidos pelas classes e o descarte inadequado dos efluentes tratados pode gerar multas pesadas e danos irreversíveis à imagem da empresa.

A classificação da Resolução n. 430/2011 reúne uma série de definições com base na aptidão natural dos cursos de água, observando sua qualidade, sua capacidade e outras características específicas.

A resolução traça, ainda, outras diretrizes ambientais e estabelece condições para o lançamento de efluentes. Essa norma tem como objetivo complementar (e alterar parcialmente) a Resolução Conama n. 357, de 17 de março de 2005 (Brasil, 2005a).

As águas doces, salobras e salinas do território nacional brasileiro são classificadas em 13 tipos, segundo a qualidade requerida para seu uso preponderante. O esquema básico de agrupamento compreendido no Quadro 3.5 associa tipo, classe e destinação dos níveis.

Quadro 3.5 – Classificação das águas

Tipo	Classe	Destinação
Águas doces	Classe especial	a) Abastecimento para consumo humano, com desinfecção; b) preservação do equilíbrio natural das comunidades aquáticas; c) preservação dos ambientes aquáticos em unidades de conservação de proteção integral.
	Classe 1	a) Abastecimento para consumo humano, após tratamento simplificado; b) proteção das comunidades aquáticas; c) recreação de contato primário, tais como natação, esqui aquático e mergulho, conforme Resolução Conama n. 274, de 29 de novembro de 2000 (Brasil, 2000g); d) irrigação de hortaliças consumidas cruas e de frutas que se desenvolvam rentes ao solo e que são ingeridas cruas sem remoção de película; e) proteção das comunidades aquáticas em terras indígenas.
	Classe 2	a) Abastecimento para consumo humano, após tratamento convencional; b) proteção das comunidades aquáticas; c) recreação de contato primário, tais como natação, esqui aquático e mergulho; d) irrigação de hortaliças, plantas frutíferas e de parques, jardins, campos de esporte e lazer, com os quais o público possa vir a ter contato direto; e) aquicultura e atividades de pesca.
	Classe 3	a) Abastecimento para consumo humano, após tratamento convencional ou avançado; b) irrigação de culturas arbóreas, cerealíferas e forrageiras; c) pesca amadora; d) recreação de contato secundário; e) dessedentação de animais.
	Classe 4	a) Navegação; b) harmonia paisagística

(continua)

(Quadro 3.5 – conclusão)

Tipo	Classe	Destinação
Águas salobras	Classe especial	a) Preservação dos ambientes aquáticos em unidades de conservação de proteção integral; b) preservação do equilíbrio natural das comunidades aquáticas.
Águas salobras	Classe 1	a) Recreação de contato primário, conforme Resolução Conama n. 274, 29 de novembro de 2000 (Brasil, 2000g); b) proteção das comunidades aquáticas; c) aquicultura e atividades de pesca.
Águas salobras	Classe 2	a) Pesca amadora; b) recreação de contato secundário.
Águas salobras	Classe 3	a) Navegação; b) harmonia paisagística.
Águas salinas	Classe especial	a) Preservação dos ambientes aquáticos em unidades de conservação de proteção integral; b) preservação do equilíbrio natural das comunidades aquáticas.
Águas salinas	Classe 1	a) Recreação de contato primário, conforme Resolução Conama n. 274, 29 de novembro de 2000 (Brasil, 2000g); b) proteção das comunidades aquáticas; c) aquicultura e atividades de pesca; d) abastecimento para consumo humano após tratamento convencional ou avançado; e) irrigação de hortaliças consumidas cruas e de frutas que se desenvolvam rentes ao solo e que são ingeridas cruas sem remoção de película; f) irrigação de parques, jardins, campos de esporte e lazer, com os quais o público possa vir a ter contato direto.
Águas salinas	Classe 2	a) Pesca amadora; b) recreação de contato secundário.
Águas salinas	Classe 3	a) Navegação; b) harmonia paisagística.

Fonte: Elaborado com base em Brasil, 2005a.

Para cada tipo de classe de águas, as resoluções fixaram parâmetros físicos, químicos e biológicos a serem atendidos. Nesse sentido, o saneamento básico é uma das chaves para a melhoria da qualidade de vida. Trata-se, portanto, de uma importante ferramenta para a prevenção de doenças, contribuindo para a melhoria da qualidade de vida de todos.

3.3.4 Drenagem e manejo das águas pluviais urbanas

O sistema de manejo e drenagem de águas pluviais urbanas consiste em um conjunto de obras, equipamentos e serviços projetados para receber o escoamento superficial das águas da chuva que caem nas áreas urbanas. Manter esse sistema em funcionamento adequado é essencial, uma vez que a má gestão das condições hídricas contribui para a proliferação de doenças, podendo, ainda, provocar enchentes que podem acarretar perdas de vidas humanas, acidentes e prejuízos financeiros. Sob essa perspectiva, algumas ações simples são essenciais, como evitar o descarte de lixo nas ruas, não fazer ligações de esgoto na rede pluvial e manter áreas permeáveis nos lotes.

Os sistemas de drenagem pluvial podem ser classificados em microdrenagem e macrodrenagem. O primeiro inclui a coleta das águas superficiais ou subterrâneas por meio de pequenas e médias galerias, bueiros, poços de visita e sarjetas. Já o segundo inclui o sistema de microdrenagem, as galerias de grande porte e os corpos receptores dessas águas (rios ou canais).

A drenagem e o manejo das águas pluviais urbanas formam sistema composto por estruturas e instalações nas vias urbanas destinadas ao escoamento das águas das chuvas, como meio-fio, sarjetas, boca de lobo, galerias, poços de visita, trecho de visita e bacias de amortecimento, cujas características estão associadas no Quadro 3.6.

Quadro 3.6 – Características das estruturas de drenagem

Estrutura	Características
Guia ou meio-fio	Faixa longitudinal de separação do passeio com a rua.
Sarjeta	Canal situado entre a guia e a pista, destinado a coletar e a conduzir as águas de escoamento superficial até os pontos de coleta.
Boca de lobo ou bueiro	Estrutura destinada à captação das águas superficiais transportadas pelas sarjetas; em geral, situa-se sob o passeio ou sob a sarjeta.
Galeria	Conduto destinado ao transporte das águas captadas nas bocas coletoras até os pontos de lançamento. Possui diâmetro mínimo de 400 mm.
Poço de visita	Câmara situada em pontos previamente determinados, destinada a permitir a inspeção e a limpeza dos condutos subterrâneos.
Trecho de galeria	Parte da galeria situada entre dois poços de visita consecutivos.
Bacia de amortecimento	Grande reservatório construído para o armazenamento temporário das chuvas que libera a água acumulada de forma gradual.

Fonte: Elaborado com base em Adasa, 2016.

Observe a Figura 3.10, que ilustra as estruturas e as instalações nas vias urbanas destinadas ao escoamento das águas das chuvas.

Figura 3.10 – Estrutura e instalações para escoamento de água pluvial

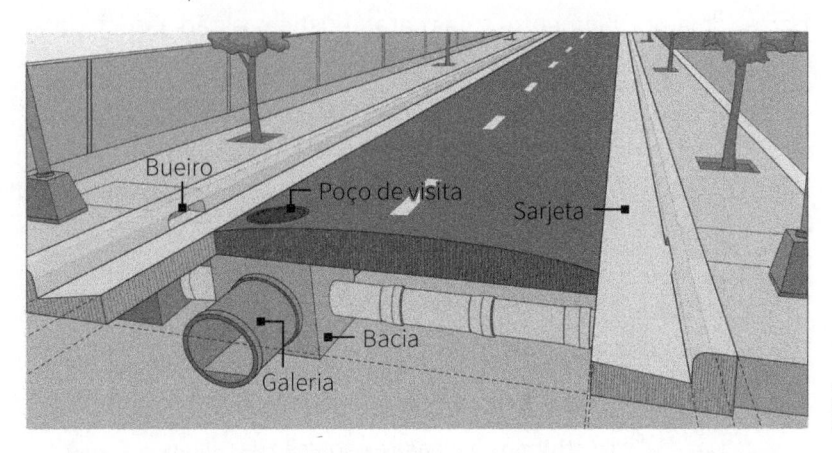

Fonte: Costa; Maia, 2020.

Além de controlarem os impactos negativos, esses sistemas oferecem oportunidades para a coleta sustentável de água para reutilização.

3.4 Assoreamento de rios

O assoreamento de rios e lagos é natural, mas vem sendo intensificado pela ação humana, associado à retirada irregular das matas ciliares. Quando essa cobertura vegetal é comprometida pela perda de porosidade, o solo e as rochas que estão nas margens são carregados com facilidade para o fundo dos rios.

O processo de assoreamento de rios (Figura 3.11) consiste no acúmulo de sedimentos (areia, terra, rochas), de lixo e de outros materiais levados até o leito dos cursos de água pela ação da chuva e do vento.

Assim, o material depositado é levado pelo próprio rio e, quando encontra locais mais planos, em que a velocidade do curso de água é menor, deposita-se no fundo, acumulando-se e, eventualmente, formando bancos de areia ao longo do curso. Dessa forma, quando a quantidade de sedimentos é muito grande e pesada, eles se transportam por rolamento (no fundo dos rios) ou se acumulam no leito normal.

Figura 3.11 – Exemplo de assoreamento de rios

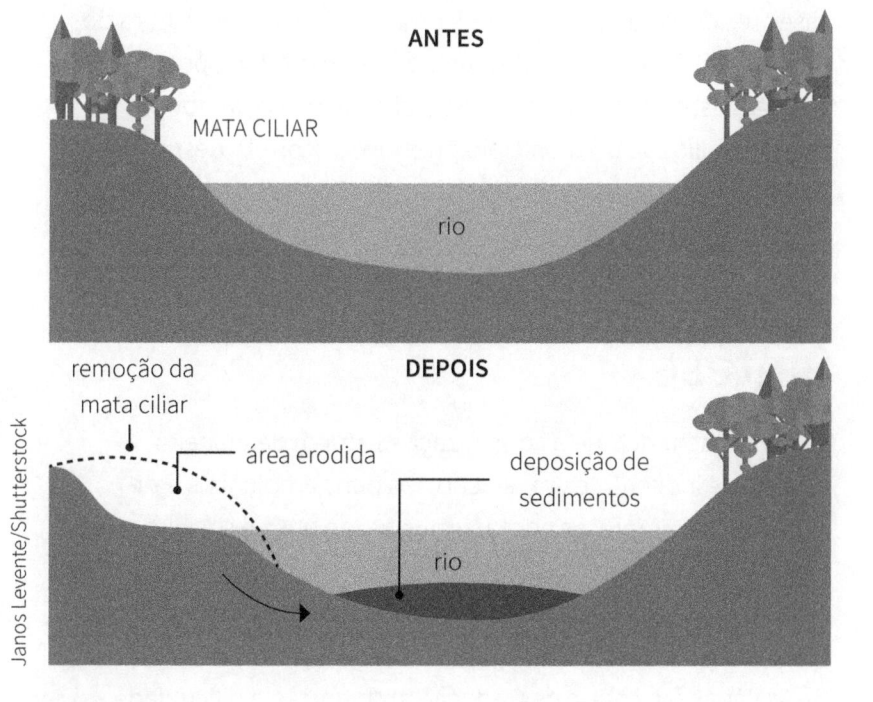

Fonte: Pena, 2020.

Ao encontrar tantos obstáculos, a água desses rios se desvia e pode atingir espaços nos quais antes não existiam cursos de água, incluindo ruas e casas, e causando, portanto, problemas urbanos, como enchentes, por exemplo.

O assoreamento é intensificado pela presença de sedimentos, lixo e esgoto sobre o rio, o que o faz acumular ainda mais dejetos em seu leito.

3.6 Resíduos de infraestrutura

Esses resíduos são oriundos dos processos de infraestrutura dos municípios. Consistem no lixo gerado por varredura, poda e corte de vegetais, bem como da limpeza urbana como um todo. É de responsabilidade do município promover a correta destinação desses materiais, os quais devem ser devidamente segregados, acondicionados e tratados.

Síntese

Não é consentido que as organizações atuem de maneira aleatória e indiferente em relação aos bens ambientais. Por isso, cabe às empresas adotar uma atitude ética e socialmente responsável no sentido de internalizar em seu processo produtivo todos os custos, inclusive ambientais, empregando a tecnologia a favor da sociedade.

As várias formas de degradação ambiental e a dificuldade em reparar os danos exigem dos geradores o reforço de técnicas preventivas e a criação de mecanismos que minimizem os impactos. Logo, é fundamental definir os resíduos e suas origens.

Na atualidade, milhares de pessoas ainda sofrem de males primários, como fome, falta de saneamento básico e incorreto gerenciamento de resíduos, o que as deixa expostas a condições de risco e suscetíveis a doenças, as quais muitas vezes podem levar a óbito.

Atividades de autoavaliação

1. Analise as alternativas a seguir sobre aspectos relacionados ao lixo e assinale a correta:
   a) Lixo é tudo aquilo gerado por uma sociedade consumista e individualista. O correto manejo desse lixo causa danos irreparáveis ao meio ambiente.
   b) A destinação inadequada do lixo pode desencadear vários problemas socioambientais, como poluição do solo, entupimento de bueiros e poluição visual.
   c) Dos 5570 municípios brasileiros, 76,6% possuem aterros controlados.
   d) O lixo urbano recebe sua classificação de acordo com sua fonte geradora e sua composição, havendo a necessidade de tratamento específico para cada tipo de material, exceto pilhas e baterias, que são de responsabilidade do governo federal.
   e) A população não deve se preocupar em reduzir a produção de lixo, pois todo esse material é reciclado, fato que fortalece a economia local.

2. O lixo urbano é responsável por vários impactos ambientais. Considerando as formas de recolhimento e contaminação do lixo urbano, assinale a alternativa correta:
   a) Conforme a legislação ambiental, os aterros sanitários deverão ser extintos até 2021. Os danos causados por esses ambientes são incalculáveis.
   b) Os aterros sanitários são locais em que o lixo fica a céu aberto, sempre disposto em regiões secas, como o Nordeste.
   c) Além do mau cheiro, da poluição visual e da presença de ratos e insetos, os aterros e os lixões geram o chamado *chorume*, e os resíduos sólidos do lixo afetam a saúde da população de seu entorno, geralmente formada por pessoas de baixa renda.
   d) A decomposição da matéria orgânica do lixo produz um resíduo líquido chamado *biogás* e um gasoso chamado *chorume*, ambos biodegradáveis.
   e) Os aterros industriais recebem somente resíduos líquidos e sólidos contaminados com matéria orgânica.

3. A respeito das causas do assoreamento, avalie as proposições a seguir e assinale a correta:
   a) A retirada da cobertura vegetal das margens e das proximidades dos rios e dos córregos é uma das principais causas do assoreamento, assim como o descarte incorreto de resíduos sólidos urbanos.
   b) O assoreamento de rios é originado em um processo químico denominado *hidrólise*.

c) O depósito de lixo e o lançamento de esgoto nos rios não intensificam o assoreamento dos cursos de água, em especial nas áreas urbanas.
d) O assoreamento dos rios causa enchentes e alagamentos, sendo impossível remediar esse impacto ambiental.
e) O assoreamento dos rios diz respeito ao acúmulo excessivo de material sedimentar no leito dos rios e nas redes de drenagem. Ao diminuir a mata ciliar, o assoreamento melhora significativamente.

4. A Lei n. 11.445/2007 estabelece as diretrizes nacionais para o saneamento básico. A esse respeito, analise as afirmativas a seguir e assinale a correta:
   a) A lei estabelece que todos os municípios brasileiros tratem suas águas salobras para abastecimento humano.
   b) A eutrofização é uma das consequências da falta de esgoto sanitário e do lançamento de esgoto doméstico sem tratamento no corpo de água.
   c) O descarte de esgoto industrial quente em corpos de água contribui para a redução da concentração de gás oxigênio, em função da acidificação da água por oxigênio dissolvido.
   d) A limpeza urbana e o manejo de resíduos sólidos adequados garantem a biodegradação desses materiais.
   e) A drenagem e o manejo de águas pluviais causam apenas os transtornos de enchentes e alagamentos, sem promover degradação ambiental ou perda da qualidade de vida.

5. Sobre o tratamento de águas e efluentes líquidos, marque a alternativa correta:
   a) Água bruta é sinônimo de água suja, ou seja, esgoto.
   b) Água potável é a água própria para o consumo humano, o que significa que apresenta propriedades que se enquadram na legislação definida pelo Ministério da Saúde.
   c) O tratamento realizado em estações de tratamento de efluentes (ETEs) diz respeito à alteração de concentrações de constituintes neles presentes, de modo que o produto final possa ser considerado água potável.
   d) Não é possível retirar resíduos metálicos e orgânicos da água contaminada.
   e) O sulfato de alumínio é usado para retirar a cor da água contaminada.

Atividades de aprendizagem
Questões para reflexão

1. A água potável proveniente de estações de tratamento resulta de um conjunto de procedimentos físicos e químicos aplicados para que ela se torne própria para consumo. Em uma estação de tratamento de água típica, o líquido passa por diferentes etapas de tratamento. Sob essa ótica, considerando o processo de coagulação, quando devemos usar cloreto férrico ou sulfato de alumínio como coagulante? A concentração dos coagulantes e o pH do sistema interferem na eficiência do processo?

2. A destinação inadequada do lixo pode gerar diversos problemas para a população. Um dos fatores negativos é a proliferação de doenças. Nesse sentido, aponte quais são as principais enfermidades que podem ser disseminadas por meio dos recursos hídricos. A etapa de cloração é suficiente para eliminar organismos dos reinos Monera, Protista e Fungi? Qual quantidade de cloro deve ser usada?

Atividade aplicada: prática

1. Para usar 255 L de água de uma cisterna, é preciso tratá-la com cloro. A água final deverá conter 300 mg/L de cloro. Para isso, na cloração, será usado hipoclorito de sódio, produzido *in loco* a partir da salmoura, por via eletrolítica, em batelada a 0,9%. Considerando-se o exposto, qual volume de solução concentrada de hipoclorito deve ser adicionada? Para responder a esta atividade, utilize os dados a seguir:

$$M = \frac{(C \times L)}{(P \times 10)}$$

Sendo:
- M: massa de hipoclorito de sódio necessária (g);
- C: concentração de cloro livre desejada (mg/L);
- L: volume de água clorada necessária (L);
- 10: fator de correção de mg/L para g/L e de porcentagem para decimal.

Capítulo 4

Políticas ambientais

Bickerstaff e Walker (2001) afirmam, em suas pesquisas, que os impactos sobre a saúde representam a fonte mais importante para a percepção de riscos ambientais. Outra forte influência no que diz respeito a esses problemas é alavancada pelas normas sociais.

Nesse sentido, a teoria evolucionária sustenta a ideia de que os seres humanos têm a capacidade de adotar concepções comuns na sociedade em que vivem, ou seja, situações de risco ambiental, em alguns casos, são vistas como aceitáveis. Elas são compreendidas e avaliadas de maneiras distintas, pois as diferenças na forma de encarar os problemas ambientais são também afetadas pelas peculiaridades de percepção individual (Ostrom, 2000). Os conflitos de interesse que naturalmente existem comprometem a eficácia e o alcance das políticas públicas ambientais, dificultando que elas se tornem eficazes.

Sob essa ótica, a criação de políticas ambientais depende da interação entre agentes sociais cujos interesses devem residir na proteção ambiental e no desenvolvimento social e econômico, com gasto coerente de dinheiro público. Dessa forma, tal interação deve indicar o modo como os recursos naturais são utilizados e adequados para o desenvolvimento sustentável de atividades econômicas que geram impactos em potencial.

Assim, neste capítulo, abordaremos as questões associadas à logística, ao ciclo de vida e às políticas nacionais de recursos hídricos com o objetivo de influenciar positivamente mudanças de atitudes e de hábitos de consumo.

4.1 Política Nacional de Meio Ambiente

A Lei n. 6.938, de 31 de agosto de 1981 (Brasil, 1981), que estabeleceu a Política Nacional do Meio Ambiente (PNMA), é um marco na história das lutas ambientais. Ela definiu *poluição* como toda a degradação da qualidade ambiental que pode interferir direta ou indiretamente na saúde, na segurança e no bem-estar da população, criando condições adversas às atividades sociais e econômicas, afetando desfavoravelmente a fauna e a flora, prejudicando as condições estéticas ou sanitárias do meio ambiente e gerando matéria ou energia em desacordo com os padrões estabelecidos legalmente (Brasil, 1981).

A mesma lei propôs uma ação governamental para a manutenção do equilíbrio ecológico, a proteção dos ecossistemas, o controle das atividades potencialmente poluidoras e a recuperação das áreas degradadas, por meio de instrumentos preventivos e corretivos.

Os instrumentos ditos *preventivos* estão associados ao zoneamento ambiental, à avaliação do impacto, ao estabelecimento de padrões de qualidade, ao licenciamento de atividades potencialmente poluidoras e à criação de espaços territoriais especialmente protegidos, do sistema nacional de informações sobre o meio ambiente e do cadastro técnico federal de atividades e instrumentos de defesa ambiental.

Já os instrumentos corretivos se referem ao incentivo à produção, à instalação de equipamentos e à criação de tecnologia voltada à melhoria da questão ambiental, além das penalidades disciplinares e compensatórias resultantes do não cumprimento das medidas necessárias à preservação ou à correção da degradação ocasionada.

Na execução da PNMA, cabe ao Poder Público, seja federal, seja estadual, seja municipal, promover a manutenção da fiscalização permanente dos recursos ambientais, com o objetivo de assegurar o desenvolvimento econômico aliado à devida proteção ambiental.

4.2 Política Nacional de Resíduos Sólidos

A Lei n. 12.305, de 2 de agosto de 2010, instituiu a Política Nacional de Resíduos Sólidos (PNRS), dispondo sobre seus princípios, objetivos e instrumentos, além das diretrizes relativas à gestão integrada e ao gerenciamento de resíduos sólidos, incluindo os perigosos (Brasil, 2010d). Nessa lei, estão caracterizadas as responsabilidades dos geradores de resíduos e do Poder Público. O texto legal estabelece, também, os conceitos a respeito do poluidor-pagador e do protetor-recebedor, fundamentados nas questões associadas à logística reversa, que se trata de um instrumento de desenvolvimento que objetiva viabilizar a coleta e a restituição dos resíduos sólidos ao setor empresarial para reaproveitamento, a fim de lhes possibilitar outra destinação final ambientalmente adequada.

Outro aspecto bastante interessante encontrado nessa lei diz respeito ao estímulo à rotulagem ambiental, que já era incentivada na norma da Associação Brasileira de Normas Técnicas (ABNT) NBR ISO 14020/2002 (ABNT, 2002a), agora utilizada com o objetivo de estabelecer informações relevantes para os consumidores, na intenção de estimular a população a um consumo consciente.

A lei também promove a valorização dos catadores de materiais reutilizáveis e recicláveis, a fim de incentivar a reutilização e, por fim, aumentar o ciclo de vida dos produtos.

Sob essa ótica, a Lei n. 12.305/2010 intensifica o reconhecimento do resíduo sólido reutilizável e reciclável como um bem econômico e de valor social, gerador de trabalho e de renda e promotor de cidadania, além de versar sobre o respeito às diversidades locais e regionais e sobre o direito da sociedade à informação e ao controle social (Brasil, 2010d).

4.2.1 Logística

É adequado ressaltar, primeiramente, que a logística é uma atividade que cuida do gerenciamento de materiais e produtos, envolvendo a compra, o transporte, a distribuição, a movimentação, a armazenagem e a embalagem desses itens.

A logística verde surgiu no século XX suportada por inúmeros fatores, como o crescimento da poluição ambiental decorrente do uso de combustíveis fósseis durante o transporte de cargas, a contaminação dos recursos oriunda de acidentes ambientais e os impactos causados por armazenamento, vazamento e/ou rompimento de tanques de armazenamento, entre outros fatores. Assim, ela está relacionada a aspectos e a impactos originados pela atividade logística.

A valorização da diminuição dos custos por medidas preventivas coerentes deve sempre ser enfatizada, pois são históricos os prejuízos causados por impactos ambientais decorrentes de operações malsucedidas.

Diversas ocorrências ligadas à logística foram registradas no Brasil e no mundo nas últimas décadas. Uma quantidade considerável de recursos foi desperdiçada, e muitos impactos e prejuízos foram contabilizados, como:

- perda de matérias-primas, insumos e produtos finais;
- custos operacionais para a recuperação dos danos causados;
- custos para a disposição final de resíduos;
- recuperação de áreas degradadas;
- custos com *marketing*;
- prejuízos ambientais incalculáveis.

Esses custos poderiam ter menor ocorrência caso as empresas envolvidas tivessem adotado, desenvolvido ou aprimorado tecnologias limpas como forma de minimizar os impactos ambientais ou, ainda, se tivessem se preocupado com a saúde pública e a qualidade ambiental, reduzindo o volume e o uso de resíduos perigosos, bem como considerando proativamente os possíveis danos decorrentes dos aspectos associados à logística de seus insumos e produtos.

Historicamente, foram muitos os eventos ambientais em função de atividades de logísticas pouco elaboradas, com significativo comprometimento ambiental, as quais serão brevemente relatadas na sequência deste capítulo.

- **Doença de Minamata, no Japão**

    No Japão, desde 1930, uma indústria da corporação Chisso lançava na baía de Minamata, em grande quantidade e sem qualquer tratamento, resíduos do processo de fabricação de cloreto de vinila (PVC) e acetaldeído. Estima-se que a empresa tenha descartado centenas de toneladas de metilmercúrio no local. Porém, somente 20 anos depois começaram a surgir sintomas de contaminação.

    No dia 21 de abril de 1956, uma criança de 5 anos chegou ao hospital com disfunção nervosa. Foi o primeiro de uma série de casos que terminavam com loucura ou morte (Kaua, 2015). Após estudos, verificou-se que a doença estava relacionada ao envenenamento das águas com mercúrio e outros metais pesados, infectando também peixes e mariscos consumidos pela população. A falta de adequação da logística de armazenamento e de descarte de resíduos ocasionou o problema ambiental. Esse evento de grandes consequências ambientais ficou conhecido como *Desastre de Minamata* (Mesquita, 2018).

- **Nuvem de dioxina**

    No ano de 1976, na cidade de Seveso, na Itália, houve uma explosão em uma fábrica de produtos químicos, causando uma nuvem de dioxina (subproduto industrial gerado em certos processos químicos, como a produção de cloro e de inseticida) lançada ao ar.

    Os primeiros impactos foram observados com a morte de animais. Em seguida, os humanos passaram a apresentar feridas na pele, desfiguração, náuseas e visão turva, entre outros sintomas (Mocarelli et al., 1991, citado por Freitas et al., 2000). O problema foi cometido em função da falta de logística de enchimento/descarregamento do reator, de modo a aliviar o elevado nível de líquidos nesse equipamento.

- **Pesadelo nuclear**

Em 1979, na Pensilvânia, nos Estados Unidos, um grave desastre ambiental lançou gases radioativos em um raio de 16 quilômetros. Uma falha no envio de fluido para o sistema de refrigeração e erros operacionais do sistema provocaram o derretimento da camisa do elemento combustível e a fusão de um terço do núcleo do reator, com formação de uma bolha de hidrogênio que poderia explodir e, eventualmente, romper o vaso de contenção da máquina.

Os trabalhos de especialistas deslocados para a emergência reduziram a falha e permitiram levar o reator a um lugar seguro, evitando a liberação de material contaminado ao ambiente. A população não foi informada sobre o acidente, e somente dois dias depois foi retirada do local. Não houve mortes relacionadas ao evento, e nenhum dos habitantes do local ou entorno teve a saúde afetada (Nunes, 1991).

- **Represa Billings, na cidade de São Paulo**

Em 20 de outubro de 1983, a represa que abastece a cidade de São Paulo foi afetada por um vazamento de óleo combustível decorrente da corrosão de um oleoduto em São Bernardo do Campo. Houve o vazamento de 200 metros cúbicos de gasolina.

Acidente na Vila Socó, no Estado de São Paulo

No dia 25 de fevereiro de 1984, uma das linhas adutoras da Petrobras que interliga a refinaria Presidente Bernardes, em Cubatão, ao Porto Alemoa, em Santos, rompeu em virtude da corrosão associada a uma falha operacional, ocasionando o vazamento de 700 mil litros de gasolina (Figura 4.1). Essa tubulação estava localizada em uma região de manguezal, onde inúmeras famílias estavam assentadas em construções do tipo palafitas (Rodrigues, 1985). O produto inflamável se espalhou com a movimentação das marés e, com um ponto de ignição, seguiu-se um incêndio de grandes proporções.

Figura 4.1 – Acidente na Vila Socó

Maurício Simonetti/Pulsar imagens

☐ **Vazamento em Bhopal, na Índia**

Na madrugada de 3 de dezembro de 1984, aconteceu um vazamento em uma fábrica de agrotóxicos na cidade de Bhopal, na Índia, despejando no ar mais de 40 toneladas de gás letal composto por isocianato de metila, o que causou a morte de milhares de pessoas. Essa substância é utilizada para a síntese de inseticidas-carbamatos. A emissão foi ocasionada por uma planta do complexo industrial da Union Carbide, empresa de manufatura. Após o acidente, a empresa abandonou o local, e mais de 4 mil pessoas morreram pelo contato com as substâncias letais, e outras 200 mil foram intoxicadas.

Vale ressaltar que, em condições ideais de processo, o isocianato de metila é armazenado em estado líquido (a 0 °C e 2,4 bar de pressão). Entretanto, na noite do acidente, a pressão chegou a 14 bar, e a temperatura dos reservatórios, a 200 °C (Ferreira, 1993).

☐ **Cidade do México**

Na manhã de 19 de novembro de 1984, na Cidade do México, aconteceu uma explosão de grandes proporções, e uma nuvem de vapor se formou na base de armazenamento e distribuição de gás liquefeito de petróleo (GLP) da empresa Pemex. Essa companhia recebia GLP de três refinarias diferentes por gaseoduto, e a capacidade chegava a 16 mil metros cúbicos. A explosão atingiu residências, e os trabalhos para a extinção do fogo e a prevenção de novos desastres terminaram 23 horas depois de iniciados. O desastre causou 600 mortes e mais de 6 mil pessoas ficaram feridas, além de a empresa ter ficado totalmente destruída.

- **Explosão de Chernobyl, na Ucrânia**

    A explosão ocorrida em 1986 em um dos quatro reatores de Chernobyl, na Ucrânia, é considerada o pior acidente nuclear da história, causando a morte imediata de 32 pessoas e de outras milhares nos anos seguintes. A nuvem nuclear atingiu a Europa e contaminou quilômetros de florestas. Esse acidente alcançou a classificação máxima (nível 7) na Escala Internacional de Acidentes Nucleares e Radiológicos (Nunes, 1991).

- **Operação Guararema, no Estado de São Paulo**

    No dia 2 de setembro de 1987, uma máquina de terraplanagem se chocou contra a tubulação de respiro do oleoduto do Sistema Guararema, localizado no Estado de São Paulo e de responsabilidade da Refinaria do Vale do Paraíba (Revap), mantida pela Petrobras, causando o rompimento do duto e o vazamento de 200 metros cúbicos de óleo combustível para o Rio Paraíba do Sul. O acidente foi provocado por empresas terceirizadas que desconheciam a existência da tubulação subterrânea.

- **Césio 137, em Goiânia**

    Em 13 de setembro de 1987, um grave caso de exposição ao material radioativo césio 137 ocorreu em Goiânia. Dois catadores de lixo arrombaram um aparelho radiológico nos escombros de um antigo hospital e encontraram um pó branco que emitia luminosidade azul. O material foi levado a outros pontos da cidade, contaminando pessoas, água, solo e ar. Anos depois, a justiça condenou por homicídio culposo os três sócios e um funcionário do hospital abandonado, mas a pena foi revertida em prestação de serviços voluntários (Autos de Goiânia, 1988).

- **Navio Exxon Valdez**

    Em março de 1989, um navio petroleiro que havia partido do terminal petrolífero de Valdez, no Alasca, colidiu com rochas submersas na costa e iniciou um derramamento sem precedentes (cerca de 40 milhões de litros de petróleo), contaminando mais de 2 mil quilômetros de praias e causando a morte de cem mil aves. Estima-se que o custo com a limpeza tenha chegado à cifra de 2,1 bilhões de dólares, e as áreas permaneceram contaminadas durante décadas.

- **Queima de petróleo no Golfo Pérsico**

    O ditador iraquiano Saddam Hussein ordenou, em 1991, a destruição de centenas de poços de petróleo no Kuwait. Foram lançados mais de um milhão de litros de óleo no Golfo Pérsico. A fumaça da parte que foi queimada adquiriu tamanha proporcionalidade que bloqueou a luz do Sol. Ao menos mil pessoas morreram de problemas respiratórios, e centenas de animais foram infectadas.

- **Oleoduto Guararema-Guarulhos (Sistema Osvat)**

    Segundo dados da Companhia Ambiental do Estado de São Paulo (Cetesb, 2020), em 1998 ocorreu a corrosão de oleodutos que transportavam óleo combustível dentro da refinaria do Vale do Paraíba, em São José dos Campos. O óleo atingiu áreas alagadas e gerou um grave impacto ambiental. Esse acidente foi uma reincidência, pois a mesma refinaria já havia derramado 1200 metros cúbicos do produto em 1994, também por corrosão.

- **Acidente na Baixada Santista**

Em 3 de setembro de 1998, um incêndio atingiu a área de tancagem da empresa Brasterminais, localizada na Ilha de Barnabé, na Baixada Santista. O fogo foi provocado por um vazamento na casa das bombas, instalada próximo a 66 tanques repletos de líquidos inflamáveis. Nessa ilha, concentrava-se o maior volume de armazenamento de produtos químicos do país, totalizando 170 milhões de litros.

- **Usina Nuclear de Tokaimura, no Japão**

Na região nordeste de Tóquio, em 1999, ocorreu um acidente radioativo envolvendo uma usina que processava urânio. Desde o incidente de Chernobyl, em 1986, esse foi o mais grave desastre ocorrido no mundo. A causa foi o excesso de reagente (urânio) no reprocessamento – o ideal era de, no máximo, 2,3 quilogramas, porém, foram usados 16 quilogramas para o reprocessamento. Ao todo, 55 funcionários foram expostos e tiveram queimadas algumas partes do corpo.

- **Vazamento na Baía de Guanabara**

    Em 18 de janeiro de 2000, o oleoduto precedente da Refinaria Duque de Caxias, no Estado do Rio de Janeiro, rompeu por corrosão, liberando 1300 metros cúbicos de óleo no interior do manguezal.

- **Oleoduto Santos-São Paulo (OSSP)**

    No dia 20 de fevereiro de 2000, o oleoduto do sistema OSSP da Petrobras, localizado na Serra do Mar, próximo à Via Anchieta, rompeu em função de corrosão. Em virtude da forte pressão, o jato de óleo atingiu uma área significativa da vegetação da Mata Atlântica.

- **Oleoduto Santa Catarina-Paraná (Ospar)**

    Em 16 de julho de 2000, na cidade de Araucária, localizada na região metropolitana de Curitiba, ocorreu um acidente envolvendo o oleoduto Ospar, que transportava petróleo do Terminal de São Francisco do Sul (Tefran) para a Refinaria Presidente Getúlio Vargas (Repar). Na ocasião, não houve a abertura da válvula do tanque no qual seria depositado o óleo que vinha de São Francisco do Sul. A pressão do líquido fez com que se rompesse a junta de expansão, cuja válvula havia sido trocada por um tampão menos de um mês antes. Esse problema causou o vazamento de aproximadamente 4 mil metros cúbicos de petróleo, sendo que parte atingiu os rios Barigui e Iguaçu (Figura 4.2).

Figura 4.2 – Colocação de boias de contenção no Rio Iguaçu

Caio Guatelli/Folhapress

- **Oleoduto Araucária-Paranaguá (Olapa)**

    Em fevereiro de 2001, o poliduto Olapa 12", que interliga a Repar, em Araucária, à cidade portuária de Paranaguá, também no Paraná, foi rompido em função de um deslizamento de terra. O acidente provocou o vazamento de 145 metros cúbicos de petróleo, atingindo quatro rios.

- **Oleoduto Barueri-São Caetano do Sul (Opasa)**

    Em maio de 2001, o duto Opasa, que liga o município de Paulínia à cidade de São Paulo, apresentou um vazamento de 200 metros cúbicos de um derivado de petróleo. O acidente foi ocasionado por corrosão externa.

- **Vazamento de GLP**

    Em junho de 2001, o duto Obati, que liga a cidade de Barueri ao subdistrito de Utinga, no município de Santo André, no Estado de São Paulo, foi rompido por obra de terceiros, provocando o vazamento de 100 toneladas de GLP. Esse acidente teve um altíssimo potencial de risco, que só não se materializou pela ausência de fagulha ou de ignição.

- **Navio Prestige**

    No ano de 2002, o navio petroleiro grego Prestige naufragou na costa da Espanha, despejando 10 milhões de litros de óleo no litoral da Galícia e contaminando 700 praias. Nos meses seguintes ao desastre, o robô submarino Nautile soldou o navio afundado a 3600 metros de profundidade, impossibilitando a liberação de mais óleo.

- **Indústria Cataguases**

    Em 1º de abril de 2003, o reservatório de armazenamento de produtos químicos da empresa Cataguases Celulose em Minas Gerais se rompeu, causando o derramamento de mais de 20 milhões de metros cúbicos de lixívia, compostos por resíduos orgânicos e soda cáustica. Os rios Pomba e Paraíba do Sul foram atingidos, causando sérios danos ao ecossistema e à população ribeirinha.

- **Vazamento de petróleo na Região de Guaecá, no Estado de São Paulo**

    Na manhã de 18 de fevereiro de 2004, foi identificado o afloramento de petróleo cru na praia de Guaecá, em São Sebastião, no litoral norte de São Paulo, decorrente de uma fenda no oleoduto Osbat de 24". O desastre ocorreu em uma área da unidade de conservação, acarretando severo comprometimento da biota aquática e da Mata Atlântica.

- **Operação Barueri/Tamboré, no Estado de São Paulo**

    Em 30 de maio de 2005, o oleoduto do Sistema Opasa procedente de Barueri, mantido pela Petrobras, rompeu-se por corrosão, causando o vazamento de 200 metros cúbicos de óleo combustível para dentro de um condomínio de luxo na região de Tamboré, prejudicando residências e atingindo ruas, galerias de águas pluviais e um córrego afluente do Rio Tietê.

- **Desastre no Rio dos Sinos, no Rio Grande do Sul**

    Em 2006, foi registrado o maior desastre ecológico do Estado do Rio Grande do Sul, com a mortandade de aproximadamente 50 toneladas de peixes. O acidente foi decorrente do despejo clandestino de empresas inescrupulosas.

- **Rompimento de barragem em Miraí, em Minas Gerais**

    Em 2007, uma barragem se rompeu na cidade mineira de Miraí, causando um vazamento de mais de 2 milhões de metros cúbicos de rejeitos.

- **Reservatório da Bayer, na Baixada Fluminense**

    Na madrugada do dia 16 de janeiro de 2007, houve uma explosão em um reservatório da empresa química Bayer, em Belford Roxo, poluindo a atmosfera com agrotóxicos.

- **Vazamento de óleo na Bacia de Campos, no Rio de Janeiro**

    No dia 9 de novembro de 2011, houve o vazamento de uma grande quantidade de óleo da empresa Chevron, no Rio de

Janeiro, que despejou no mar cerca de 3 mil barris de petróleo, provocando uma mancha de 160 quilômetros de extensão.

☐ **Incêndio na Ultracargo**

Um incêndio em seis tanques combustíveis na Ultracargo, terminal portuário Alemoa/Santos, teve início no dia 2 de abril de 2015 e foi controlado apenas uma semana depois. O fogo (Figura 4.3) foi ocasionado por um erro operacional em tubulações de sucção e descarga que operavam fechadas, causando a explosão de uma válvula. O material despejado no estuário do Porto de Santos, em virtude do combate ao incêndio, matou nove toneladas de 142 espécies de peixes. Também foram gerados efluentes gasosos que colocaram em risco a segurança dos funcionários da empresa e de comunidades e instalações próximas.

Figura 4.3 – Incêndio na Ultracargo

Douglas Aby Saber/ Fotoarena

- **Rompimento de barragem em Itabirito, em Minas Gerais**

    No dia 10 de setembro de 2014, ocorreu o rompimento de uma barreira de rejeitos de uma mina, que acabou soterrando trabalhadores e veículos em Itabirito, no Estado de Minas Gerais. O rompimento se deu por saturação da água e deficiência de drenagem, causando elevação do nível freático interior da barragem. O local não tinha nenhum tipo de alerta para os funcionários em caso de acidente.

- **Rompimento de barragem em Mariana, em Minas Gerais**

    Sob a responsabilidade da Samarco, o rompimento da Barragem de Fundão, localizada em Mariana, subdistrito do município de Bento Rodrigues, em Minas Gerais, provocou uma onda de lama de aproximadamente dez metros de altura, com 60 milhões de metros cúbicos de rejeitos, arrastando tudo o que havia pela frente. O desastre ocorreu em 5 de novembro de 2015.

- **Rompimento da barragem de Brumadinho, em Minas Gerais**

    Em 2019, na cidade de Brumadinho (Figura 4.4), em Minas Gerais, ocorreu um novo rompimento de uma barragem de rejeitos de mineração. O acidente ocasionou a liberação de 12 milhões de metros cúbicos de rejeitos, resultando em centenas de mortos

Figura 4.4 – Brumadinho antes e depois do desastre

Cadu Rolim/ Fotoarena

A logística empresarial tem a função de sustentar relações básicas do processo de produção, como a aquisição, a movimentação, o armazenamento e a entrega de produtos. Além disso, ela influencia o processamento da **cadeia de suprimentos** (*supply chain*) de um produto.

O conceito de *supply chain* estabelece que todo o processo logístico de uma organização, desde a aquisição da matéria-prima (fabricação) até a entrega do produto acabado ao consumidor, deve ser administrado de forma coerente. Com a adoção de uma boa gestão da cadeia de suprimentos, resultados positivos são esperados, da mesma forma que, na direção contrária, problemas recorrentes geram insatisfação, custos e prejuízos.

Assim, a criação de políticas sustentáveis deve estar inserida de forma eficaz na cadeia de suprimentos das empresas e integrada em suas culturas organizacionais, a fim de que a elas obtenham melhores resultados, possibilitando o desenvolvimento de diretrizes capazes de guiar as ações necessárias para a execução do plano de logística sustentável.

Toda negligência empresarial com relação à logística de seus insumos e produtos acabados pode ocasionar desastres ambientais que comprometem a natureza e a sociedade. Sob essa ótica, é essencial adotar medidas preventivas com relação à manutenção de equipamentos e ao treinamento adequado de colaboradores.

Nesse sentido, as organizações devem aprimorar seus sistemas de comunicação, infraestrutura logística de acesso e de governança, bem como preparar planos emergenciais para a recuperação dos impactos causados. Considerando-se essa perspectiva, os avanços associados à legislação ambiental brasileira estabelecem meios legais para responsabilizar e obrigar todas as organizações que causem algum tipo de degradação ao meio ambiente a realizar planos de compensação e de reparação aos prejuízos, assim como políticas ambientais mais rígidas. Dessa forma, a falta de comprometimento ambiental das empresas poderá representar crimes passíveis de multa e detenção.

No Quadro 4.1, a seguir, relacionamos as leis associadas à degradação ambiental.

Quadro 4.1 – Leis aplicadas à degradação ambiental

Legislação	Conceito
Lei n. 6.938, de 31 de agosto de 1981 (Brasil, 1981) Lei de Política Nacional do Meio Ambiente (PNMA)	Trata-se da primeira lei ligada aos assuntos ambientais. No art 3º, incisos II e IV, a lei define em que consiste a degradação da qualidade ambiental. No art. 14, a lei estabelece as penalidades administrativas em função do "não cumprimento das medidas necessárias à preservação ou correção dos inconvenientes e danos causados pela degradação da qualidade ambiental" (Brasil, 1981), sujeitando os transgressores: "à multa simples ou diária […] à perda ou restrição de incentivos e benefícios fiscais concedidos pelo Poder Público […]; à perda ou suspensão de participação em linhas de financiamento em estabelecimentos oficiais de crédito; […] à suspensão de sua atividade" (Brasil, 1981). Já no art. 15, estabelece as penalidades criminais: "pena de reclusão de 1 (um) a 3 (três) anos e multa de 100 (cem) a 1.000 (mil) MVR" (Brasil, 1981), sendo que tal multa poderá ser aumentada até o dobro se resultar em "dano irreversível à fauna, à flora e ao meio ambiente; […] lesão corporal grave" (Brasil, 1981).

(continua)

(Quadro 4.1 - continuação)

Legislação	Conceito
Decreto n. 88.351, de 1º de junho de 1983 (Brasil, 1983) Cria o Conselho Nacional do Meio Ambiente (Conama) e o Sistema Nacional de Meio Ambiente (Sisnama)	Define a degradação da qualidade ambiental como qualquer alteração adversa de características e elementos que integram o meio ambiente.
Lei n. 7.347, de 24 de julho de 1985 (Brasil, 1985) Disciplina a ação civil pública de responsabilidade por danos causados ao meio ambiente	Considerada como um grande avanço em termos de participação popular em ações relativas ao meio ambiente, prevê ação civil pública, criando instrumentos que permitem a defesa do meio ambiente na esfera jurisdicional e a recuperação de áreas degradadas, por meio de um fundo específico e de licitação para a contratação de empresa para esse fim.
Resolução Conama n. 1, de 23 de janeiro de 1986 (Brasil, 1986a) Estabelece critérios para o estudo de impacto ambiental e o relatório de impacto ambiental	Para determinados tipos de empreendimentos, exige-se a realização de estudo prévio de impacto ambiental (EIA) e de relatório de impacto ambiental (Rima), pelos quais ocorre a realização de diagnósticos, o planejamento de ações de minimização de impactos e a mitigação de prováveis danos ambientais.
Constituição Federal de 1988 (Brasil, 1988a)	O art. 225, parágrafo terceiro, informa sobre a necessidade de reparar os danos ambientais (independentemente das sanções penais e das multas que possam incidir sobre as pessoas físicas e jurídicas responsáveis pela degradação).

(Quadro 4.1 – continuação)

Legislação	Conceito
Decreto n. 97.632, de 10 de abril de 1989 (Brasil, 1989a) Regulamenta a Lei n. 6.938, de 31 de agosto de 1981 (Brasil, 1981)	Obriga a recuperação da área degradada como parte do Rima. Institui o Plano de Recuperação de Áreas Degradadas (Prad), que pode ser empregado de forma preventiva ou corretiva, para áreas degradadas por ações de mineradoras.
Lei n. 9.433, de 8 de janeiro de 1997 (Brasil, 1997a) Institui a Política Nacional de Recursos Hídricos	Institui infrações com relação ao uso das águas superficiais e subterrâneas, assim como impõe penalidades aos infratores, que vão de advertência à multa, e de embargos provisórios a definitivos.
Lei n. 9.605, de 12 de fevereiro de 1998 (Brasil, 1998) Lei dos Crimes Ambientais, que permite a abertura de uma ação e de um processo penal contra crimes ambientais	Dispõe sobre sanções penais e administrativas em função de condutas e atividades lesivas ao meio ambiente. No art. 23, inciso II, obriga o infrator a recompor o ambiente degradado. Essa lei prevê penalidades como prestação de serviços à comunidade, interdição temporária de direitos, suspensão parcial ou total de atividades, prestação pecuniária e recolhimento domiciliar. Além disso, estabelece o Termo de Ajustamento de Conduta (TAC), que é formalizado pelo órgão ambiental, por meio do Ministério Público, com o cumprimento de obrigações definidas transformadas em ações de recuperação de áreas degradadas, pelas quais o infrator pode conseguir uma redução de até 90% do valor da multa ambiental aplicada.

(Quadro 4.1 - conclusão)

Legislação	Conceito
Instrução Normativa n. 4, de 13 de abril de 2011 (Brasil, 2011a) Estabelece procedimentos para a elaboração de Projeto de Recuperação de Área Degradada (Prad) ou de área alterada	Essa instrução apresenta conceitos como termos de referência e estabelece dois tipos de Prad (Prad e Prad simplificado), aplicados conforme o caso. Na instrução, é determinado que "o Prad deverá reunir informações, diagnósticos, levantamentos e estudos que permitam a avaliação da degradação ou alteração e a consequente definição de medidas adequadas à recuperação da área" (Brasil, 2011a). Esse dispositivo proposto pelo Instituto Brasileiro do Meio Ambiente e dos Recursos Naturais Renováveis (Ibama) orienta então como elaborar um Prad para apresentação aos órgãos federais.
Lei n. 12.651, de 25 de maio de 2012 (Brasil, 2012d) Novo Código Florestal	Prevê a recomposição gradual das áreas de reserva legal e a recuperação das áreas de preservação permanente em diferentes faixas.

Fonte: Elaborado com base em Brasil, 1981; 1983; 1985; 1986a; 1988a; 1989a; 1997a; 1998; 2011a; 2012e.

O dano ambiental vai além da reparação por prejuízo patrimonial, sendo complexa não apenas sua conceituação, mas também o próprio reparo. A esse respeito, Albamonte (1989, p. 11, tradução nossa), adverte que "o ambiente pertence a uma daquelas categorias cujo conteúdo é mais fácil intuir do que definir, dada a riqueza de conteúdo e a dificuldade de uma classificação jurídica adequada". É difícil definir se a água, o solo, a fauna e a flora são ou não bens juridicamente tuteláveis.

Quando se fala em responsabilidade, associam-se duas possibilidades: subjetiva e objetiva. Segundo Rodrigues (1977, p. 9), "em rigor não se pode afirmar serem espécies diferentes de responsabilidade, mas sim maneiras diferentes de encarar a obrigação de reparar o dano. Realmente, diz-se ser subjetiva a responsabilidade quando se inspira a ideia de culpa, e objetiva quando esteada na teoria do risco".

Ocorrido o dano, tem origem uma (ou mais) espécie de responsabilidade do infrator, podendo assumir uma mera infração administrativa e, nessa situação, diante do que está disposto na Constituição Federal, no art. 5º, inciso II, a conduta deverá estar prevista em lei (Brasil, 1988a). Além disso, tal infração também poderá gerar o dever de reparar o bem lesado, surgindo, assim, a responsabilidade civil pelo dano ambiental; finalmente, poderá suscitar responsabilidade criminal.

4.3 Logística reversa

A Politica Nacional de Resíduos Sólidos (PNRS) apresenta o princípio de precaução e prevenção com a intenção de evitar uma atividade danosa ao meio ambiente. Esse princípio está vinculado aos conceitos de *poluidor-pagador* e *usuário-pagador*.

A noção de **usuário-pagador** diz respeito ao fato de os bens ambientais serem de direito coletivo, sendo necessário pagar para seu uso privativo, mas em decorrência de sua escassez, e não como uma penalidade. Esse conceito fica claro no art. 19 da Lei n. 9.433/1997, no qual está definida a cobrança pelo uso de recursos hídricos (Brasil, 1997a).

Já o conceito de **poluidor-pagador** consiste na responsabilidade do poluidor em arcar com os custos sociais da poluição causada. A ideia não é tolerar a poluição, mas preveni-la. É importante entender que a logística reversa se refere à prevenção ao risco ambiental, pois trata do retorno de materiais à cadeia produtiva e representa ganho ambiental, já que visa ao desenvolvimento sustentável.

A premissa do poluidor-pagador tem dois preceitos fundamentais: em primeiro lugar, prevenir o dano ambiental; depois, caso não haja prevenção, reparar o dano da maneira mais completa possível. Assim, tal conceito impõe ao poluidor o dever de ser proativo com relação aos aspectos ambientais que possam causar impactos ao meio ambiente, cabendo-lhe o ônus de utilizar todos os equipamentos e meios necessários para evitá-lo. Não o fazendo, deverá responder objetivamente pelos prejuízos causados, conforme art. 225 da Constituição Federal (Brasil, 1988a).

Dessa forma, a logística reversa diz respeito ao retorno de produtos, embalagens ou materiais a seu centro produtivo. Basicamente, são dois os fatores que definem a destinação de materiais: (1) os incentivos econômicos e (2) as imposições legais. Por meio de incentivos econômicos, a correta destinação de materiais para reciclagem ocorrerá com maior naturalidade, uma vez que gerará economia de recursos e, consequentemente, diminuição de custo. Essa atividade já se dá com muita frequência em relação a resíduos que contêm alumínio, aço e ferro, por exemplo.

Da mesma forma, em função da imposição legal, alguns agentes são obrigados a proporcionar um destino adequado aos produtos sobre os quais apresentam responsabilidade. Isso acontece, por exemplo, com pneus e resíduos sólidos hospitalares.

A Resolução Conama n. 401, de 4 de novembro de 2008 (Brasil, 2008b), estabelece que pilhas e baterias que contenham em sua composição chumbo, cádmio ou mercúrio e seus compostos, necessários ao funcionamento de qualquer tipo de aparelho, após seu esgotamento energético, deverão ser entregues pelos usuários aos estabelecimentos que as comercializam ou à rede de assistência técnica autorizada pelas respectivas indústrias, para repasse aos fabricantes ou aos importadores (Brasil, 2008b). Nesses estabelecimentos, serão adotados, diretamente ou por meio de terceiros, procedimentos de reutilização, reciclagem, tratamento ou disposição final ambientalmente correta (Brasil, 2008b). Embalagens de agrotóxicos, óleos lubrificantes e pneus também seguem essa politica de logística reversa.

Vale ressaltar que há um problema recorrente com relação ao uso de produtos piratas: o uso das chamadas *pilhas irregulares*. Esses materiais não apresentam identificação de importador, origem nem simbologia orientando destinação após o uso, tampouco prazo de validade. A maioria não condiz com as identificações seguras estabelecidas pela legislação brasileira e não apresenta laudos ou certificados oficiais. Portanto, esses produtos não seguem uma logística reversa.

Existem algumas práticas já consistentes que reutilizam de maneira bastante sustentável os resíduos gerados. Um bom exemplo é o que ocorre na indústria de bebidas (com o retorno de vasilhames de vidro) e na distribuição de gás de cozinha, quando o produto chega ao consumidor e a embalagem retorna a seu centro produtivo para que seja reutilizada. As constantes inovações tecnológicas na produção de materiais e embalagens, as estratégias empresariais que firmam um relacionamento entre empresa e consumidores e a consciência ecológica configuram-se as principais razões para o constante avanço da logística reversa.

Alguns resíduos apresentam toxicidade bastante acentuada, o que exige controles mais rígidos com relação à sua disposição final, como é o caso das embalagens contaminadas com agrotóxicos. A logística reversa desses materiais foi regulamentada pela Lei n. 9.974, de 6 de junho de 2000 (Brasil, 2000b), e pelo Decreto n. 4.074, de 4 de janeiro de 2002 (Brasil, 2002a). A lei estabelece a devolução das embalagens vazias dos produtos aos estabelecimentos comerciais em que foram adquiridos, em um prazo autorizado pelo órgão registrante, sendo que sua destinação adequada fica a cargo das empresas produtoras e comercializadoras de agrotóxicos.

A responsabilidade estendida – do inglês *extended product responsability* (EPR) – pressupõe que a responsabilidade do fabricante sobre o produto não se encerra no momento da venda, e sim na destinação socialmente correta. E a logística reversa gerencia essa responsabilidade estendida, movimentando materiais reaproveitados que retornam ao processo tradicional de suprimento, distribuição e produção. Ela é composta de uma série de atividades que a empresa tem de realizar para o correto atendimento aos requisitos legais, como coleta, separação e expedição até os locais de reprocessamento. Essa prerrogativa significa muito mais do que simplesmente devolver as embalagens; ela se refere, sumariamente, a garantir a sustentabilidade, pois os materiais envolvidos nesse processo podem ser revendidos, recondicionados, reciclados ou simplesmente descartados e substituídos.

É possível observar esse fluxo em muitos segmentos, uma vez que é frequente o retorno de embalagens descartáveis, como pneus, latas de alumínio, garrafas plásticas e caixas de papelão. Esses resíduos, quando são reintegrados ao ciclo econômico, apresentam significativas alternativas para a geração de renda, além do aspecto tecnológico por meio do qual oportunidades se tornam evidentes.

O mercado de carbono, por exemplo, abre a possibilidade para que empresas e agentes do setor invistam em tecnologias de captura e queima de gases poluentes, a fim de que sejam convertidos em biogás para a geração de energia – recebendo, dessa forma, créditos de carbono.

4.4 Análise do ciclo de vida

Segundo a Lei n. 12.305/2010, que institui o PNRS, o ciclo de vida envolve o desenvolvimento do produto, a obtenção de matérias-primas e insumos, o processo produtivo, o consumo e a disposição final (Brasil, 2010d). O texto legal define a necessidade da implantação de uma responsabilidade compartilhada pelo ciclo de vida do produto. Nesse sentido, a logística reversa é o instrumento de desenvolvimento econômico e social destinado a viabilizar a coleta e a restituição dos resíduos sólidos ao setor empresarial, para reaproveitamento em seu ciclo produtivo (ou em outros) ou para destinação ambientalmente correta.

Ao procedermos à análise do ciclo de vida (ACV), torna-se possível avaliar toda a cadeia produtiva e os impactos ambientais que são causados durante o processamento do material (do berço ao túmulo), o que proporciona um desenvolvimento sustentável.

Um bom exemplo é a Matsushita Eco Technology Center Co. (Metec), criada pela detentora das marcas National e Panasonic e que, desde 2001, atua em operações de reciclagem. A operação funciona da seguinte forma: ao receber os produtos velhos oriundos dos pontos de coleta, eles são classificados e destinados para o desmanche. Assim, o que é desmontado se torna matéria-prima. Até mesmo o gás freon, existente em compressores velhos, é queimado em fornos e transformado em energia.

De forma geral, a Lei n. 12.305/2010, em seu art. 3º, inciso XVII, define a responsabilidade compartilhada pelo ciclo de vida dos produtos como o conjunto de atribuições individuais de fabricantes, importadores, distribuidores, comerciantes, consumidores e titulares dos serviços de limpeza para minimizar os impactos causados à saúde humana e à qualidade ambiental decorrentes da fabricação, do uso e do descarte dos produtos (Brasil, 2010d).

O *ciclo de vida do produto* foi mencionado pela primeira vez em 1920 por economistas que se referiam à indústria automobilística. Essa expressão aplica um conceito biológico a marcas, fabricantes e modelos de bens de consumo diversos, classificando cada um deles em fases que vão do nascimento ao crescimento, à maturidade, ao declínio e, por fim, à morte.

Nesse contexto, o ciclo de vida está associado à logística verde, que utiliza a logística reversa como ferramenta no sentido de minimizar não só o impacto ambiental dos resíduos na esfera produtiva e de pós-consumo, mas também todos os impactos ao longo do ciclo de vida dos produtos, já que viabiliza a devolução para a produção de materiais a serem reaproveitados.

Logo, a conscientização quanto às questões ambientais e aos impactos associados aos produtos, tanto no processo quanto no consumo, tem aumentado o interesse no desenvolvimento de métodos para minimizar as consequências negativas, sendo que um deles é avaliar o ciclo de vida. Com base nessa análise, são computados os aspectos ambientais e os efeitos gerados ao longo de todo o ciclo de vida de um produto, considerando-se a entrada da matéria-prima, a produção, o tratamento, o pós-consumo, a reciclagem e a disposição final (literalmente, do berço ao túmulo). Esses conceitos estão regulamentados na NBR ISO 14040/2009 (ABNT, 2009a).

O ciclo de vida de um produto pode ser dividido nas seguintes etapas:

- aquisição de matérias-primas e insumos;
- transporte;
- produção e fabricação do produto;

- transporte e comercialização;
- uso do produto pelo consumidor;
- manutenção do produto;
- disposição final ambientalmente correta.

É importante refletir novamente a respeito de dois conceitos importantes: *reutilização* e *reciclagem*. O primeiro tem o objetivo de prolongar a vida útil do produto, visando à mesma finalidade para a qual foi elaborado ou a outra completamente nova. Já o segundo se refere ao reaproveitamento do material, e não do produto; ao originar o mesmo produto, denomina-se *reciclagem fechada*; do contrário, é chamada de *reciclagem aberta*.

De acordo com as normas NBR ISO 14040 e ISO 14044 (ABNT, 2009a; 2009b), a ACV é realizada em quatro fases distintas (Figura 4.5), as quais são, muitas vezes, interdependentes, de maneira que os resultados de uma fase informarão como as outras deverão ser concluídas.

Figura 4.5 – Análise do ciclo de vida I

Para iniciar a ACV, é necessário delimitar o objetivo e o escopo, incluindo detalhes técnicos, como dados do sistema, suposições e limitações. Em seguida, deve-se estabelecer o fluxo de inventário, no qual precisam constar as entradas de água, energia e matérias-primas, bem como as emissões para a atmosfera, a terra e a água. Para desenvolver o inventário, um modelo de fluxo do sistema técnico deve ser construído utilizando-se dados sobre entradas e saídas. Em seguida, pode-se proceder à análise de impacto, fase que avalia potencialmente os impactos ambientais. A ACV é uma poderosa ferramenta para a avaliação de aspectos mensuráveis de sistemas quantificáveis.

Na ACV de um produto, são utilizadas nomenclaturas que indicam as etapas, como *berço*, *portão* e *túmulo*. O **berço** diz respeito ao início do ciclo de vida do produto; o **portão**, aos processos que ocorrem dentro da fábrica; e o **túmulo**, ao término da vida útil ou à disposição final. Assim, torna-se possível classificar os estudos de ACV em:

- do berço ao túmulo, quando incluem todas as etapas do ciclo;
- do berço ao portão, quando analisam até a etapa de produção;
- e do portão ao portão, quando se restringe à etapa de fabricação.

Tudo começa com a extração de matérias-primas, que envolve muitos processos diferentes, sendo que cada um exerce um impacto ambiental distinto. Depois, é feito o transporte, o armazenamento e a distribuição do produto até chegar ao consumidor. Faz-se necessário analisar rigorosamente essas etapas para avaliar as condições de cada processo e tomar as melhores decisões a fim de garantir a sustentabilidade, conforme exposto na Figura 4.6, a seguir.

Figura 4.6 – Análise do ciclo de vida II

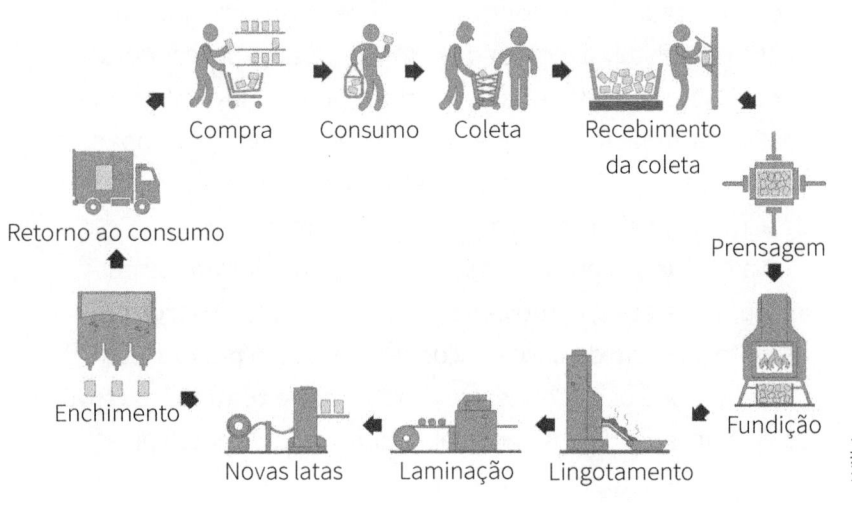

Fonte: Reciclabr, 2020.

Os métodos produtivos devem ser regulados a ponto de minimizar custos com reprocesso e desperdício. Por isso, o domínio sobre o conceito de ciclo de vida do produto é importante para o desenvolvimento de um bom planejamento ambiental, sendo necessário entender quais fatores agregam valor ao produto. É essencial, ainda, manter-se competitivo com base no desenvolvimento de métodos que viabilizem o consumo e não interfiram nos custos de produção, buscando manter uma relação de lealdade com o consumidor e com o meio ambiente.

4.5 Política Nacional de Recursos Hídricos

A água é um bem comum e essencial para a sobrevivência dos organismos vivos. Insípida, inodora e incolor, apresenta propriedades especiais, como a capacidade de solubilizar substâncias.

A Lei n. 9.433/1997 estabelece a Política Nacional de Recursos Hídricos (PNRH) e define que a água é um bem de domínio público e um recurso natural limitado dotado de valor econômico (Brasil, 1997a). A gestão dos recursos hídricos deve sempre proporcionar o uso múltiplo das águas, conforme apresentado na Figura 4.7.

Figura 4.7 – Múltiplos usos da água

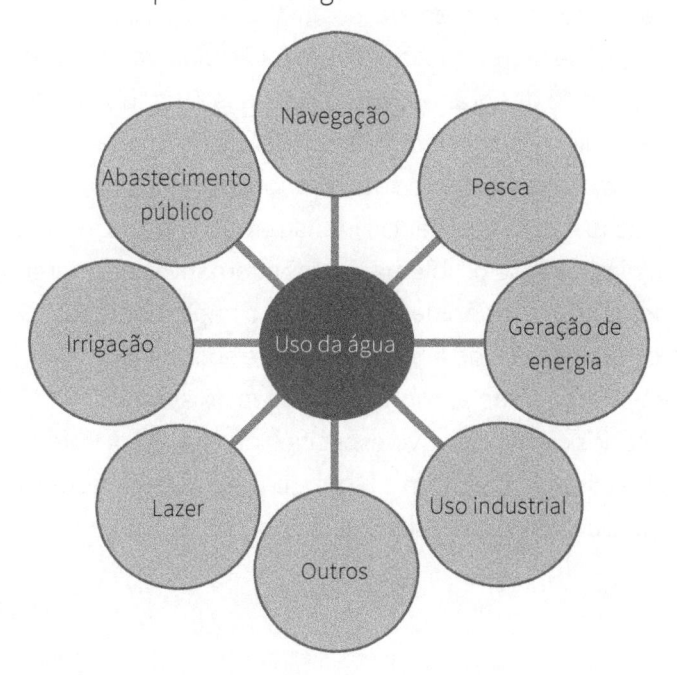

O **Abastecimento** de água é realizado pelo Poder Público por meio de empresas concessionárias que captam a água dos reservatórios e a transferem para o uso doméstico, bem como para hospitais, hotéis e indústrias. A água para **irrigação** é retirada de rios para o uso na agricultura e no cultivo de plantas.

Já a **navegação** é viabilizada em hidrovias que apresentam condições técnicas, econômicas e ambientais para isso. O mesmo ocorre com a **pesca** realizada por comunidades ribeirinhas por questões de subsistência ou comércio. Por sua vez, as atividades de **lazer**, como banho, pesca recreativa e passeios de barco, utilizam constantemente os recursos hídricos.

Contudo, uma das utilidades mais importantes da água é a **geração de energia elétrica**, fundamental para o desenvolvimento socioeconômico de qualquer país. Embora se refira a uma energia renovável muito pouco poluente, a instalação de hidrelétricas gera um forte impacto ambiental, em decorrência das grandes áreas alagadas. Quando ocorre falta ou há oferta insuficiente de energia elétrica, gera-se um atraso no desenvolvimento socioeconômico da região, em razão da limitação e da dependência industrial e comercial. Assim, para minimizar esse problema, fontes alternativas de energia, consideradas menos poluentes, têm sido implementadas, como o uso de biomassa e de energia nuclear e eólica.

Para um consumo apropriado da água, existem os reservatórios com o objetivo específico de captação. Porém, variações climáticas afetam a biota e o meio antrópico, causando flutuações de volume nesses locais.

Assim, a PNRH surgiu da necessidade de proteger os recursos hídricos das diversas formas de poluição e do uso inadequado. Nesse contexto, a Lei n. 9.433/1997 ficou conhecida como *Lei das Águas*, pois instituiu a PNRH e estabeleceu, ainda, instrumentos para a gestão de recursos hídricos de domínio federal (que atravessam as fronteiras entre estados), criando o Sistema Nacional de Gerenciamento de Recursos Hídricos (Singreh). No art. 25 da PNRH, está fundamentado o Sistema de Informações sobre Recursos Hídricos (SNIRH), que diz respeito a um dos instrumentos de gestão que tem por objetivo a coleta, o tratamento, o armazenamento e a recuperação de informações sobre recursos hídricos e fatores intervenientes em sua gestão.

Dessa forma, por meio de um sistema integrado, a lei facilitou as relações entre o Estado e a União, instalando os Comitês de Bacias Hidrográficas (CBHs), que unem os usuários, a sociedade civil e o Poder Público nas três instâncias para a gestão de recursos hídricos. De acordo com a lei,

> Art. 39. Os Comitês de Bacia Hidrográfica são compostos por representantes
>
> I – da União;
> II – dos Estados e do Distrito Federal cujos territórios se situem, ainda que parcialmente, em suas respectivas áreas de atuação;
> III – dos Municípios situados, no todo ou em parte, em sua área de atuação;
> IV – dos usuários das águas de sua área de atuação;
> V – das entidades civis de recursos hídricos com atuação comprovada na bacia. (Brasil, 1997a)

Além disso, a Lei n. 9.984, de 17 de julho de 2000, criou a Agência Nacional de Águas (ANA), entidade federal de Implementação da PNRH e integrante do Singreh, estabelecendo regras para a sua atuação, sua estrutura administrativa e suas fontes de recursos (Brasil, 2000c). A ANA atua na implementação do Singreh, elaborando planos de recursos hídricos em bacias hidrográficas de domínio da União. Nas outras esferas, a ANA atua oferecendo apoio técnico na elaboração dos planos.

Outro instrumento de política utilizada pela ANA, no âmbito do planejamento, diz respeito ao enquadramento dos corpos de água, estabelecendo o nível de qualidade a ser alcançado ou mantido ao longo do tempo. A esse respeito, a Resolução Conama n. 357, de 17 de março de 2005, estabelece 13 classes, sendo 5 para as águas doces, 4 para as águas salobras e 4 para as salinas (Brasil, 2005a). O enquadramento nessas classes é um instrumento de planejamento ambiental, pois estabelece o nível de qualidade (ou classe) a ser alcançado e/ou mantido em um segmento de corpo de água ao longo do tempo.

4.5.1 Planejamento dos recursos hídricos

Previstos em lei, os planos de recursos hídricos são documentos que definem ações de uma região, incluindo informações sobre gestão, projetos, obras e investimentos prioritários, além de fornecer dados atualizados que contribuem para o enriquecimento das bases de dados da ANA. Os planos são elaborados para bacias hidrográficas nacionais e estaduais. Para isso, contam com o envolvimento de órgãos governamentais e de diversas instituições que participam do gerenciamento dos recursos hídricos, além da sociedade civil e dos usuários.

4.5.2 Outorga dos direitos de uso de recursos hídricos

A outorga dos direitos de uso de recursos hídricos é um dos seis instrumentos da PNRH, estabelecidos no inciso III do art. 5º da Lei n. 9.433/1997. Esse instrumento tem como objetivo assegurar o controle quantitativo e qualitativo dos usos da água e o efetivo exercício dos direitos de acesso aos recursos hídricos.

As atividades humanas que provocam alterações nas condições naturais das águas são consideradas de "usos", a exemplo da irrigação, do abastecimento e da geração de energia hidroelétrica, entre outros.

De acordo com o art. 4º, inciso IV, da Lei n. 9.984/2000, compete à ANA "outorgar, por intermédio de autorização, o direito de uso de recursos hídricos em corpos de água de domínio da União" (Brasil, 2000c).

De acordo com a Constituição Federal (Brasil, 1988a), corpos de água de domínio da União consistem em lagos, rios e quaisquer correntes de água que passam por mais de um Estado ou que sirvam de limite com outros países ou unidades da Federação. Em corpos hídricos de domínio dos estados e do Distrito Federal, a solicitação de outorga deve ser feita ao órgão gestor estadual de recursos hídricos.

4.5.3 Cobrança pelo uso de recursos hídricos

A cobrança pelo uso da água estabelecido por lei tem por objetivos obter condições financeiras para a recuperação das bacias hidrográficas brasileiras e estimular o investimento em despoluição. Trata-se de um ressarcimento pela utilização de um bem comum. Todos os usuários que captem, lancem efluentes ou realizem usos não consuntivos diretamente em corpos de água necessitam cumprir com o valor estabelecido.

O valor da cobrança é escolhido com base na participação dos usuários, da sociedade civil e do Poder Público, no âmbito dos Comitês de Bacia Hidrográfica (CBHs), e leva em conta o princípio de que quem usa e polui mais também deve pagar mais.

4.5.4 Planos de recursos hídricos

Os planos de recursos hídricos dizem respeito a planos diretores, estabelecidos a longo prazo, que visam fundamentar e orientar a implementação da PNRH e o gerenciamento dos recursos hídricos – conforme disposto no art. 6º da Lei n. 9.433/1997 – por meio de diagnóstico da situação desses locais, da análise do crescimento demográfico, da evolução de atividades produtivas e de modificações dos padrões de ocupação do solo.

Síntese

A politica ambiental objetiva definir e estabelecer os compromissos de uma organização relacionados à natureza e oferecer uma base para que ela estabeleça seus princípios e suas metas de forma a estruturar e gerenciar um Sistema de Gestão Ambiental de maneira exemplar.

Assim, essa política representa a forma pela qual os aspectos ambientais são gerenciados. Dessa forma, só é possível definir uma politica ambiental se a organização estiver ciente das características referentes aos aspectos significativos dessa área e aos requisitos legais e a outros pertinentes a esse contexto, como os recursos financeiros, tecnológicos e de pessoal.

Atividades de autoavaliação

1. Analise as alternativas a seguir e assinale a correta:
    a) A logística reversa se caracteriza por um conjunto de ações e procedimentos para viabilizar a coleta e a restituição dos resíduos sólidos ao setor público.
    b) A logística reversa prevê que os municípios devem reaproveitar os resíduos orgânicos domésticos.
    c) A logística reversa diz respeito a uma série de punições aos municípios que não tratarem adequadamente seus resíduos sólidos.

d) A logística reversa é uma obrigação legal estabelecida pela Lei n. 12.305/2010.
e) A logística reversa obriga a empresa a comprar o produto gerado quando ele se torna obsoleto.

2. Considerando as características da logística reversa, indique a alternativa correta:
   a) Trata-se de um instrumento de desenvolvimento econômico e social caracterizado por um conjunto de ações, procedimentos e meios destinados a viabilizar a coleta e a restituição dos resíduos sólidos ao setor empresarial para reaproveitamento em seu ciclo produtivo (ou em outros) ou para outra destinação final ambientalmente adequada.
   b) Trata-se de uma responsabilidade compartilhada encadeada por fabricantes, importadores, distribuidores, comerciantes, consumidores e titulares dos serviços públicos de limpeza urbana e de manejo dos resíduos sólidos a fim de maximizar o volume de rejeitos gerados, bem como de reduzir os impactos causados à saúde humana e à qualidade ambiental decorrentes da fabricação, do uso e do descarte dos produtos.
   c) Trata-se da total destruição de resíduos sólidos que, por sua natureza ou por sua composição bioquímica, são impossibilitados de retornar ao ecossistema ou ao meio ambiente por qualquer meio.
   d) Trata-se de uma distribuição ordenada de rejeitos em aterros, observando-se normas operacionais específicas, de modo a evitar danos ou riscos à saúde pública e à

segurança, bem como a minimizar os impactos ambientais adversos.
e) Trata-se do manejo de rejeitos impossíveis de serem desintegrados ou acondicionados de modo apropriado para descarte, de modo que a disposição final é a única medida a ser realizada.

3. Com relação à Política Nacional de Resíduos Sólidos, assinale a alternativa **incorreta**:
   a) Pilhas e baterias que contenham em sua composição chumbo, cádmio, mercúrio e seus compostos deverão ser entregues pelos usuários aos estabelecimentos que as comercializam ou à rede de assistência técnica autorizada pelas respectivas indústrias para repasse aos fabricantes ou importadores.
   b) Geradores de resíduos sólidos são processos produtivos que, por sua natureza, geram dejetos sólidos que necessitam de disposição e/ou tratamento.
   c) A coleta seletiva é, por lei, um instrumento da Política Nacional de Resíduos Sólidos.
   d) O Plano Nacional de Resíduos Sólidos tem vigência máxima de 20 anos.
   e) A Lei 12.305/2010 tem por objetivo estimular a prevenção e a redução da geração de resíduos, tendo como proposta a prática de hábitos de consumo sustentáveis.

4. A Política Nacional de Recursos Hídricos foi instituída pela Lei n. 9.433, de 8 de janeiro de 1997. De acordo com seus fundamentos, assinale a alternativa correta:
   a) A água é um bem de domínio individual.

b) A água é um recurso natural ilimitado e dotado de valor econômico.
c) A gestão dos recursos hídricos deve ser centralizada na Agência Nacional das Águas.
d) A bacia hidrográfica é uma unidade territorial para a implementação da Política Nacional de Recursos Hídricos e a atuação do Sistema Nacional de Gerenciamento de Recursos Hídricos.
e) Em situações de escassez, o uso prioritário dos recursos hídricos deve ser aplicado a projetos de irrigação.

5. A gestão da qualidade dos recursos hídricos deve conciliar interesses com elevado potencial de gerar conflitos em relação aos usos pretendidos para os corpos de água, como:
a) irrigação e criação de peixes.
b) harmonia paisagística e navegação.
c) transporte hidroviário e geração de energia.
d) pesca comercial e abastecimento de água.
e) pesca desportiva e esportes aquáticos.

Atividades de aprendizagem

Questões para reflexão

1. Considerando os conceitos a respeito de água e de recursos hídricos, reflita sobre eles e redija um breve comentário explicando qual atividade econômica mais consome água.

2. Qual é a importância das políticas públicas na gestão dos recursos ambientais? Considere exemplos concretos em sua reflexão.

Atividade aplicada: prática

1. A seguir, apresentamos um balanço de massa referente ao processo por meio do qual se pode produzir alumínio com o uso de bauxita.

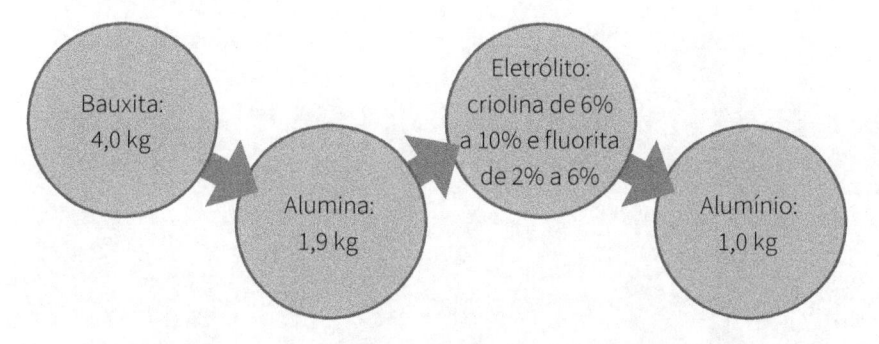

Bauxita: 4,0 kg → Alumina: 1,9 kg → Eletrólito: criolina de 6% a 10% e fluorita de 2% a 6% → Alumínio: 1,0 kg

Estima-se que, com a reciclagem, o gasto de energia para a produção de alumínio é de apenas 5% do gasto com o uso da bauxita.

a) Determine a quantidade de energia elétrica poupada por tonelada de latinha reciclada.

b) Um forno de redução de alumínio produz 400 kg desse metal com o uso da bauxita em um período de 10 horas. A cuba eletrolítica desse forno é alimentada com uma tensão de 40 V. Qual é a corrente que alimenta a cuba durante a produção? Despreze as perdas.

Capítulo 5

Gestão ambiental

Durante anos, o desenvolvimento resultante do trabalho foi considerado uma meta a ser atingida por muitos países. No entanto, pouco ou quase nada era mencionado a respeito das consequências desse desenvolvimento sobre o meio ambiente. Em curto prazo, os resultados atingidos foram descomunais. A rápida formação de complexos industriais provocou uma intensa ocupação do solo, tornando-o impermeável e acarretando um aumento de áreas urbanas inundáveis. Houve, ainda, um crescimento urbano descontrolado, seguido de uma degradação ambiental por despejo de efluentes na água e contaminantes no ar. Em paralelo à alta densidade demográfica, seguiu-se uma não contida geração de resíduos, os quais, por falta de planejamento, foram acumulados em lixões.

Diante do exposto, neste capítulo dedicaremo-nos à discussão dos elementos associados à gestão ambiental quanto às tomadas de decisão que devem repercutir positivamente sobre suas variáveis. Para isso, abordaremos os motivos favoráveis e as necessidades que devem ser cumpridas para que a organização elabore, implemente, desenvolva e mantenha uma gestão ambiental significativa e consistente.

5.1 Política Nacional de Resíduos Sólidos

A Política Nacional de Resíduos Sólidos (PNRS), instituída pela Lei n. 12.305, de 2 de agosto de 2010, tem vigência por prazo indeterminado e horizonte de 20 anos, sendo atualizada a cada quatro anos (Brasil, 2010d). O plano estabelece uma meta de projeção para que em 2030 o Brasil seja um país sustentável, com elevada taxa de crescimento econômico, por meio da redução das desigualdades urbanas e regionais e da melhoria do meio ambiente.

Com o anseio pelo desenvolvimento, o Estado brasileiro se identifica como provedor dos serviços públicos, assumindo a prestação dessas atividades e a condução de políticas públicas, como o saneamento básico.

Nesse sentido, a PNRS exige dos setores (tanto públicos quanto privados) transparência na disposição final de seus resíduos por meio do Plano de Gerenciamento de Resíduos Sólidos (PGRS). Essa política assegura que os estados e os municípios só terão acesso a recursos da União destinados ao setor se elaborarem seus planos diretores.

Assim, o Decreto n. 7.404, de 23 de dezembro de 2010 (Brasil, 2010b), além de criar como um dos seus principais instrumentos a PNRS, institui o Comitê Interministerial (CI), composto por 12 ministérios e coordenado pelo Ministério do Meio Ambiente (MMA), com a responsabilidade de elaborar e melhorar tal política.

Nesse cenário, a PNRS mantém relação direta com a Politica Nacional de Recursos Hídricos (PNRH), estabelecida pela Lei n. 9.433, de 8 de janeiro de 1997 (Brasil, 1997a); o Plano Nacional sobre Mudança do Clima (PNMC), promulgado pela Lei n. 12.187, de 29 de dezembro de 2009 (Brasil, 2009a); o Plano Nacional de Saneamento Básico (Plansab), com elaboração prevista na Lei n. 11.445, de 5 de janeiro de 2007 (Brasil, 2007a); e o Plano de Ação para Produção e Consumo Sustentáveis (PPCS), instituído pelo Projeto de Lei n. 3.899, de 22 de maio de 2012 (Brasil, 2012a) a ser votado pela Câmara dos Deputados. A PNRS expõe conceitos e propostas para diversos setores da economia, compatibilizando crescimento econômico e preservação ambiental com desenvolvimento sustentável.

5.2 Leis federais de saneamento básico

O Plano Nacional de Saneamento Básico (Plansab), instituído pela Lei n. 11.445/2007 (Brasil, 2007a), representa um marco regulatório para a infraestrutura do país. O plano estabelece diretrizes nacionais para o setor, além de regras e novos instrumentos de gestão, como a regulação e o planejamento para melhorar a eficiência das empresas operadoras.

Para atingir a universalização de acesso à água e ao esgoto, previu-se por meio do Plansab um investimento de 304 bilhões de reais em 20 anos. Porém, em apenas um ano, as metas ficaram obsoletas, especialmente por conta dos índices de inflação e do crescimento do produto interno bruto (PIB) diferentes do que havia sido previsto.

Apesar de todas as dificuldades, o Plansab foi fundamental para os avanços conseguidos. É importante perceber que houve um avanço significativo das políticas públicas com relação à qualidade das águas e ao acesso a elas. Diante do exposto, no Quadro 5.1, a seguir, apresentamos algumas das leis federais que versam sobre a qualidade das águas, no intuito de demonstrar que as questões ambientais estão sempre em avanço, amparadas por leis, resoluções e normas.

Quadro 5.1 – Legislações federais sobre a qualidade da água

Ano	Lei	Ações	Status
1934 e 1938	Decreto n. 24.643, de 10 de julho de 1934 Decreto-Lei n. 852, de 11 de novembro de 1938	Regulamentar o direito de propriedade das águas pelo Estado, incluindo o aproveitamento dos recursos hídricos, além de estabelecer a prioridade do abastecimento público, reforçando a necessidade de manter a qualidade.	Em vigor.
1940	Decreto-Lei n. 2.848, de 7 de dezembro de 1940	Estabelecer penalidades para a contaminação das águas potáveis e naturais.	Em vigor.
1961	Decreto n. 49.974-A, de 21 de janeiro de 1961 Decreto n. 50.877, de 29 de junho de 1961	Estabelecer restrições e obrigações das indústrias no controle do lançamento de efluentes. Promulgar que os serviços de saneamento são sujeitos a orientações e fiscalizações das autoridades sanitárias competentes e preceituar o controle da poluição por meio de parâmetros de qualidade do corpo receptor. Trata-se das primeiras legislações federais específicas sobre a poluição das águas. Ambas propuseram uma classificação das águas de acordo com seu uso e suas respectivas taxas de poluição permissível, definindo a expressão *poluição aplicada às águas*.	Revogados pelo Decreto de 5 de setembro de 1991.
1965	Lei n. 4.771, de 15 de setembro de 1965	Instituir o código florestal.	Revogada pela Lei n. 12.651, de 25 de maio de 2012.
1967	Decreto-Lei n. 303, de 28 de fevereiro de 1967	Criar o Conselho Nacional de Controle da Poluição Ambiental, estendendo o conceito de poluição aos ambientes aéreo e terrestre, introduzindo a expressão *meio ambiente*.	Revogado pela Lei n. 5.318, de 26 de setembro de 1967.

(continua)

(Quadro 5.1 - continuação)

Ano	Lei	Ações	Status
1973	Decreto n. 73.030, de 30 de outubro de 1973	Criar a Secretaria Especial do Meio Ambiente (Sema), consolidando a visão do problema ambiental global. Introduzir o conceito de proteção à natureza.	Revogado pelo Decreto n. 91.145, de 15 de março de 1985, que transferiu as atribuições da Sema para o Ministério do Desenvolvimento Urbano e Meio Ambiente.
1975	Decreto-Lei n. 1.413, de 31 de julho de 1975	Estabelecer o zoneamento urbano em áreas críticas de poluição.	Em vigor.
1975	Decreto n. 76.389, de 3 de outubro de 1975	Estabelecer as medidas de prevenção e controle da poluição.	Não consta revogação expressa.
1976	Portaria n. 13, de 15 de janeiro de 1976, do Ministério do Interior (Minter)	Estabelecer um critério de classificação das águas interiores, fixando padrões de qualidade e parâmetros a serem observados para cada classe, bem como o uso a que se destinam.	Revogadas pela Resolução Conama n. 20, de 18 de junho de 1986.
1976	Portaria n. 536, de 7 de dezembro de 1976, do Ministério do Interior (Minter)	Fixar os padrões específicos de qualidade das águas para fins de balneabilidade.	
1977	Decreto n. 81.107, de 22 de dezembro de 1977	Definir as atividades sobre as quais os estados não têm jurisdição por serem consideradas de interesse à segurança nacional.	Revogado pelo Decreto de 5 de setembro de 1991.

(Quadro 5.1 - continuação)

Ano	Lei	Ações	Status
1978	Portaria Interministerial n. 1, de 23 de janeiro de 1978	Recomendar que se levassem em conta as condições de produção de energia elétrica e de navegação para a classificação e o enquadramento de águas federais e estaduais.	Substituídas.
1978	Portaria Interministerial n. 90, de 29 de março de 1978	Criar o Comitê Especial de Estudos Integrados de Bacias Hidrográficas (CEEIBH).	
1980	Lei n. 6.803, de 2 de julho de 1980	Estabelecer as diretrizes básicas para o zoneamento industrial nas áreas criticas de poluição.	Em vigor.
1983	Decreto n. 88.351, de 1º de junho de 1983	Definir a Política Nacional de Meio Ambiente (PNMA), criando o Sistema Nacional do Meio Ambiente (Sisnama) e o Conselho Nacional do Meio Ambiente (Conama).	Revogado pelo Decreto n. 99.274, de 6 de junho de 1990.
1986	Resolução Conama n. 1, de 23 de janeiro de 1986 e Resolução Conama n. 11, de 18 de março de 1986	Definir a obrigatoriedade, os conceitos e as diretrizes do EIA/RIMA.	Em vigor.
1986	Resolução Conama n. 6, de 24 de janeiro de 1986	Aprovar modelos de publicação de licenciamentos diversos para a aprovação e a instalação de empreendimentos.	Em vigor.
1986	Resolução Conama n. 20, de 18 de junho de 1986	Alterar os critérios de classificação dos corpos de água da União estabelecidos pela Portaria Minter n. 13/1976, estendendo-se a águas salobras e salinas, acrescentando parâmetros analíticos e tornando mais restritivos os vários padrões.	Revogada pela Resolução Conama n. 357, de 17 de março de 2005.

(Quadro 5.1 – continuação)

Ano	Lei	Ações	Status
1988	Resolução Conama n. 10, de 14 de dezembro de 1988	Estabelecer a competência e os objetivos das Áreas de Proteção Ambiental (Apas).	Revogada pela Resolução Conama n. 428, de 17 de dezembro de 2010.
1988	Lei n. 7.661, de 16 de maio de 1988	Instituir o Plano Nacional de Zoneamento Costeiro (PNGC).	Em vigor.
1989	Lei n. 7.735, de 22 de fevereiro de 1989	Extinguir o Sema, criando o Instituto Brasileiro do Meio Ambiente e dos Recursos Naturais Renováveis (Ibama).	Em vigor.
1989	Lei n. 7.797, de 10 de julho de 1989	Criar o Fundo Nacional do Meio Ambiente	Em vigor.
1989	Resolução Conama n. 12, de 14 de setembro de 1989	Proibir atividades que pudessem colocar em risco a conservação dos ecossistemas, a proteção a biota de espécies raras e a harmonia da paisagem nas Áreas de Relevante Interesse Ecológico (Aries)	Em vigor.
1990	Portaria n. 36, de 19 de janeiro de 1990, do Ministério da Saúde (MS)	Estabelecer os padrões de potabilidade para as águas de abastecimento público.	Em vigor.
1994	Decreto n. 1.141, de 5 de maio de 1994	Dispôr sobre as ações de proteção ambiental, saúde e meio ambiente e apoiar as atividades produtivas das comunidades indígenas.	Revogado pelo Decreto n. 7.747, de 5 de junho de 2012.
1997	Lei n. 9.433, de 8 de janeiro de 1997	Instituir a Política Nacional de Recursos Hídricos (PNRH), regulamentando o inciso XIX do art. 21 da Constituição Federal de 1988.	Em vigor.
1999	Lei n. 9.605, de 12 de fevereiro de 1999	Estabelecer as sanções penais e administrativas derivadas de condutas e atividades lesivas ao meio ambiente.	Em vigor.

(Quadro 5.1 – continuação)

Ano	Lei	Ações	Status
2000	Portaria n. 1.469, de 29 de dezembro de 2000, do Ministério da Saúde (MS)	Alterar a Portaria n. 36/1990, estabelecendo novos padrões de água potável.	Revogada pela Portaria n. 518, de 25 de março de 2004, que, por sua vez, foi revogada pela Portaria n. 5, de 28 de setembro de 2017.
2000	Lei n. 9.984, de 17 de julho de 2000	Criar a Agência Nacional das Águas (ANA), responsável pela execução da PNRH.	Em vigor.
2001	Lei n. 10.257, de 10 de julho de 2001	Sancionar o Estatuto das Cidades, que estabelece diretrizes gerais da política urbana.	Em vigor.
2005	Resolução Conama n. 357, de 17 de março de 2005	Classificar as diretrizes ambientais para o enquadramento dos corpos de água, bem como estabelecer as condições e os padrões de uso e lançamento de efluentes.	Em vigor.
2005	Decreto n. 5.440, de 4 de maio de 2005	Estabelecer as definições e os procedimentos sobre o controle da qualidade da água de sistemas de abastecimento.	Em vigor.
2007	Lei n. 11.445, de 5 de janeiro de 2007	Estabelecer as diretrizes nacionais para saneamento básico.	Em vigor.
2010	Decreto n. 7.217, de 21 de junho de 2010	Regulamentar a Lei da Política Nacional de Saneamento Básico.	Em vigor.
2011	Portaria n. 2.914, de 12 de dezembro de 2011, do MS	Dispôr sobre os procedimentos de controle e vigilância da qualidade da água para consumo humano e seu padrão de potabilidade.	Revogada pela Portaria n. 5/2017.

(Quadro 5.1 – conclusão)

Ano	Lei	Ações	Status
2012	Portaria Interministerial n. 1, de 25 de julho de 2012, do Ministério da Integração Nacional (MI) e do Ministério da Defesa (MD)	Dispôr sobre a mútua cooperação técnica e financeira entre os Ministérios da Integração Nacional e Ministério da Defesa para a realização de ações complementares de apoio às atividades de distribuição de água potável às populações atingidas por estiagem e seca nas regiões do semiárido nordestino e no norte dos estados de Minas Gerais e do Espírito Santo, denominada *Operação Carro-Pipa*.	Em vigor.
2015	Portaria Interministerial n. 2, de 27 de março de 2015, do Ministério da Integração Nacional (MI) e do Ministério da Defesa (MD)	Alterar a Portaria Interministerial n. 1/MI/MD/2012.	Em vigor.

Fonte: Elaborado com base em Nuvolari, 2003.

5.3 Instrumentos ambientais

Para colocar em prática o enunciado da política ambiental, é necessário fazer uso de ferramentas que visam auxiliar o processo de planejamento e a operacionalização da gestão ambiental, de modo que ela possa ser integrada de maneira estratégica.

Nesse sentido, entendemos como instrumentos para essa gestão o licenciamento ambiental, a educação ambiental, o estudo do impacto ambiental (EIA), o geoprocessamento, a mediação, o planejamento ambiental e a auditoria ambiental.

5.3.1 Licenciamento ambiental

Trata-se de um instrumento de elevada relevância. Na Resolução Conama n. 237, de 19 de dezembro de 1997, são definidos os conceitos sobre o licenciamento. No art 2, parágrafo 1º, da referida resolução, constam os empreendimentos e as atividades sujeitas a licenciamento ambiental (Brasil, 1997c). Para dar início a seu funcionamento, todo empreendimento ou atividade que envolva recursos naturais como ar, solo e água deve possuir um licenciamento ambiental. Ou seja, antes do início de determinado projeto, é necessário providenciar a solicitação desse documento.

No procedimento de licenciamento ambiental, por exemplo, deve constar, obrigatoriamente, a certidão da prefeitura municipal da região do empreendimento declarando que o local e o tipo de atividade estão em conformidade com a legislação aplicável ao uso e à ocupação do solo e, quando necessário, a autorização para a retirada de vegetação e a outorga para o uso da água, emitidas pelos órgãos competentes.

As diretrizes para a execução do licenciamento estão expressas na Lei n. 6.938, de 31 de agosto de 1981 (Brasil, 1981), na Resolução Conama n. 1, de 23 de janeiro de 1986 (Brasil, 1986a) e na Resolução Conama n. 237, de 19 de dezembro de

1997 (Brasil, 1997c), sendo que os empreendimentos devem ser licenciados em um único nível de competência.

O Parecer n. 312, de 4 de setembro de 2004 (Brasil, 2004b), da Consultoria Jurídica (Conjur) do Ministério do Meio Ambiente (MMA) discorre sobre as competências federal, estadual e municipal para o licenciamento, tendo como fundamento a abrangência do impacto gerado. A seguir, as competências estão relacionadas por esfera do Poder Público.

☐ **Competência federal**

Cabe ao Ibama promover o licenciamento de empreendimentos e atividades com significativo impacto ambiental, de âmbito nacional ou regional.

Assim, ficam determinadas na Resolução Conama n. 237/1997, em seu art. 4º, as competências do Ibama para o licenciamento ambiental de empreendimentos e atividades em nível federal quando: elas forem localizadas ou desenvolvidas em parceria com países limítrofes, no mar, em plataformas continentais, em zonas econômicas exclusivas, em terras indígenas ou em unidades de conservação; localizadas ou desenvolvidas em dois ou mais estados; os impactos ultrapassem os limites territoriais do país ou de um ou mais estados; elas forem destinadas a utilizar energia nuclear em qualquer de suas formas e aplicações, mediante parecer da Comissão Nacional de Energia Nuclear (CNEN) ou referentes a bases ou empreendimentos militares (Brasil, 1997c).

Segundo o mesmo artigo dessa resolução, o Ibama

fará o licenciamento [...] após considerar o exame técnico procedido pelos órgãos ambientais dos Estados e Municípios [...] e o parecer dos demais órgãos competentes da União, dos Estados, do Distrito Federal e dos Municípios, envolvidos no procedimento de licenciamento. (Brasil, 1997c)

- **Competência estadual**

Conforme a Resolução Conama n. 237/1997,

Art. 5º Compete ao órgão ambiental estadual ou do Distrito Federal o licenciamento ambiental dos empreendimentos e atividades:

I – localizados ou desenvolvidos em mais de um Município ou em unidades de conservação de domínio estadual ou do Distrito Federal;
II – localizados ou desenvolvidos nas florestas e demais formas de vegetação natural de preservação permanente relacionadas no artigo 2º da Lei nº 4.771, de 15 de setembro de 1965, e em todas as que assim forem consideradas por normas federais, estaduais ou municipais;
III – cujos impactos ambientais diretos ultrapassem os limites territoriais de um ou mais Municípios;
IV – delegados pela União aos Estados ou ao Distrito Federal, por instrumento legal ou convênio. (Brasil, 1997c)

O mesmo art. 5º ainda referencia que

O órgão ambiental estadual ou do Distrito Federal fará o licenciamento de que trata este artigo após considerar o exame técnico procedido pelos órgãos ambientais dos Municípios em que se localizar a atividade ou empreendimento, bem como, quando couber, o parecer dos demais órgãos competentes da União, dos Estados, do Distrito Federal e dos Municípios, envolvidos no procedimento de licenciamento. (Brasil, 1997c)

☐ **Competência municipal**

A competência do órgão ambiental municipal está inserida no art. 6º da Resolução Conama n. 237/1997:

> ouvidos os órgãos competentes da União, dos Estados e do Distrito Federal, quando couber, o licenciamento ambiental de empreendimentos e atividades de impacto ambiental local e daquelas que lhe forem delegadas pelo Estado por instrumento legal ou convênio. (Brasil, 1997c)

O licenciamento ambiental é caracterizado pela emissão pelo órgão de fiscalização ambiental de um documento que considere e represente os critérios para o andamento da instalação do empreendimento ou da atividade. Assim, o art. 8º da resolução citada define as etapas do licenciamento, como: licença prévia, licença de instalação e licença de operação.

5.3.1.1 Licença prévia

A licença prévia (LP) deve ser solicitada antes do início das atividades, enquanto o empreendimento está em nível de projeto. Para isso, deve-se apresentar ao órgão fiscalizador ambiental as documentações relativas às características do empreendimento, como planta de localização, projetos técnicos estruturais, memorial descritivo das atividades e demais dados. Conforme exposto na Resolução Conama n. 237/1997, os objetivos desse documento são (Brasil, 1997c):

- aprovar a localização e a concepção do empreendimento, levando em consideração seus aspectos e seus impactos ambientais;
- atestar a viabilidade ambiental;
- estabelecer requisitos e condicionantes a serem mantidos para as próximas fases do empreendimento;
- suprir o requerente com parâmetros para o lançamento de efluentes líquidos, resíduos sólidos e emissões gasosas e sonoras no local, que sejam adequados aos níveis de tolerância estabelecidos para a área requerida;
- exigir medidas de controle ambiental em decorrência dos impactos ambientais causados pela obra, pela atividade ou pelo empreendimento.

5.3.1.2 Licença de instalação

Depois de o projeto ser aprovado, é necessário solicitar a licença de instalação (LI). Somente após sua emissão, pode-se iniciar a construção das instalações. Conforme a Resolução Conama n. 237/1997, esse documento tem as seguintes intenções (Brasil, 1997c):

- aprovar as especificações contidas em planos, programas e projetos apresentados, incluindo medidas de controle ambiental e demais condicionantes,
- autorizar o início da implantação do empreendimento.

5.3.1.3 Licença de operação

Depois de o empreendimento ser implantado, faz-se necessário solicitar a licença de operação (LO), que verifica a estrutura ambiental em funcionamento. Ela pode ser emitida após a avaliação prática de funcionamento do empreendimento ou da atividade (Brasil, 1997c).

5.3.1.4 Validade das licenças

Os prazos de validade para cada licença, conforme exposto na Resolução Conama n. 279, de 27 de junho de 2001 (Brasil, 2001e), que detalha procedimentos de licenciamento, e na Resolução Conama n. 237, de 19 de dezembro de 1997 (Brasil, 1997c), são os seguintes:

- LP – O prazo de validade deve ser, no mínimo, o estabelecido pelo cronograma de elaboração dos planos, dos programas e dos projetos relativos ao empreendimento, independentemente de seu porte e do potencial poluidor-degradador. Essa licença tem o prazo máximo de vigência de 5 anos. Quando ela vencer, o requerente deverá entrar com nova documentação e reiniciar o processo.
- LI – O prazo de validade deve ser, no mínimo, o estabelecido pelo cronograma de instalação do empreendimento ou da atividade, não podendo ser superior a 6 anos, independentemente do potencial poluidor-degradador.
- LO – O prazo de validade deve considerar os planos de controle ambiental relativos ao empreendimento, independentemente de seu porte e de seu potencial

poluidor-degradador, e deve ser, no mínimo, de 4 anos e, no máximo, de 10 anos. A renovação dessa licença deve ser requerida com antecedência mínima de 120 dias da expiração de seu prazo de validade, ficando automaticamente prorrogada até a manifestação definitiva do órgão ambiental competente.

As licenças podem ser expedidas isoladas ou sucessivamente, de acordo com a natureza, a característica e a fase do empreendimento ou da atividade.

Além disso, há outros tipos de licença, conforme apresentamos a seguir:

- Licença de alteração (LA) – Concedida para obras de ampliação, diversificação, alteração ou modificação de empreendimentos regularmente existentes.
- Licença de operação da alteração (LOA) – Após a mudança ser concluída, o interessado deve requerer a LOA.
- Licença simplificada (LS) – Concedida para atividades de micro e pequeno porte, sendo renovada periodicamente.

5.3.2 Estudo de impacto ambiental

A Resolução Conama n. 1/1986 estabelece, como estudo de impacto ambiental (EIA), análises específicas executadas por especialistas de diversas áreas, com emissão de dados técnicos detalhados a fim de facilitar o diagnóstico ambiental da área onde será o empreendimento. Para uma completa análise, é importante considerar os aspectos contidos nos meios físico, biológico e socioeconômico, além dos ecossistemas naturais.

O EIA deve apresentar uma análise dos impactos ambientais do projeto e de suas alternativas de remediação, por meio de identificação, previsão da magnitude e interpretação da importância dos prováveis impactos relevantes, devidamente discriminados.

Nesse estudo, devem constar também medidas mitigadoras dos efeitos negativos, determinando os equipamentos de controle, os meios de tratamento dos despejos e sua eficiência, bem como a elaboração dos programas de acompanhamento e de monitoramento de impactos.

5.3.3 Geoprocessamento

O geoprocessamento utiliza um conjunto de técnicas que visam coletar e compilar informações referentes às mudanças geográficas de qualquer natureza, assim como sua inter-relação com os demais eventos concomitantes a elas ou provenientes delas. Utilizando essas ferramentas, é possível traçar um rápido e representativo panorama das condições ambientais de determinada região.

Logo, o geoprocessamento consiste em uma forma de raciocínio espacial (Berry, 1993) que possibilita a observação de diversos indicadores que sinalizam parâmetros relativos à biodiversidade da região, como locais de desmatamento, erosão e poluição. Por meio dele, torna-se possível adotar medidas que objetivem proteger regiões vulneráveis à intervenção humana.

Assim, com as técnicas utilizadas, facilita-se a elaboração de estudos e diagnósticos.

A análise desses dados é fundamental antes de instalar qualquer empreendimento. Nesse sentido, o geoprocessamento pode ser usado como um método investigativo sobre a presença de passivos ambientais, bem como para a verificação dos níveis de contaminação dos solos, mediante a verificação de alguns aspectos, como:

- resistência à penetração oferecida pelo solo;
- atrito lateral e permeabilidade do subsolo;
- nível do lençol freático;
- pressão de infiltração de um líquido no subsolo.

O uso de métodos geofísicos na área ambiental se deve ao fato de que eles possibilitam ações não invasivas e limpas em tempo reduzido, pois não geram resíduos.

5.3.4 Educação ambiental

Segundo a Lei n. 9.795, de 27 de abril de 1999 (Brasil, 1999a), educação ambiental se refere a um processo por meio do qual o indivíduo e a coletividade constroem valores sociais, conhecimentos, habilidades, atitudes e competências voltadas para a conservação do meio ambiente e dos bens de uso comum do povo e essencial à sadia qualidade de vida e à sustentabilidade. Logo, ela tem por objetivo despertar a consciência ambiental, a fim de estimular a população a atuar de maneira sustentável.

As atividades vinculadas à Política Nacional de Educação Ambiental (PNEA) devem ser desenvolvidas na educação em geral e na educação escolar, por meio de ações como: desenvolvimento de estudos e pesquisas; capacitação de pessoas; produção e divulgação; acompanhamento e avaliação de material educativo.

A educação ambiental deve ser vista como uma educação politica, cuja finalidade é formar cidadãos ávidos por transformações e que busquem a melhoria na qualidade de vida de toda a população. A ideia proativa e empreendedora da educação ambiental implica a formação de uma nação que tem reflexão crítica – e, portanto, transformadora.

Nas atividades da PNEA são respeitados os princípios e os objetivos fixados pela Lei n. 9.795/1999. Dessa forma, a capacitação de recursos humanos volta-se para (Brasil, 1999a):

- a incorporação da dimensão ambiental na formação, na especialização e na atualização dos educadores de todos os níveis e modalidades de ensino;
- a incorporação da dimensão ambiental na formação, na especialização e na atualização dos profissionais de todas as áreas;
- a preparação de profissionais orientados para as atividades de gestão ambiental;
- a formação, a especialização e a atualização de profissionais da área de meio ambiente;
- o atendimento da demanda dos diversos segmentos da sociedade no que diz respeito à problemática ambiental.

Por sua vez, as ações de estudos, pesquisas e experimentações voltam-se para:

- o desenvolvimento de instrumentos e metodologias visando à incorporação da dimensão ambiental, de forma interdisciplinar, nos diferentes níveis e modalidades de ensino;
- a difusão de conhecimentos, tecnologias e informações sobre a questão ambiental;
- o desenvolvimento de instrumentos e metodologias, visando à participação dos interessados na formulação e na execução de pesquisas relacionadas à problemática ambiental;
- a busca de alternativas curriculares e metodológicas de capacitação na área ambiental;
- o apoio a iniciativas e a experiências locais e regionais, incluindo a produção de material educativo;
- a montagem de uma rede de banco de dados e imagens.

Para uma maior conscientização, a educação ambiental desenvolvida no âmbito dos currículos das instituições de ensino públicas e privadas deverá englobar:

- a educação básica (educação infantil, ensino fundamental e ensino médio);
- a educação superior;
- a educação especial;
- a educação profissional;
- a educação de jovens e adultos (EJA).

A educação ambiental pode ser não formal, com práticas educativas voltadas à sensibilização da coletividade sobre as questões ambientais e a organização e a participação na defesa da qualidade do meio ambiente, pelas quais o Poder Público, em níveis federal, estadual e municipal, deve incentivar:

- a difusão de programas, campanhas educativas e de informações acerca de temas relacionados ao meio ambiente, por intermédio dos meios de comunicação de massa;
- a coparticipação de empresas públicas e privadas no desenvolvimento de programas de educação ambiental em parceria com a escola, a universidade e as organizações não governamentais;
- a sensibilização sobre a importância das unidades de conservação e das populações tradicionais ligadas às unidades de conservação;
- a valorização do ecoturismo.

A coordenação da PNEA deve ficar a cargo de um órgão gestor, na forma definida pela regulamentação legal. São atribuições dessa entidade:

- definir diretrizes para a implementação em âmbito nacional;
- articular, coordenar e supervisionar planos, programas e projetos na área de educação ambiental em âmbito nacional;
- participar da negociação de financiamentos de planos, programas e projetos na área de educação ambiental.

Os estados, o Distrito Federal e os municípios, na esfera de sua competência e nas áreas de sua jurisdições, devem estabelecer diretrizes, normas e critérios para a educação ambiental, respeitando os princípios e os objetivos da PNEA.

A eleição de planos e programas para fins de alocação de recursos públicos vinculados à PNEA deve ser realizada levando-se em conta os seguintes critérios:

- conformidade com os princípios, os objetivos e as diretrizes da PNEA;
- prioridade dos órgãos integrantes do Sisnama e do Sistema Nacional de Educação (SNE);
- economicidade, medida pela relação entre a magnitude dos recursos a alocar e o retorno social propiciado pelo plano ou pelo programa proposto.

Por fim, os programas de assistência técnica e financeira relativos ao meio ambiente e à educação, em níveis federal, estadual e municipal, devem alocar recursos às ações de educação ambiental.

Quando o cidadão incorpora a ideia da educação ambiental, ele age de modo a zelar pelo meio ambiente, controlando, vigiando e compartilhando suas experiências. Nessa direção, um novo conhecimento é construído. Logo, a educação ambiental representa um instrumento ambiental porque provoca mudanças.

5.3.5 Mediação de conflitos

Os processos de apropriação e de utilização de recursos ambientais sempre envolvem os interesses da coletividade (defendido pelo poder público) e outros específicos que, mesmo legítimos, nem sempre estão em conformidade com os da coletividade. Para mediar conflitos, o órgão de meio ambiente, no exercício de sua competência mediadora, deve proporcionar condições para que os diferentes envolvidos tenham oportunidade de expor seus argumentos e fundamentos.

Nesse sentido, é importante que as alegações apresentadas tenham respaldo técnico. Por isso, é necessário estabelecer programas e manter procedimentos para monitorar e medir regularmente as principais características de operações que possam gerar impactos significativos sobre o meio ambiente.

O correto controle facilita a avaliação do desempenho ambiental, permitindo a comparação de dados entre duas situações. Assim, um desempenho positivo pode ser mais bem analisado quando é comparado com uma situação anterior.

Procedimentos dessa natureza devem incluir a documentação de informações para monitorar o desempenho, os controles operacionais pertinentes e a conformidade com os objetivos e as metas ambientais traçadas. A ausência de procedimentos de monitoramento não é admissível, pois as leis vigentes exigem um constante controle ambiental.

Sob essa ótica, um sistema de monitoramento é um instrumento que pode auxiliar nos seguintes aspectos:

- avaliação do desempenho;
- identificação das caracterísrticas ambientais que necessitam de intervenção;
- indução e auxílio na identificação da causa-raiz dos problemas encontrados;
- auxílio na melhoria do desempenho ambiental e da eficiência da gestão ambiental.

5.3.6 Planejamento ambiental

O planejamento como instrumento ambiental tem por objetivo facilitar a identificação dos aspectos negativos e pontuar quais são os impactos ocasionados. Efeitos adversos no meio ambiente podem ser causados pela disposição incorreta de resíduos e formas de energia ou, ainda, por meio de atividades desenvolvidas ou omitidas por colaboradores das empresas. Para prever essas situações, é necessário desenvolver planos de ação de controle e promover um monitoramento no sentido de que os riscos ambientais sejam identificados e controlados, e seus potenciais efeitos, minimizados.

O impacto advém do aspecto ambiental e ocorre pela interação inadequada ou indevida de produtos e/ou processos. No Quadro 5.2, apresentamos alguns exemplos de aspectos ambientais.

Quadro 5.2 – Identificação de aspectos ambientais

Atividade	Entrada	Saída	Tarefa	Aspecto
Lavagem de veículos	Água, desengraxantes, sujeira de veículo energia elétrica	Efluentes líquidos com contaminações diversas Resíduo sólido	Lavar veículos. Limpar área ao final do expediente.	Água, desengraxantes e sujeiras diversas. Efluente líquido com contaminações diversas. Resíduo sólido (sujeiras). Lavar veículos.
Estocagem de materiais	Inflamáveis (gasolina, diesel, óleos lubrificantes e outros)	Inflamáveis (gasolina, diesel, óleos lubrificantes e outros)	Efetuar a descarga de inflamáveis. Abastecer veículos. Conferir estoques.	Inflamáveis (gasolina, diesel, óleos lubrificantes e outros). Efetuar a descarga de inflamáveis. Abastecer veículos. Conferir estoques.

Fonte: Assumpção, 2007, p. 88.

Depois de serem analisados e identificados os aspectos ambientais, é necessário correlacioná-los aos impactos ambientais. Por isso, é muito importante associar o tipo do aspecto ambiental ao tipo de impacto ambiental, à temporalidade, ao regime e à incidência, para, assim, dispor de um documento que relaciona todas as variáveis que interferem nas questões ambientais. A esse respeito, no Quadro 5.3, a seguir, trazemos uma relação dos aspectos ambientais e seus respectivos impactos considerando o ambiente dos postos de combustível.

Quadro 5.3 – Relação dos aspectos ambientais e dos impactos ambientais em postos de combustível

Aspecto ambiental	Impacto	Regime	Incidência	Serviço	Colaborador	Meio físico
Descarga de combustível	Poluição por risco de incêndio	Emergencial	Direta	Diário	Direta	Indireta
Limpeza de tanques de armazenamento	Poluição dos aquíferos	Anormal	Direta	Mensal	Direta	Direta
Armazenamento de água da chuva	Poluição dos aquíferos	Anormal	Direta	Mensal	Direta	Direta

Fonte: Elaborado com base em Assumpção, 2007.

As indicações referentes às normas apontam que um aspecto significativo advém de um impacto significativo, porém, elas não estabelecem parâmetros para definir o que seria um impacto dessa natureza, o que fica a critério da organização. Portanto, é importante verificar se o aspecto em análise está relacionado a algum requisito legal ou a algum outro, para depois definir a sua significância.

5.3.7 Auditoria ambiental

A auditoria ambiental, compulsória ou voluntária, consiste em uma investigação documentada, independente e sistemática de procedimentos, documentos e registros relacionados ao meio ambiente. É compulsória quando é exigida pelo governo, por algum consumidor ou por organizações financeiras (La Rovere et al. 2006).

O objetivo da auditoria ambiental é avaliar as práticas operacionais que apresentam risco ambiental para averiguar sua adequação a critérios como requisitos legais, normas técnicas e práticas e procedimentos desenvolvidos ou estabelecidos pela organização.

Ela pode ser classificada de diversas formas, de acordo com sua natureza ou finalidade, conforme exposto no Quadro 5.4.

Quadro 5.4 – Exemplos de auditorias ambientais

Tipo	Finalidade
De conformidade legal (*compliance*)	Associar a conformidade do local com a legislação.
De desempenho ambiental	Identificar a conformidade de acordo com a legislação, os regulamentos aplicáveis e os indicadores de desempenho.
De sistema de gestão	Avaliar a conformidade do Sistema de Gerenciamento Ambiental (SGA) da empresa.
De descomissionamento	Avaliar a possibilidade de ocorrência de danos ao ecossistema e à população do entorno, por ocasião de desativação ou paralisação definitiva de atividades.

(continua)

(Quadro 5.4 – conclusão)

Tipo	Finalidade
De acompanhamento	Avaliar se as condições estabelecidas na certificação continuam sendo cumpridas.
De verificação de correções	Avaliar se as não conformidades detectadas foram corrigidas.
De certificação	Avaliar a conformidade do SGA da empresa com princípios contidos em normas aplicáveis.
De sítios	Analisa o estágio de contaminação de área específica.
De responsabilidade	Avaliar custos e riscos relacionados ao passivo ambiental da organização em ocasiões de fusão, aquisição ou refinanciamento de empresas.
Compulsória	Obedecer às exigências legais referentes à realização de auditoria ambiental.
Pontual	Otimizar a gestão de recursos e melhorar a eficiência do processo produtivo, a fim de minimizar a geração de resíduos e o custo com energia e insumos.

Fonte: Elaborado com base em Almeida; Mello; Cavalcanti, 2000; La Rovere et al., 2001; Philippi Jr.; Aguiar, 2004.

As auditorias de responsabilidade, por exemplo, têm sido solicitadas nos casos de fusões e aquisições de empresas. Para a concessão de empréstimos financeiros, os organismos internacionais solicitam auditorias ambientais.

Nesse sentido, as auditorias são importantes para uma organização, uma vez que estabelecem critérios de emergência, minimizam a produção de resíduos sólidos, líquidos e gasosos, asseguram aos investidores que as medidas de proteção ambiental estão sendo tomadas para controlar possíveis acidentes e detectam e corrigem maus procedimentos, além de aumentar a credibilidade externa.

Por isso, uma auditoria ambiental é usada para efetivar políticas de minimização dos impactos ambientais das empresas e da poluição ambiental e é, dos instrumentos de gestão ambiental, o que mais se destaca. Além disso, ela representa o retrato do desempenho ambiental da empresa em determinado momento. Por meio dela, torna-se possível verificar se o empreendimento está atendendo aos padrões ambientais estabelecidos pela legislação vigente.

É possível, ainda, verificar o SGA de uma organização, procurando adequar seu processo produtivo ao que é legalmente exigido. Dessa forma, a auditoria possibilita a preocupação proativa de buscar melhores alternativas para o uso de insumos e produtos que possam ser menos agressivos ao meio ambiente. Ela também permite a identificação de áreas de risco e de desvio no cumprimento das normas padronizadas, apontando tanto os pontos fortes da operação quanto os fracos.

Muitas empresas desenvolvem suas auditorias de forma sigilosa, supervisionada por seus representantes legais, a fim de se resguardarem de eventuais problemas em relação à comunidade e aos órgãos governamentais. Esses casos são discutidos apenas pela alta direção.

Existem, ainda, organizações que distribuem seus relatórios a gerentes e discutem seus resultados com os representantes da comunidade, buscando promover um relacionamento transparente no que diz respeito às questões ambientais.

Com efeito, a auditoria ambiental é uma atividade administrativa que compreende a documentação e a avaliação de como a organização se encontra quanto às questões ambientais. Por isso, ela deve ser realizada periodicamente com o objetivo de assegurar que a planta industrial esteja dentro dos parâmetros exigidos pela legislação ambiental. Assim, as atividades usualmente auditadas são as seguintes:

- responsabilidades, organização e planejamento de tarefas;
- política, acompanhamento e relatório das ações;
- conscientização de pessoal e treinamento;
- relações com os fornecedores, os órgãos públicos e a comunidade;
- adequação à legislação;
- aspectos e impactos ambientais;
- tratamento da poluição e economia de recursos;
- manutenção preventiva.

As auditorias podem ser divididas em três partes: pré-auditoria, auditoria e pós-auditoria. A primeira é de responsabilidade da área ambiental da empresa e, nela, faz-se necessário contar com o apoio e o envolvimento da alta direção, assim como estabelecer uma correta comunicação com os demais setores da organização, deixando claros elementos como metodologia, objetivos e procedimentos a serem adotados.

A periodicidade das auditorias varia conforme a organização que as adota. É possível dividir os setores da empresa em função dos riscos, auditando, assim, aquilo que deve ser verificado com maior frequência em contraposição àquilo que pode ser feito de forma mais branda e em períodos mais espaçados. Todas essas possibilidades são de responsabilidade da equipe de auditoria.

O tamanho dessa equipe é variável. Ela pode ser representada por especialistas, auditores, representantes da unidade auditada, representantes de outras unidades da empresa e consultores externos.

Além disso, pode ser realizada por vários meios: visitas, inspeção, questionários, entrevistas e revisão de documentos. Esses métodos permitirão avaliar o local auditado. As atividades de campo incluem cinco fases: (1) entendimento dos controles; (2) avaliação dos controles; (3) coleta de dados; (4) avaliação dos resultados; e (5) relatório preliminar dos resultados.

Por fim, a pós-auditoria é realizada por relatório final e deve ser elaborada como resultado de um trabalho de discussão entre a equipe auditora e os representantes da organização para delimitar um plano de ação.

5.4 Gestão ambiental

O avanço tecnológico alcançado no século XX foi, sem dúvida, superior a todo o progresso do homem ao longo de sua história. Por esse viés, é até contraditório pensar que, a cada passo dado, deixamos para trás agressões consideráveis ao meio ambiente (Roth, 1996).

A gestão ambiental representa uma tomada de decisão coerente que deve ter resultado positivo sobre questões ambientais. Todos os empreendimentos causam um impacto na natureza. Por isso, é necessário tomar decisões que melhorem o desempenho sustentável das organizações e é fundamental que elas estejam embasadas em três fatores: (1) ecológico, (2) econômico e (3) não tangível (como ética, estética, cultura etc.).

Com uma boa gestão, é possível diminuir custos diretos por meio da minimização de desperdícios de matérias-primas e de recursos naturais, como água e energia. Da mesma forma, torna-se viável diminuir custos indiretos, resultantes de sanções e indenizações relacionadas ao reparo de danos causados ao meio ambiente e/ou à saúde de colaboradores e da população próxima das unidades de produção da empresa.

A gestão ambiental é um instrumento importante para as organizações em suas relações com os consumidores, fornecedores e agências governamentais, pois se trata de uma ferramenta utilizada para sistematizar as operações organizacionais de acordo com as exigências do mercado e da legislação vigente.

Sob essa ótica, fazem parte da gestão ambiental ações proativas e reativas, adotadas por meio de técnicas para a recuperação de áreas degradadas e de reflorestamento, bem como pela elaboração de estudo e de relatório de impacto ambiental.

Na prática, a gestão ambiental é essencial no Brasil, tendo em vista não somente a base constitucional (art. 225 da Constituição Federal de 1988), que garante um meio ambiente equilibrado a todos os brasileiros, mas também toda a política ambiental desenvolvida pelo Estado em matéria de gestão ambiental.

No âmbito federal, o MMA desempenha um papel mediador, tendo como função esperada conciliar os interesses de conservação ambiental com os demais interesses da sociedade.

Nesse sentido, para debater as questões associadas à conservação do meio ambiente, o Conama, por exemplo, conta com a participação da sociedade civil e de representantes de ONGs ambientalistas, além de representantes do setor privado.

5.4.1 Sistema de Gestão Ambiental (ISO 14000)

Viterbo Junior (1998, p. 51) define *gestão ambiental* como a "maneira como a organização administra as relações entre suas atividades e o meio ambiente que as abriga, observadas as expectativas das partes interessadas".

Por sua vez, Valle (2002, p. 29) a interpreta como "o conjunto de medidas e procedimentos bem definidos que, se adequadamente aplicados, permitem reduzir e controlar os impactos gerados por um empreendimento ao meio ambiente".

A preocupação quanto aos impactos ambientais causados por atividades industriais é resultado de uma associação de fatores (já mencionados nos capítulos anteriores) que faz surgir a necessidade de se promover um gerenciamento eficaz entre desenvolvimento e fatores ambientais, uma vez que qualquer empresa, indústria ou prestadora de serviços, após iniciar sua atividade, também acarreta a deterioração de seu entorno.

O crescente interesse e o clamor público por questões ambientais facilitaram a implantação do Comitê Técnico 207, pela Organização Internacional para Padronização (ISO), com a tarefa de elaborar uma série de normas direcionadas ao meio ambiente.

Assim, a Norma BS 7750 serviu de ferramenta para assegurar e verificar que os efeitos de produtos, atividades e serviços de determinado empreendimento estejam de acordo com as questões ambientalmente corretas conforme a legislação (Ambiente Brasil, 2020). Nessa norma, estavam especificados os elementos básicos de um SGA, que contemplava (Ambiente Brasil, 2020):

- compromisso da alta direção;
- política ambiental;
- organização e pessoal;
- avaliação, controle operacional e registro dos efeitos;
- identificação de legislação aplicável;
- objetivos, metas e manuais de gerenciamento;
- programa de gerenciamento, auditorias e revisões.

Ao contrário da Norma BS 7750, as normas da Série ISO 14000 são internacionais, pois foram desenvolvidas por uma organização com sede em Genebra, na Suíça, especializada em normas técnicas. Elas possuem aproximadamente 180 Comitês Técnicos (TC) referentes às mais variadas áreas.

O responsável pela elaboração da Série ISO 14000 é o TC-207, que auxilia a organização a tratar do meio ambiente de forma sistemática, melhorando seu desempenho e tendo como princípio a proteção dos colaboradores por meio do cumprimento de toda a legislação e de seus regulamentos.

A norma prevê, ainda, o estabelecimento de metas e objetivos que devem ser acompanhados em auditorias internas e em avaliações da alta administração, conferindo especial atenção à comunicação com todas as partes interessadas.

Assim, a NBR ISO 14001/2015, da Associação Brasileira de Normas Técnicas (ABNT), estimula o gerenciamento dos aspectos ambientais do empreendimento, com o objetivo de promover o cumprimento de requisitos legais, principalmente voltados ao licenciamento ambiental (ABNT, 2015). Essa norma envolve todos os membros e todos os *stakeholders* da organização (clientes, funcionários, acionistas, fornecedores e sociedade).

Seu foco reside na ação e no pensamento proativo, em vez de uma reação a comandos e a políticas de controle do passado. A esse respeito, segundo Seiffert (2005), o SGA previsto pela norma contém os seguintes elementos:

- uma política ambiental suportada pela alta administração;
- a identificação dos aspectos ambientais e dos impactos significativos;
- o reconhecimento de requisitos legais e de outros âmbitos;
- o estabelecimento de objetivos e metas que suportem a política ambiental;
- um programa de gerenciamento ambiental;
- a definição de papéis, responsabilidades e autoridades;
- o treinamento e o conhecimento dos procedimentos;
- um processo de comunicação do SGA com todas as partes interessadas;
- os procedimentos de controle operacional;
- os procedimentos para emergências;

- os procedimentos para monitorar e medir as operações que têm um significativo impacto ambiental;
- os procedimentos para corrigir não conformidades;
- os procedimentos para gerenciamento dos registros;
- os programas de auditorias e de ação corretiva;
- os procedimentos de revisão do sistema pela alta administração.

Assim, a conscientização sobre os aspectos ambientais proporciona uma vantagem competitiva da organização com relação às demais. Dessa forma, os produtos terão uma produção mais coerente, em virtude do controle e da minimização dos desperdícios.

A partir do momento em que um consumidor tem a oportunidade de escolher entre dois produtos com preço e qualidade similares, em função de uma consciência ambiental fundamentada na educação ambiental, certamente ele dará prioridade a produtos que não comprometam o meio ambiente.

Apesar de sua implantação voluntária, a ISO 14000 está sendo bastante procurada. Essa série de normas dá ênfase ao melhoramento contínuo, o que proporciona economias crescentes à medida que o sistema estiver em funcionamento.

Nesse cenário, o SGA pode ser considerado uma ferramenta com a qual a organização gerencia suas obrigações, identifica suas falhas e providencia soluções administrativas plausíveis para as remediações. Na elaboração, produtos químicos devem ser identificados como aspectos ambientais, e os parâmetros estabelecidos pela NBR 7500/2017 – identificação para o transporte terrestre, manuseio, movimentação e armazenamento de produtos (ABNT, 2017a) – e pelo Decreto-Lei n. 96.044, de 18 de maio de 1988 (Brasil, 1988b) devem ser consultados.

5.5 Certificação ambiental

A certificação diz respeito a um procedimento pelo qual uma organização apresenta uma garantia escrita de que um produto, processo ou serviço está em conformidade com os requisitos específicos. Significa que o SGA da empresa foi avaliado por uma entidade independente, reconhecida por um organismo nacional de acreditação e considerada de acordo com os requisitos da Norma ISO 14001.

Levando-se em conta as questões comerciais, é possível afirmar que uma empresa que possui certificação está em harmonia com as leis nacionais e internacionais, melhorando os impasses relacionados a barreiras comerciais, não tarifárias. Assim, a certificação contribui para promover a melhoria ambiental por meio do atendimento a regulamentos e da atuação baseada em compromisso ambiental. É importante relacionar que a implantação da Série ISO 14000 é vantajosa tanto para a organização quanto para o consumidor, como podemos observar no Quadro 5.5, a seguir.

Quadro 5.5 – Pontos positivos da implantação da ISO 14000

Para a empresa	Entre empresa e consumidor
☐ Facilita o cumprimento da legislação. ☐ Estrutura uma política ambiental para toda a empresa. ☐ Reduz riscos referentes a acidentes ambientais. ☐ Favorece o reconhecimento do público e dos clientes para esforços direcionados à preservação ambiental. ☐ Melhora os métodos de gerenciamento. ☐ Minimiza o desperdício do uso de recursos naturais. ☐ Diminui a geração de efluentes e o custo com seu tratamento.	☐ Estabelece um laço de confiança com o produto fornecido pela empresa. ☐ Minimiza o risco de acidentes ambientais. ☐ Providencia informações recorrentes sobre os aspectos ambientais.

Fonte: Elaborado com base em Assumpção, 2007.

As organizações que respeitam os parâmetros legais referentes às questões ambientais e que apresentam procedimentos documentados compatíveis com os exigidos pelo órgão certificador podem solicitar certificados ambientais.

O Sistema Brasileiro de Certificação Ambiental é constituído por organizações credenciadas, por empresas certificadas e pelo Instituto Nacional de Metrologia, Qualidade e Tecnologia (Inmetro), que é o organismo acreditador no Brasil.

Para que a certificação ocorra, é necessário contratar um Organismo de Certificação de Sistema de Gestão Ambiental (OCA) credenciado pelo Inmetro para conduzir e conceder a certificação de conformidade com base na norma ISO 14001.

A certificação pode ser aplicada a qualquer atividade econômica, pública ou privada, principalmente em empreendimentos potencialmente poluidores, como indústrias e agroindústrias, pois esse sistema possibilita que a organização controle e minimize os riscos ambientais associados a suas atividades.

A adoção da certificação por uma organização demonstra sua preocupação com o meio ambiente, pois obriga a empresa a assumir posturas proativas com relação às questões ambientais e a ter capacidade técnica para se adaptar às mudanças que o mercado exigir.

As empresas certificadas são automaticamente associadas aos preceitos de sustentabilidade, o que aumenta a competitividade em um contexto de mercado globalizado por intermédio da melhoria de seu desempenho ambiental.

No entanto, isso não é valido para todas as empresas certificadas. A esse respeito, Tondovski (1999) relata situações em que a adoção de medidas meramente cosméticas no trato de questões ambientais causou frustrações a seus gestores. Nesse cenário, as organizações se preparam para receber as auditorias e garantir seus certificados, ávidas por seus rótulos de excelência ambiental, sem atender à expectativa inicial da certificadora, isto é, manter uma boa conduta de gerenciamento ambiental.

Por isso, é bastante válido saber se as organizações estão seguindo as politicas ambientais necessárias e suficientes para garantir o compromisso com o meio ambiente ou se elas estão apenas fazendo propaganda de seus produtos com os certificados, sem realmente zelar pelo ambiente.

O certificado tem validade de três anos, sendo que no intervalo de seis meses a um ano devem ser realizadas auditorias de manutenção. Quando está certificada, a empresa passa a ter direito a usar o logotipo do organismo certificador.

Vale ressaltar que esse logotipo só pode ser usado em materiais de divulgação da entidade, e não na embalagem dos produtos, uma vez que é o sistema que está certificado, e não o produto.

Acessando o *site* do Ministério da Ciência, Tecnologia, Inovações e Comunicações (MCTIC), é possível verificar a evolução das certificações emitidas no país.

Síntese

Para melhorar a qualidade de serviços e produtos, as organizações precisam reavaliar continuamente seu comportamento organizacional. Sob essa ótica, o gerenciamento ambiental é um facilitador das questões legais.

Nesse cenário, a gestão ambiental consiste na adequação a leis, normas, instruções normativas, resoluções e decretos formulados com o objetivo de facilitar a solução de questões ambientais. Essas determinações escritas devem ser encaradas como instrumentos de transformação, pois a eficiência de um sistema de gestão está associada a ações que se traduzem em problemas resolvidos.

Logo, a gestão ambiental deve ser vista como uma abordagem integrada que procura reparar questões que interferem no meio ambiente por meio de interações entre diferentes sistemas, como o abastecimento de água e suas relações com os recursos hídricos. Nesse sentido, ela representa o ato de administrar as partes constitutivas do meio ambiente com o intuito de recuperar ou manter o equilíbrio entre a natureza e o homem.

Dessa forma, a redução de custos associados ao uso de energia, ao consumo de água e à reciclagem de produtos se faz necessária e deve permear as organizações quanto à consecução da política ambiental estabelecida pela legislação brasileira, em seus diversos níveis.

Atividades de autoavaliação

1. Com relação à Lei n. 12.305/2010, que instituiu a Política Nacional de Resíduos Sólidos, analise as alternativas e marque a **incorreta:**
    a) Essa lei não se aplica aos rejeitos radioativos, que são regulados por legislação específica, e está diretamente associada à origem do resíduo e à sua periculosidade.
    b) O passivo ambiental está associado aos impactos ambientais gerados por uma empresa e que não tenham sido controlados ao longo de sua operação, bem como aos investimentos e às obrigações necessários para corrigi-los.
    c) O correto gerenciamento de resíduos sólidos deve ser observado na seguinte ordem de prioridade: não geração, redução, reutilização, reciclagem, tratamento dos resíduos

sólidos e disposição final ambientalmente adequada dos rejeitos.
d) A Política Nacional dos Resíduos Sólidos estabelece uma meta de projeção para que em 2030 o Brasil seja um país sustentável, com elevada taxa de crescimento econômico por meio da redução das desigualdades urbanas e regionais e da melhoria do meio ambiente.
e) A elaboração do plano estadual de resíduos sólidos, nos termos previstos por essa lei, é condição para os estados terem acesso a recursos da União ou por ela controlados, destinados a empreendimentos e a serviços relacionados à gestão de resíduos sólidos ou para serem beneficiados por incentivos e financiamentos de entidades federais de crédito ou fomento para essa finalidade.

2. Considerando a Lei n. 12.305/2010, que instituiu a Política Nacional de Resíduos Sólidos e dispôs sobre a elaboração dos planos de resíduos sólidos, indique a alternativa correta:
   a) Os estados devem elaborar um plano de resíduos sólidos para que tenham acesso a recursos da União destinados a empreendimentos e a serviços relacionados à gestão de resíduos sólidos.
   b) A Política Nacional de Resíduos Sólidos é coordenada pelo Ministério das Cidades e elaborada mediante processo de mobilização e de participação social por meio da realização de audiências e de consultas públicas.
   c) A União priorizará o repasse de recursos para a gestão de resíduos sólidos aos municípios que possuam plano diretor de desenvolvimento urbano aprovado por lei municipal.

d) O município que detém um plano municipal de gestão integrada de resíduos sólidos estará isento de executar licenciamento ambiental de aterros sanitários.
e) A Política Nacional de Resíduos Sólidos mantém relação com a Politica Nacional de Recursos Hídricos, estabelecida pela Lei n. 12.187/1997, e com o Plano Nacional sobre Mudança do Clima, instituído pela Lei n. 12.187/2009.

3. Com relação aos conceitos previstos na Lei n. 11.445/2007, assinale a alternativa correta:
   a) A lei consiste na Politica Nacional de Recursos Sólidos e apresenta o plano nacional sobre mudanças climáticas.
   b) A Lei do Saneamento Básico foi um marco regulatório de infraestrutura instituído por essa lei, que estabeleceu diretrizes nacionais para o setor, além de regras e novos instrumentos de gestão, como a regulação e o planejamento para melhorar a eficiência das empresas operadoras.
   c) Essa lei fundamenta inúmeros instrumentos de gestão, inclusive os estudos de impacto ambiental e o relatório ambiental.
   d) Segundo essa lei, educação ambiental é um processo por meio do qual o indivíduo e a coletividade constroem valores sociais, conhecimentos, habilidades, atitudes e competências voltadas para a conservação do meio ambiente.
   e) O lixo originário de atividades comerciais, industriais e de serviços cuja responsabilidade pelo manejo não seja atribuída ao gerador não pode, por decisão do Poder Público, ser considerado resíduo sólido urbano.

4. Com relação ao estudo de impacto ambiental e ao relatório de impacto ambiental, analise as alternativas a seguir e assinale a **incorreta**:
   a) O EIA/Rima deve ser elaborado por profissionais legalmente habilitados.
   b) O custeio do EIA/Rima deve ser efetuado pelo empreendedor.
   c) É necessária a elaboração do EIA/Rima para as atividades consideradas potencialmente causadoras de significativa degradação ambiental.
   d) O EIA/Rima é um instrumento meramente compensatório ao dano causado por uma atividade.
   e) O licenciamento de atividades modificadoras do meio ambiente (como estradas de rodagem com duas ou mais faixas de rolamento) depende da elaboração de estudo de impacto ambiental e de seu respectivo relatório a serem submetidos à aprovação do órgão estadual competente e do Ibama em caráter supletivo.

5. O que são *instrumentos de gestão*?
   a) São procedimentos documentados a respeito de estudos de impacto ambiental, contendo um resumo sobre os efeitos relacionados ao meio artificial.
   b) São processos assegurados pela Lei n. 9.995/1999 e consistem em um processo por meio do qual o indivíduo e a coletividade constroem valores sociais, conhecimentos, habilidades, atitudes e competências voltadas para a conservação do meio ambiente.

c) São ferramentas que interferem negativamente nos processos de planejamento, bem como na operacionalização da gestão ambiental, de modo que esta possa ser integrada de maneira estratégica.
d) São métodos que visam auxiliar o processo de planejamento, bem como a operacionalização da gestão ambiental, de modo que esta possa ser integrada de maneira estratégica.
e) A investigação do passivo ambiental será um instrumento de gestão desde que o passivo tenha sido gerado nos últimos 12 meses. O objetivo da investigação é facilitar a operacionalização da gestão ambiental, de modo que esta possa ser integrada de maneira estratégica.

Atividades de aprendizagem

Questões para reflexão

1. Considerando a Resolução Conama n. 237/1997, reflita sobre os conceitos a respeito de licenciamento ambiental e elabore um comentário a respeito das informações necessárias para se obter um licenciamento ambiental.
2. Para uma organização, o que significa o Ibama delegar-lhe a competência de licenciamento ambiental?

Atividade aplicada: prática

1. Considere que uma empresa de gerenciamento de lixo compra material reciclado pelos valores estabelecidos na tabela a seguir.

   Valores de compra de material reciclado

Material	Valor pago por quilo
Latinha de alumínio	R$ 3,40
Garrafa PET	R$ 0,91
Papel reciclável misto	R$ 0,22

   Determine quantos quilos de cada material (individual) o colaborador deve recolher por mês para ganhar um salário mínimo nacional (no valor atual de R$ 1.045,00).

Capítulo 6

Aspectos sociais e econômicos

Neste capítulo, abordaremos as questões sociais e econômicas de forma bastante conceitual e dinâmica. Nosso objetivo geral será mostrar que o envolvimento de todas as pessoas e de todos os setores é essencial para uma sociedade ambientalmente responsável, além de que as ações individuais de cada município, estado ou país têm reflexo em todos os espaços geográficos e sociais do planeta.

Nesse sentido, aplicaremos conceitos e definições estabelecendo a inter-relação entre os aspectos sociais e econômicos, mostrando que só é possível modificar a atual condição ambiental por meio de esforços focados na educação, no respeito e na valorização dos profissionais que trabalham com reciclagem, considerados por muitos apenas coadjuvantes no sistema de gerenciamento de resíduos.

Finalizaremos este capítulo estabelecendo uma comparação entre os possíveis métodos de tratamento definitivos de resíduos sólidos associados a seus preços operacionais. O intuito será apresentar as possibilidades acessíveis para as organizações promoverem a destinação correta e definitiva dos resíduos, que vai muito além dos aterros sanitário e industrial.

6.1 Inventário ambiental

O inventário ambiental é um documento fundamental usado para minimizar os impactos decorrentes das atividades industriais. Foi disposto na Resolução Conama n. 6, de 15 de junho de 1988 (Brasil, 1988d), e estabelecia que as empresas deveriam apresentar informações sobre os resíduos gerados, determinando as responsabilidades dos órgãos estaduais de meio ambiente para a consolidação dos dados recebidos. Assim, por meio dessas informações, seria produzido o inventário nacional de resíduos sólidos.

Porém, essa resolução foi revogada, dando lugar à Resolução Conama n. 313, de 29 de outubro de 2002 (Brasil, 2002c), que serviu como subsídio para a elaboração de diretrizes nacionais e de programas estaduais, bem como para a implantação do Plano Nacional para Gerenciamento de Resíduos Sólidos Industriais, uma vez que o inventário é um instrumento fundamental de política que visa ao controle e à gestão de resíduos industriais no país.

O art. 4º da Resolução Conama n. 313/2002 determinou que, no máximo um ano após sua publicação, os mais variados setores industriais deveriam apresentar ao órgão estadual de meio ambiente informações sobre geração, características, armazenamento, transporte e destinação de seus resíduos sólidos.

Assim, essas informações deveriam ser apresentadas até novembro de 2003 e atualizadas a cada dois anos. Os órgãos ambientais estaduais, por sua vez, poderiam limitar o universo de indústrias a serem inventariadas, priorizando aquelas que mais geram resíduos e incluindo outras tipologias industriais, segundo as especificidades de cada Estado (Brasil, 2002c).

Já o art. 8º da resolução recomendou que as indústrias, após dois meses da publicação, deveriam registrar mensalmente e manter na unidade industrial informações sobre geração, características, armazenamento, tratamento, transporte e destinação dos resíduos gerados para efeito de manutenção dos dados para o Inventário Nacional dos Resíduos Industriais. Os órgãos ambientais estaduais deveriam repassar essas informações ao Instituto Brasileiro do Meio Ambiente e dos Recursos Naturais Renováveis (Ibama).

Na resolução, caracterizou-se a obrigação do Ibama e dos órgãos estaduais de meio ambiente de elaborar, até novembro de 2005, os Programas Estaduais de Gerenciamento de Resíduos Industriais, e até novembro de 2006, o Plano Nacional para Gerenciamento de Resíduos Industriais (Brasil, 2002c).

Entretanto, uma parte significativa das exigências da Resolução Conama n. 313/2002 não foi cumprida. Em 2004, o Ministério do Meio Ambiente (MMA) e o Ibama realizaram uma avaliação preliminar dos inventários de resíduos industriais estaduais e poucos estados (Acre, Ceará, Goiás, Mato Grosso, Minas Gerais, Pernambuco, Rio Grande do Norte e Rio Grande do Sul) os haviam apresentado. Outros órgãos estaduais que foram contemplados com recursos para a elaboração do inventário tiveram dificuldades na compatibilização de seus sistemas de informações com o modelo adotado pelo Ibama.

Em 18 de dezembro de 2012, considerando a necessidade de disciplinar a prestação de informações sobre o gerenciamento de resíduos sólidos, o Ibama publicou a Instrução Normativa n. 13, de 18 de dezembro de 2012 (Brasil, 2012d), que promoveu uma padronização da linguagem para formalizar a prestação de dados e facilitar o monitoramento, o controle, a fiscalização e a avaliação da eficiência da gestão e do gerenciamento de resíduos sólidos.

Essa instrução estabelece que todo empreendimento passivo da Taxa de Controle e Fiscalização Ambiental (TCFA) é obrigado a entregar até o dia 31 de março de cada ano um relatório das atividades exercidas referentes ao ano anterior, cujo padrão é disponibilizado pelo Ibama. O objetivo é colaborar com os procedimentos de controle e fiscalização, conforme art. 17 C, parágrafo 1º, da Lei n. 6.938, de 31 de agosto de 1981 (Brasil, 1981). Nessa instrução, está referenciada uma lista de resíduos sólidos, com codificação apropriada e destinos alcançados. Trata-se de um parâmetro para o cadastro técnico federal de atividades potencialmente poluidoras ou utilizadoras de recursos ambientais, para o cadastro técnico federal de atividades e instrumentos de defesa ambiental e para o cadastro nacional de operadores de resíduos perigosos.

A Instrução Normativa n. 13/2012 (Brasil, 2012d) estabelece, ainda, que todos os dados referentes a resíduos sólidos comunicados ao Ibama devem ser disponibilizados ao Sistema Nacional de Informações sobre a Gestão dos Resíduos Sólidos (Sinir) e ao Sistema Nacional de Informação sobre Meio Ambiente (Sinima), facilitando, assim, a análise das discrepâncias nas declarações das empresas por meio do cruzamento de informações de diversas fontes e vistorias técnicas para a averiguação dos dados declarados do Cadastro Técnico Federal do Ibama e do Licenciamento Ambiental Estadual.

Vale ressaltar que, no Brasil, conforme discutimos nos capítulos anteriores, o gerador é responsável pelo resíduo, segundo o art. 10 da Lei n. 12.305, de 2 de agosto de 2010 (Brasil, 2010d). Preferencialmente, os resíduos industriais devem ser tratados e depositados no local onde foram gerados, bem como ter destinação adequada, de acordo com as normas legais e técnicas vigentes.

6.2 Educação ambiental

Originalmente publicado na década de 1960, nos Estados Unidos, o livro *Primavera silenciosa*, da jornalista Rachel Carson (2010), foi um grande marco na história da educação ambiental mundial. Ele trata da produção química dos chamados *organoclorados* (DDTs), muito utilizados como pesticidas e conhecidos como poluentes orgânicos persistentes.

Esse livro representou um alerta sobre as ameaças que os poluentes químicos orgânicos representam. A obra aborda e enfatiza o ciclo natural de espécies dentro de uma cadeia alimentar, considerando o controle natural entre nascimentos e mortalidades, responsável pela existência e pela manutenção da biodiversidade. No entanto, devido à intervenção humana inconsequente e ambiciosa, esse ciclo natural é constantemente corrompido, gerando degradação e levando diversas espécies, inclusive a humana, a adoecerem e morrerem.

Assim, de forma poética, Carson (2010) mostra os impactos humanos sobre a Terra, em virtude da contaminação do ar, do solo, dos rios e dos mares, por meio de produtos perigosos e até letais. Esses materiais se referem a diversas substâncias químicas utilizadas para combater as chamadas *pragas* e que, ao final, também atingem outros fins: fixam-se no solo e penetram nos organismos vivos, causando toxicidade e múltiplos agravos em plantas, animais e humanos.

O clamor que se seguiu à publicação do livro fez com que o governo norte-americano proibisse o uso de DDTs e providenciasse mudança nas leis, por meio da criação, em

1970, da Agência de Proteção Ambiental Norte-Americana, impulsionando um movimento ambientalista bastante engajado.

No Brasil, foi na Constituição Federal de 1988, no art. 225, parágrafo 1º, inciso VI, que os conceitos de educação ambiental surgiram de forma explícita, com o objetivo de "promover a educação ambiental em todos os níveis de ensino e a conscientização pública para a preservação do meio ambiente" (Brasil, 1988a).

A educação ambiental representa um instrumento que facilita o desenvolvimento de politicas públicas ambientais e auxilia a gestão ambiental. Como apresentamos no Capítulo 5, no Brasil, o envolvimento legal associado à educação ambiental teve início formal a partir da Lei n. 9.795, de 27 de abril de 1999, que dispõe sobre a educação ambiental e dá outras providências (Brasil, 1999a). Mas é importante entender que as questões associadas à educação já vinham tomando força há muitos anos.

A referida lei conceitua a *educação* como um instrumento por meio do qual o indivíduo e a coletividade constroem valores sociais, conhecimentos, habilidades, atitudes e competências voltadas para a conservação do meio ambiente, bem de uso comum do povo, essencial à sadia qualidade de vida e à sua sustentabilidade (Brasil, 1999a). Assim, por meio da educação ambiental, é possível preparar cidadãos para a reflexão crítica e para a ação social corretiva e transformadora.

A educação ambiental é essencial e deve estar presente de forma articulada em todos os níveis e modalidades do processo educativo, em caráter formal e não formal.

Sob essa ótica, a reciclagem diz respeito a um conceito muito utilizado na abordagem da educação ambiental, principalmente pela fácil associação entre ela e a diminuição de lixo disposto na natureza, assim como entre as quantidades de energia e de matéria-prima que são utilizadas para a produção de novos produtos.

O grande objetivo da educação ambiental é desenvolver nos cidadãos a consciência dos problemas ambientais e estimulá-los a buscar soluções. Para a prática da educação ambiental, é necessário que ocorram as seguintes ações: mobilização, informação, sensibilização e ação.

6.3 O papel social da educação ambiental

A educação ambiental não está limitada apenas à conservação do meio ambiente. Ela é responsável, também, por proporcionar mudanças individuais e coletivas na busca de uma sociedade sustentável e solidária, por meio da mudança de valores e de atitudes.

Trata-se de um caráter estratégico do desenvolvimento sustentável, uma vez que a educação representa um produto social e um instrumento de transformação que estimulam a racionalidade moral e ecológica, promovendo a mudança de atitudes e a construção de valores. Nesse sentido, os indivíduos estão inseridos em uma sociedade interativa, que compartilha objetivos, regras e valores, na qual um exerce sobre os outros uma influência considerável, contribuindo para motivar a satisfação, a interatividade e a construção da identidade da nação.

Um bom exemplo de educação ambiental foi implementado no início da década de 1990 em Curitiba, no Paraná, onde a Prefeitura Municipal incentivou a população a separar o lixo de reciclagem do lixo orgânico. Com o jargão "Lixo que não é lixo não vai pro lixo" (Prefeitura Municipal de Curitiba, citada por Ferrara; Duarte; Caetano, 2007, p. 91), a cidade alcançou altos índices de segregação de rejeito para a reciclagem, aumentando o tempo de vida útil do aterro municipal do Caximba. Uma cartilha amplamente distribuída apresentou os personagens da "Família Folhas", criada pelo cartunista Ziraldo (Ferrara; Duarte; Caetano, 2007). A partir de 1991, a Família Folhas começou a realizar visitas a fim de conscientizar a população – principalmente as crianças – quanto à importância de separar o lixo corretamente e depositá-lo em locais e em horários preestabelecidos, com o propósito de facilitar a disposição final dos resíduos domésticos.

A campanha funcionou e, na realidade, ainda mostra sinais positivos de sua influência na população curitibana, pois a maioria dos habitantes da capital paranaense não mistura os lixos orgânico e reciclável. O interessante dessa campanha é que não houve um apelo ambiental pela conservação do planeta. Nesse sentido, ela foi muito mais simples: a educação ambiental promovida por esse projeto ensinava as crianças a separar o lixo em razão de motivos sociais, afinal, era necessário diminuir a quantidade de lixo nas ruas.

Assim, Curitiba foi pioneira no país a desenvolver os programas de coleta seletiva. Todo resíduo reciclável coletado era enviado à Unidade de Valorização de Resíduos Sólidos Recicláveis, gerenciada pelo Instituto Pró-Cidadania, ou aos depósitos de reciclagem, onde colaboradores faziam a separação, a pesagem, o enfardamento e a estocagem dos materiais para posteriormente serem vendidos como insumo para as indústrias de transformação.

6.4 A importância dos coletores

Considerado o quinto maior país gerador de lixo no mundo, o Brasil apresenta aproximadamente 3 mil áreas irregulares em operação em 1552 municípios, além de milhares de outros locais clandestinos (Abrelpe, 2016). Esses lugares inadequados são usados por trabalhadores sem condições reais de emprego, que enxergam nos materiais recicláveis uma forma de sobrevivência.

Esses trabalhadores – catadores de matérias reutilizáveis e recicláveis – desempenham uma fundamental importância na implantação da Política Nacional de Resíduos Sólidos (PNRS), pois atuam nas atividades da coleta seletiva, como triagem, classificação, processamento e comercialização dos resíduos reutilizáveis e recicláveis. A coleta seletiva realizada por esses profissionais é uma alternativa ambiental, econômica e social, pois proporciona uma economia de recursos. Estima-se que, com a coleta seletiva, ocorra uma diminuição de 74% da poluição do ar e de 35% na poluição da água, além de um ganho de energia de 64% (Magera, 2005).

A atuação desses trabalhadores é desenvolvida sobre condições precárias de trabalho e de maneira autônoma, pois eles desempenham suas funções de forma individual, coletando, de forma aleatória, em ruas e em locais de destino do lixo. Eventualmente, eles estão organizados de forma coletiva, por meio de cooperativas e associações.

Pesquisas realizadas pelo Instituto de Pesquisa Econômica Aplicada (Ipea, 2017) apresentam informações sobre como ocorre a organização dos catadores. Um estudo realizado pelo instituto em 2013 mostrou que a maior parte se encontra ainda na informalidade (40,3%), seguida pela forma de associação (31,3%) e de cooperativa (28,3%) (Ipea, 2017).

Dessa forma, podemos assumir que a reciclagem individual informal, as associações e as cooperativas de catadores estão diretamente ligadas aos moradores de rua, já que muitos desses indivíduos, após se juntarem a cooperativas, abandonaram as ruas (Magni; Günther, 2014).

Além disso, um estudo de Braz et al. (2014) revela que a maior parcela dos catadores pertence ao gênero feminino. Por sua vez, os homens não se "adaptam tão facilmente às condições trabalho, divisão dos ganhos e ao estabelecimento de horários, o que repele os catadores, que acabam optando pela catação individual" (Saueressig, 2015, p. 71).

Essa atividade profissional é reconhecida desde 2002 pela Classificação Brasileira de Ocupações (CBO). A atuação desses colaboradores tem impacto significativo na disposição dos resíduos em aterros sanitários, seja através do aumento do tempo de vida útil e pela diminuição da captação de recursos naturais, seja por meio do abastecimento das indústrias recicladoras.

A Lei n. 12.305, de 2 de agosto de 2010 (Brasil, 2010d), em seu art. 8º, estimula a criação e o desenvolvimento de cooperativas e de outras formas de associação de catadores de materiais recicláveis e reutilizáveis, determinando também que sua participação nos sistemas de coleta seletiva e de logística reversa deve ser priorizada. A mesma lei atribui, em seu art. 6º, o devido destaque à importância dos catadores na gestão integrada dos resíduos sólidos, estabelecendo como alguns de seus princípios o "reconhecimento do resíduo sólido reutilizável e reciclável como um bem econômico e de valor social, gerador de trabalho e renda e promotor de cidadania" e a "responsabilidade compartilhada pelo ciclo de vida dos produtos" (Brasil, 2010d).

A atividade de recolhimento de recicláveis no Brasil é essencial para o gerenciamento de resíduos sólidos, da mesma forma que é muito importante promover a inclusão social dos catadores. Em função disso, uma série de medidas indutoras na forma de leis, decretos e instruções normativas surgiu como fomento à atividade de catação. A esse respeito, no Quadro 6.1, apresentamos algumas instruções, decretos e leis que estimulam a valorização dos profissionais responsáveis pela coleta de resíduos sólidos recicláveis.

Quadro 6.1 – Marcos legais da atuação de catadores de materiais reutilizáveis e recicláveis

Ano	Legislação	Ações
2006	Decreto n. 5.940, de 25 de outubro de 2006 (Brasil, 2006)	Institui a separação dos resíduos recicláveis descartados por órgãos e entidades da administração pública federal direta e indireta, na fonte geradora, e sua destinação a associações e a cooperativas dos catadores de materiais recicláveis.
2007	Lei n. 11.445, de 5 de janeiro de 2007 (Brasil, 2007a)	Estabelece diretrizes nacionais para o saneamento básico. Altera a Lei n. 6.766, de 19 de dezembro de 1979; a Lei n. 8.036, de 11 de maio de 1990; a Lei n. 8.666, de 21 de junho de 1993; e a Lei n. 8.987, de 13 de fevereiro de 1995; revoga a Lei n. 6.528, de 11 de maio de 1978; e dá outras providências. Essa lei alterou o inciso XXVII do *caput* do art. 24 da Lei n. 8.666, de 21 de junho de 1993, tornando dispensável a licitação "na contratação da coleta, processamento e comercialização de resíduos sólidos urbanos recicláveis ou reutilizáveis, em áreas com sistema de coleta seletiva de lixo, efetuados por associações ou cooperativas formadas exclusivamente por pessoas físicas, de baixa renda reconhecida pelo poder público como catadores de materiais recicláveis, com o uso de equipamentos compatíveis com as normas técnicas, ambientais e de saúde pública" (Brasil, 2007a).
2010	Instrução Normativa n. 1, de 19 de janeiro de 2010 (Brasil, 2010f), da Secretaria de Logística e Tecnologia da Informação do Ministério do Planejamento, Orçamento e Gestão	Dispõe sobre os critérios de sustentabilidade ambiental na aquisição de bens, contratação de serviços ou obras pela Administração Pública federal direta, autárquica e fundacional.

(continua)

(Quadro 6.1 - conclusão)

Ano	Legislação	Ações
2010	Decreto n. 7.217, de 21 de junho de 2010 (Brasil, 2010a)	Regulamenta a Lei n. 11.445, de 5 de janeiro de 2007, que estabelece diretrizes nacionais para o saneamento básico.
2010	Lei n. 12.305, de 2 de agosto de 2010 (Brasil, 2010d)	Institui a PNRS; altera a Lei n. 9.605, de 12 de fevereiro de 1998, e dá outras providências.
2010	Decreto n. 7.404, de 23 de dezembro de 2010 (Brasil, 2010b)	Regulamenta a Lei n. 12.305, de 2 de agosto de 2010, que institui a PNRS, cria o Comitê Interministerial da Política Nacional de Resíduos Sólidos e o Comitê Orientador para a Implantação dos Sistemas de Logística Reversa.
2010	Decreto n. 7.405, de 23 de dezembro de 2010 (Brasil, 2010c)	Institui o Programa Pró-Catador; denomina o Comitê Interministerial para Inclusão Social e Econômica dos Catadores de Materiais Reutilizáveis e Recicláveis, reestruturando o Comitê Interministerial da Inclusão Social de Catadores de Lixo, criado por um decreto de 2003; dispõe sobre sua organização e funcionamento, e dá outras providências.
2010	Lei n. 12.375, de 30 de dezembro de 2010 (Brasil, 2010e)	Os estabelecimentos industriais farão jus, até 31 de dezembro de 2018, a crédito presumido do Imposto sobre Produtos Industrializados (IPI) na aquisição de resíduos sólidos utilizados como matérias-primas ou de materiais intermediários empregados na fabricação de seus produtos. Esse crédito somente poderá ser usufruído se os resíduos sólidos forem adquiridos diretamente de cooperativa de catadores de materiais recicláveis com número mínimo de cooperados pessoas físicas definido em ato do Poder Executivo, ficando vedada, nesse caso, a participação de pessoas jurídicas.

Fonte: Elaborado com base em Brasil, 2006; 2007a; 2010a; 2010b; 2010c; 2010d; 2010e; 2010f.

Incentivar a organização desses profissionais na forma de cooperativas e associações fortalece essa classe trabalhadora, facilita a organização produtiva por meio de princípios de autogestão, bem como oportuniza a geração de renda e de negócios, entre os quais podemos citar a comercialização em rede, a prestação de serviços, a logística reversa e a verticalização da produção (Guillerm; Bourdet, 1976).

Sob essa ótica, o Decreto n. 7.405/2010, instituiu o Comitê Interministerial para Inclusão Social e Econômica dos Catadores de Materiais Reutilizáveis e Recicláveis (CIISC) (Brasil, 2010c), reestruturando, com isso, o Comitê Interministerial da Inclusão Social de Catadores de Lixo (que havia sido criado pelo Decreto de 11 de setembro de 2003).

O Programa Pró-Catador, também instituído pelo Decreto n. 7.405/2010, tem por objetivo promover a integração, indicada pelo governo federal, de catadores de materiais reutilizáveis e recicláveis, destinada ao fomento e ao apoio à organização produtiva desses trabalhadores, como a melhoria das condições de trabalho, a ampliação das oportunidades de inclusão social e econômica, a expansão da coleta seletiva de resíduos sólidos e a reutilização e a reciclagem por meio da atuação desse segmento. A execução e o monitoramento do Programa Pró-Catador, com ações para a inclusão socioeconômica dos catadores, são coordenados pelo CIISC e visam estruturar e fortalecer as cooperativas e as associações de catadores de materiais recicláveis como empreendimentos solidários.

O Brasil também conta com o Projeto Cataforte, implantado por meio do Acordo de Cooperação Técnica firmado pelo MMA, em 2013, com a Fundação Banco do Brasil, a Fundação Nacional de Saúde (Funasa), o Ministério do Trabalho e Emprego e a Secretaria-Geral da Presidência da República. O objetivo do projeto é estruturação de negócios sustentáveis em redes solidárias por meio de apoio e fomento às ações de inclusão produtiva de catadores de materiais reutilizáveis e recicláveis.

O MMA integra, ainda, o Comitê Estratégico do Cataforte, instituído pela Portaria n. 40, de 31 de julho de 13, da Secretaria-Geral da Presidência da República, cujas atribuições são as seguintes: definir as diretrizes estratégicas do Projeto Cataforte; realizar o acompanhamento das ações; selecionar empreendimentos a serem apoiados no âmbito do projeto; aprovar os planos de negócios das redes e as demais ações a serem apoiadas pelo projeto (Brasil, 2013). O Projeto Cataforte se encontra em sua terceira fase de implantação, conforme pode ser observado no Quadro 6.2.

Quadro 6.2 – Fases do Projeto Cataforte (2013)

Fases do projeto	Características do projeto
Primeira	Fortalecimento do associativismo e do cooperativismo dos catadores de materiais recicláveis (início em 2009).
Segunda	Foco na logística solidária, ou seja, no fortalecimento da infraestrutura de logística das cooperativas e das associações em rede, aprimorando as capacidades operacionais desses empreendimentos (início em 2010).
Terceira	Implementação destinada à estruturação de negócios sustentáveis em redes solidárias de empreendimentos de catadores de materiais recicláveis, visando a avanços na cadeia de valores e à inserção no mercado da reciclagem (início em 2013).

Fonte: Elaborado com base em MNCR, 2013.

Além dos projetos já citados, o MMA é demandante da oferta de cursos do Programa Nacional de Acesso ao Ensino Técnico e Emprego (Pronatec), em sua modalidade Pronatec Catador, sendo que essa agenda é coordenada pela Secretaria de Articulação Institucional e Cidadania (SAIC) por meio de seu Departamento de Cidadania Ambiental e Responsabilidade Socioambiental.

Por fim, na esteira dos avanços legais que incentivam e protegem a atuação dos catadores, vela citar, também, o Decreto n. 5.940/2006, que "institui a separação dos resíduos recicláveis descartados pelos órgãos e entidades da administração pública federal direta e indireta, na fonte geradora, e a sua destinação às associações e cooperativas dos catadores de materiais recicláveis" (Brasil, 2006).

Todas essas leis, projetos e programas têm o objetivo de fortalecer a classe trabalhadora dos catadores de materiais recicláveis, profissionais que são especialmente importantes para a coleta seletiva dos municípios. Infelizmente, até os dias atuais, eles permanecem marginalizados, não são pagos pelos municípios aos quais pertencem, tampouco gozam de benefícios ou assistência; apenas trabalham e sobrevivem dos restos de uma sociedade injusta.

6.5 Aspectos sociais e econômicos da gestão ambiental

O reconhecimento da fragilidade do ecossistema e da necessidade de promover a manutenção do equilíbrio ambiental, considerando-se tanto questões sociais como políticas, fez com que a sociedade procurasse por serviços que apresentam responsabilidade ambiental.

Essa responsabilidade social, econômica e ambiental teve início concreto em 1968, no chamado *Clube de Roma*, resultado da atuação de um grupo de cientistas, filósofos, industriais e economistas de diversos países preocupados com a poluição provocada pela atividade e pelo crescimento humano. Nas reuniões do Clube de Roma, foram discutidos temas relacionados à economia internacional, à política e, sobretudo, ao meio ambiente e ao desenvolvimento sustentável. Desses encontros, foi elaborado um relatório sobre o futuro da humanidade.

Esse documento é denominado *Limits to Growth* (Meadows et al., 1972) – *Os limites do crescimento* (tradução nossa) –, publicado em 1972, e abordou os grandes problemas que à época afligiam a humanidade, como pobreza, deterioração do meio ambiente, alienação da juventude, expansão humana descontrolada e falta de empregos.

Em 1969, os Estados Unidos criaram a *National Environmental Policy Act* (Nepa), lei que tornou obrigatória a elaboração de estudos de impactos ambientais (EIA) para qualquer atividade com potencial poluidor. Como consequência dessa ação, foi criada a Agência de Proteção Ambiental, órgão regulador das questões ambientais naquele país. Com isso, diversas leis importantes foram promulgadas, destacando-se as seguintes:

- Lei do ar puro;
- Lei da água pura;
- Lei de controle de substâncias tóxicas;
- Lei federal sobre inseticidas e fungicidas.

Nessa época, a preocupação ambiental apresentava-se fortemente reativa consistia em uma estratégia usada para corrigir os danos causados ao meio ambiente. Contudo, poucos esforços foram tomados para prevenir os impactos ambientais. O objetivo era tratar a poluição gerada durante os processos produtivos, sem uma programação específica que viabilizasse a adoção de medidas capazes de reduzir ou de eliminar os aspectos causadores dos impactos.

Na década seguinte, o Seminário de Founex, realizado em 1971, na Suíça, apresentou o Painel de Peritos em Desenvolvimento e Meio Ambiente, que tratou dos problemas associados à deterioração ambiental. O relatório resultante desse seminário foi fundamental para consolidar as bases da Conferência das Nações Unidas sobre o Meio Ambiente Humano, realizada em 1972, em Estocolmo, na Suécia (Vieira, 1992).

Por ocasião dessa conferência, ficou claro que os países estavam preocupados em produzir a qualquer custo, e que a poluição era vista como decorrência natural do processo produtivo, como um símbolo do progresso e um preço a ser pago. Nesse sentido, a legislação da época se preocupava basicamente em punir os culpados. Sob essa perspectiva, podemos afirmar que a conferência foi marcada por duas linhas divergentes:

1. de um lado, os países desenvolvidos requeriam propostas internacionais de conservação de recursos naturais, além de medidas preventivas imediatas para evitar desastres ambientais;
2. de outro, os países em desenvolvimento, atolados na miséria, necessitavam se desenvolver economicamente.

O grande questionamento se referia, então, às recomendações dos países ricos que já haviam atingido seus poderios industriais por meio do uso predatório de recursos naturais durante séculos, deteriorando o meio ambiente. Justamente, foram essas nações que impuseram complexas exigências de controle ambiental, encarecendo e retardando o desenvolvimento almejado pelos países subdesenvolvidos.

É importante salientar ainda que, nessa conferência, foi firmado o conceito de *ecodesenvolvimento*, que defendia o crescimento baseado no potencial do ecossistema, na participação da comunidade, na diminuição de desperdícios e na reciclagem. Durante a conferência, a Assembleia Geral da Organização das Nações Unidas (ONU) criou o Programa das Nações Unidas para o Meio Ambiente (Pnuma). Entre os objetivos dessa iniciativa, citamos:

- facilitar a cooperação internacional no campo do meio ambiente;
- promover o desenvolvimento de conhecimento nessa área;
- monitorar o estado do ambiente global;
- chamar a atenção dos governos para problemas ambientais emergentes de importância internacional.

No final da conferência, foi firmada a necessidade de uma nova reunião internacional para discutir a educação ambiental, que ocorreu em Belgrado (antiga Iugoslávia) em 1975, na qual foi elaborada *A carta de Belgrado* (1994). Nesse documento, enfatizou-se a atenção para a necessidade de erradicar as causas da pobreza, do analfabetismo e da distribuição dos recursos no mundo.

Já no final da década de 1970, mais precisamente em 1978, surgiu na Alemanha o primeiro selo utilizado para a rotulagem de produtos considerados ambientalmente corretos: o selo verde, que recebeu o nome de *Anjo Azul*. Por meio desse selo, as empresas passaram a informar aos consumidores sobre os produtos comercializados que eram oriundos da reciclagem e que apresentavam baixa toxicidade – por exemplo, sem clorofluorcarbonetos (CFCs).

A partir dos anos 1980, a sociedade voltou a debater os problemas ambientais. Algumas empresas investiram em pesquisas para diminuir o uso de insumos, poupar dinheiro e aumentar suas vendas. A escassez de alguns recursos, associada à implementação de leis ambientais mais rígidas, obrigou muitas organizações a desenvolver sistemas de gestão enxutos para se manterem competitivas. Desse momento em diante, o ato de proteger o meio ambiente se revelou como uma oportunidade lucrativa.

Nesse cenário, em 1983, foi criada a Comissão Mundial sobre Meio Ambiente e Desenvolvimento, conhecida como *Comissão de Brundtland*, pela ONU. Por essa comissão, em 1987, foi publicado o *Relatório Brundtland*, com o título *Nosso Futuro Comum*

(CMMAD, 1988), no qual foi difundida a ideia de desenvolvimento sustentável, que incorporava os conceitos de responsabilidade comum ao processo de desenvolvimento econômico.

A mudança de postura industrial se tornou evidente mediante a multiplicação de selos verdes emitidos. Vale ressaltar que os primeiros selos verdes ainda se apoiavam em critérios simples, como a redução ou a eliminação de uma ou de mais substâncias poluentes mais significativas de determinado produto. De acordo com Reis (1996), os selos criados na década de 1980 foram os seguintes:

- *Environmental Choice* (em 1988, no Canadá);
- *White Swan* (em 1988, nos países nórdicos);
- *Eco Mark* (em 1989, no Japão).

Em 1988, o Anjo Azul, pioneiro entre os selos ecológicos, já era aplicado em 3500 produtos diferentes. Apesar de voluntário, o selo adquiriu força e induziu o consumidor a adquirir produtos ambientalmente corretos (Foelkel, 2020). Já na década de 1990, intensificou-se a criação dos selos verdes, atingindo tanto os países desenvolvidos quanto os em vias de desenvolvimento. Como exemplos, podemos citar (Reis, 1996):

- *NF-Environment* (em 1991, na França);
- *Eco Mark* (em 1991, na Índia);
- *Eco Mark* (em 1992, na Coreia do Sul);
- *Green Label* (em 1992, em Singapura).

As décadas seguintes representaram um estímulo a um novo grupo de rótulos ecológicos que visavam não apenas à eliminação de substâncias poluentes dos produtos, mas também a todo o processo produtivo.

Nesse sentido, a Resolução n. 44/228, de 22 de dezembro de 1989, da Assembleia Geral das Nações Unidas (AGNU), convocou os países do mundo todo para a Conferência Mundial das Nações Unidas sobre o Meio Ambiente e Desenvolvimento (CNUMAD), conhecida como *Cúpula da Terra* ou *ECO-92*, realizada no Rio de Janeiro, em 1992, e que contou com representantes de 172 países, inclusive 116 chefes de Estado. Nessa mesma ocasião, paralelamente à conferência, 4 mil entidades da sociedade civil do mundo todo organizaram o Fórum Global das ONGs* – a critério de comparação, na Conferência de Estocolmo, de 1972, foram aproximadamente 500 ONGs participantes. No fórum em questão, foram elaboradas quase quatro dezenas de documentos e planos de ação, demonstrando o grau de organização e de mobilização atingido pelas ONGs na década final do século XX.

As principais deliberações que resultaram da *Cúpula da Terra* foram as seguintes:

- **Declaração do Rio sobre o Meio Ambiente e Desenvolvimento** – Contém 27 princípios que orientam para um novo tipo de atitude do ser humano na Terra, por meio da proteção dos recursos naturais, da busca do desenvolvimento sustentável e de melhores condições de vida para todos os povos.
- **Agenda 21** – Contempla planos de ação a serem implementados por governos, agências de desenvolvimento, organizações da ONU e grupos setoriais independentes em cada área em que a atividade humana afeta o meio ambiente.

---

* Organização não governamental (ONG).

A execução da Agenda 21 deve levar em conta as diferentes condições dos países e das regiões, considerando todos os princípios contidos na Declaração do Rio sobre o Meio Ambiente e Desenvolvimento.

Na pauta desse documento, constam ações a longo prazo, com temas, projetos, objetivos, metas, planos e mecanismos de execução para diferentes temas da conferência. A Agenda 21 contém quatro seções, 40 capítulos, 115 programas e aproximadamente 2500 ações a serem implementadas. As seções dessa agenda abrangem os seguintes temas (Brasil, 1997b):

- **Dimensões econômicas e sociais** – Relacionam meio ambiente e pobreza, saúde, comércio, dívida externa, consumo e população.
- **Conservação e administração de recursos** – Referem-se ao gerenciamento de recursos para garantir o desenvolvimento sustentável.
- **Fortalecimento dos grupos sociais** – Dizem respeito à consolidação do apoio a grupos sociais organizados e minoritários que colaboram com a sustentabilidade.
- **Meio de implementação** – Busca caracterizar o papel das atividades governamentais e não governamentais no financiamento de questões sustentáveis.

Na esteira de todas essas iniciativas, a Convenção-Quadro das Nações Unidas sobre Mudança do Clima (UNFCCC) foi assinada em 1992, no Rio de Janeiro, por 154 Estados, refletindo uma preocupação global com o aquecimento do planeta Terra, seus efeitos sobre a sobrevivência do ser humano e as condições adversas sobre os ecossistemas. As questões associadas ao aquecimento do planeta, como resultado do aumento da concentração, na atmosfera terrestre, dos chamados *gases estufa* (principalmente, o gás carbônico emitido pela queima de combustíveis fósseis), arrastaram-se até a Conferência da ONU em Kyoto (Japão), em 1997.

Nessa conferência, foram discutidas temáticas especialmente relacionadas à questão da redução, por parte dos países industrializados (principais responsáveis pelo efeito estufa), de emissões a níveis próximos aos atingidos no ano de 1990. Ao final da conferência, foi elaborado o *Protocolo de Quioto*, assinado em 11 de dezembro de 1997 e ratificado em 15 de março de 1999 (Frangetto; Gazani, 2002).

Dez anos depois da primeira conferência, 97 governantes de todo o mundo se reuniram em Joanesburgo, na África do Sul, para a Segunda Conferência da Cúpula da Terra, a Rio+10, na qual foram discutidas maneiras de alcançar o desenvolvimento sustentável e diminuir a desigualdade social sem provocar danos ambientais.

Desde então, diversos países desenvolveram políticas ambientais e criaram agências de proteção ambiental, a fim de adotar uma postura preventiva, atendendo às necessidades humanas sem comprometer o desenvolvimento sustentável.

Para atingir tais finalidades, as organizações devem ter suas atividades planejadas segundo os conceitos de qualidade, produtividade e sustentabilidade ambiental, obtendo, assim, uma competitividade global. Todas as condições catastróficas desencadeadas por acidentes ambientais produziram uma mudança gradativa na postura de cidadãos e instituições, o que tornou possível o aprimoramento e o desenvolvimento de tecnologias de baixo impacto ambiental.

Portanto, podemos concluir que são muitos os motivos por meio dos quais uma organização deve investir em gerenciamento ambiental, como: exigência dos clientes; ampliação de mercado consumidor; cumprimento de leis; e diminuição de custos operacionais. Porém, é importante compreender que as mudanças ocorrem lenta e gradativamente.

6.5.1 O custo da reciclagem e da recuperação de resíduos sólidos industriais

O gerenciamento de resíduos demanda o estudo dos aspectos sociais e o planejamento de ações técnicas e operacionais racionais. Assim, o gerenciamento integrado de resíduos sólidos urbanos (RSU) deve envolver a administração pública e a sociedade civil com o objetivo de realizar a limpeza urbana, a coleta, o tratamento e a disposição final de acordo com o resíduo. Para isso, o planejamento precisa levar em consideração as características das fontes de produção, o volume e os tipos de resíduos gerados, a fim de determinar a melhor técnica de tratamento.

As políticas públicas incentivam a correta segregação dos RSU no intuito de promover a melhor forma de proceder ao tratamento mais adequado. Nesse sentido, os materiais residuais devem ser separados na fonte de produção pelos respectivos geradores e seguir passos específicos para remoção, coleta, transporte, tratamento e destino. Com base na Lei n. 12.305/2010, os geradores precisam se integrar à gestão dos resíduos em todas as etapas, inclusive no acondicionamento (Brasil, 2010d).

Acondicionar os resíduos sólidos significa prepará-los para a coleta de forma adequada, considerando-se o tipo e a quantidade de resíduos. O correto acondicionamento evita acidentes e a proliferação de vetores, minimiza o impacto visual e olfativo, reduz a heterogeneidade e facilita a coleta.

Quando mencionamos a necessidade de uma destinação correta do resíduo gerado, estamos enfatizando a importância de uma transformação sustentável. É bastante comum proceder ao tratamento com vistas à reutilização ou com o objetivo de tornar o resíduo inerte. No entanto, a diversidade de possibilidades deixa clara a necessidade de pesquisar o processo economicamente mais viável para a destinação.

Em termos práticos, os processos de tratamento de resíduos mais comuns consistem em:

- neutralização adequada para o resíduo de caráter ácido ou básico;
- secagem ou mistura adequada para resíduo com alto teor de umidade, o qual será misturado a materiais secos e inertes;
- encapsulamento, que consiste em revestir o resíduo com uma camada de resina sintética impermeável e de baixo índice de lixiviação;
- incorporação, por meio da qual os resíduos são misturados a uma massa de concreto ou de cerâmica ou a materiais combustíveis, em uma quantidade não racional nem prejudicial ao meio ambiente, após a queima e os processos de destruição térmica.

Vale ressaltar que não existem tratamentos economicamente viáveis para o lixo radioativo. A seguir, no Quadro 6.3, relacionamos alguns métodos de tratamento de resíduos.

Quadro 6.3 – Tratamento de resíduos e suas respectivas características

Tratamento	Características
Incineração	Sistema composto por duas câmaras de combustão: na primeira, resíduos sólidos e líquidos são queimados a uma temperatura que varia entre 800 °C e 1000 °C, com excesso de oxigênio, e transformados em gases, cinzas e escória; na segunda, os gases provenientes da combustão inicial são queimados a temperaturas da ordem de 1200 °C a 1400 °C; depois, os gases são rapidamente resfriados para evitar a recomposição das extensas cadeias orgânicas tóxicas e, em seguida, tratados em lavadores, ciclones ou precipitadores eletrostáticos, antes de serem lançados na atmosfera por meio de uma chaminé. A temperatura de queima não é suficiente para fundir e volatilizar os metais, os quais se misturam às cinzas, podendo ser separados destas e recuperados para comercialização. Os resíduos que contêm cloro, fósforo ou enxofre necessitam de maior permanência dos gases na câmara, bem como de sistemas de captação de resíduo gasoso. A vantagem dessa técnica consiste na destruição total da parcela orgânica, na redução média de 90% do volume inicial e na eliminação da periculosidade dos resíduos.

(continua)

(Quadro 6.3 – continuação)

Tratamento	Características
Fornos rotativos	Servem para destruir termicamente os materiais infectantes, porém são mais usados para resíduos industriais de classe I. São incineradores cilíndricos, com diâmetro de 4 m e comprimento de até quatro vezes o diâmetro, montados com uma pequena inclinação em relação ao plano horizontal. São capazes de atingir 1500 °C.
Pirólise	Processo de destruição térmica com absorção de calor e que ocorre na ausência de oxigênio. Por meio desse método, os materiais à base de carbono são decompostos em combustíveis e carvão. Além disso, ocorre uma redução substancial do volume dos materiais (cerca de 95%). A pirólise é muito utilizada no tratamento dos resíduos de serviços de saúde, dos quais o poder calorífico mantém determinada temperatura no processo. Em modelos de câmara simples, a temperatura gira na faixa dos 1000 °C; em câmaras múltiplas, ela varia entre 600 °C e 800 °C na câmara primária e entre 1000 °C e 1200 °C na câmara secundária. Esse processo envolve um elevado risco de contaminação do ar, pois gera dioxinas com a queima de materiais clorados existentes nos sacos de PVC e desinfetantes. Além disso, apresenta redução substancial do volume dos resíduos a serem dispostos (aproximadamente 95%). Por fim, tem como desvantagem o elevado custo de tratamento dos efluentes gasosos e líquidos, além de um alto custo operacional e de manutenção.

(Quadro 6.3 – continuação)

Tratamento	Características
Autoclavagem	Consiste em um sistema de alimentação que conduz os resíduos até uma câmara estanque na qual é criado vácuo e injetado vapor de água (entre 105 °C e 150 °C) sob determinadas condições de pressão. Os resíduos permanecem nessa câmara durante algum tempo até se tornarem estéreis, havendo o descarte da água, por um lado, e dos materiais, pelo outro. Não há garantia de que o vapor de água atinja todos os pontos da massa de resíduos, a não ser que seja efetuada uma trituração prévia à fase de desinfecção. A autoclavagem não produz efluentes gasosos, e o efluente líquido é estéril. Por fim, ela não reduz o volume dos resíduos.
Micro-ondas	Os resíduos são triturados, umedecidos com vapor a 150 °C e colocados continuamente em um forno de micro-ondas, no qual há um dispositivo para revolver e transportar a massa, assegurando que todo o material receba uniformemente a radiação das ondas. Esse processo não gera efluentes de qualquer natureza, apresenta custo operacional relativamente alto e não proporciona redução do volume de resíduos.
Radiação ionizante	Os resíduos, em sua forma natural, são expostos à ação de raios gama gerados por uma fonte enriquecida de cobalto 60 que torna inativos os microrganismos. A eficiência desse tratamento é questionável, uma vez que há possibilidades de que nem toda a massa de resíduos fique exposta aos raios eletromagnéticos. Por fim, na radiação ionizante, não ocorre diminuição do volume de lixo.

(Quadro 6.3 – continuação)

Tratamento	Características
Eletrotérmica	O resíduo triturado é exposto a um intenso campo elétrico de alta potência, gerado por ondas de radiofrequência. Nesse processo, os resíduos infectantes absorvem a energia elétrica do campo magnético, aquecem-se rapidamente e atingem temperaturas entre 90 °C a 100 °C, com tempo de residência médio de 15 minutos. As vantagens e as desvantagens desse processo são as mesmas do processo de micro-ondas, agravadas pela dificuldade de manutenção do equipamento.
Tratamento químico	Nesse processo, os resíduos são triturados e, em seguida, mergulhados em uma solução desinfetante, que pode ser hipoclorito de sódio, dióxido de cloro ou gás formaldeído. A massa de resíduos permanece nessa solução por alguns minutos, e o tratamento ocorre por contato direto.
Landfarming	Refere-se a um tratamento biológico no qual a parte orgânica do resíduo é decomposta por microrganismos presentes no solo. É muito usado na disposição final de derivados de petróleo e compostos orgânicos. Esse processo demanda áreas extensas, na medida em que as camadas, ainda que sucessivas, são pouco espessas. É instalado em regiões que apresentam pequenas variações de temperaturas e baixa incidência de chuvas.

(Quadro 6.3 – conclusão)

Tratamento	Características
Aterro industrial	São baseados em técnicas de soterramento de resíduos. Em um aterro industrial, são obrigatórios os sistemas de drenagem pluvial e a impermeabilização do leito, para evitar a contaminação do solo e do lençol freático. No caso do aterro para resíduo classe I, é necessária uma cobertura para proteger os materiais do contato com a água da chuva que percola por entre os resíduos, solubilizando e arrastando contaminantes.
Coprocessamento	Consiste no reaproveitamento de grandes quantidades de resíduos industriais como fonte de energia ou matéria-prima, sem geração de passivos ambientais em aterros. A mistura de resíduos com alto poder calorífico é enviada para fábricas de cimentos, nas quais ela é introduzida em fornos de fabricação, como forma de substituição energética ou de incorporação à matéria-prima.

Fonte: Elaborado com base em Genon; Brizio, 2008; Ibam, 2001; Scwarzenbach; Gschwend; Imboden, 1993.

A eficiência e o custo associado são fatores muito importantes para a escolha do tratamento mais adequado. Nesse sentido, na Tabela 6.1, a seguir, apresentamos um levantamento do tratamento de resíduos sólidos, considerando as faixas de custo de operação. É importante entender que os custos associados dependem das características dos resíduos e que nem todos os tratamentos apresentam valores operacionais fixos.

Tabela 6.1 – Preços operacionais estimados para o tratamento de resíduos sólidos em Curitiba em 2020

Tratamento	Tipo	Custo (R$/ton)
Processo	Incineração	600,00 a 720,00
	Pirólise	600,00 a 720,00
	Micro-ondas	480,00 a 720,00
	Coprocessamento	300,00 a 400,00
	Aterro industrial	100,00 a 300,00
Radiação	Radiação ionizante	300,00 a 340,00
	Eletrotérmica	300,00 a 360,00
Desinfecção	Autoclavagem	180,00 a 300,00
	Tratamento químico	140,00 a 200,00

No momento de definir o método de tratamento de resíduos, as vantagens e as desvantagens devem ser levadas em consideração, uma vez que a economia operacional, muitas vezes, não se revela como um parâmetro suficiente de escolha. Portanto, é fundamental optar pela maior eficiência do tratamento dos materiais, ou seja, pelo método que reduza o volume do resíduo e não gere efluentes líquidos ou gasosos.

Síntese

Todo empreendimento passivo da Taxa de Controle e Fiscalização Ambiental (TCFA) é obrigado a relatar as atividades exercidas no ano anterior, a fim de colaborar com os procedimentos de controle e fiscalização para constituir o sistema nacional de informações sobre a gestão dos resíduos sólidos e o sistema nacional de informações sobre o meio ambiente.

Nesse sentido, a implantação de uma educação ambiental forte permite o desenvolvimento de estratégias economicamente vantajosas para as empresas, protegendo-as de infrações legais e de despesas desnecessárias para reparar danos causados. Da mesma forma, a valorização e o fortalecimento de profissionais que trabalham com a reciclagem e a recuperação de resíduos sólidos é essencial para consolidar o sistema de gestão ambiental do país.

Atividades de autoavaliação

1. Com relação ao Cadastro Técnico Federal de Atividades Potencialmente Poluidoras, que constitui instrumento da Lei n. 6.938/1981, assinale a afirmativa correta:
   a) É gerenciado pelo Conselho Nacional do Meio Ambiente.
   b) O cadastro deve ser realizado de dois em dois anos.
   c) É gerenciado pelo Sistema Nacional de Meio Ambiente (Sisnama).
   d) Não é obrigatório para atividades potencialmente poluidoras.
   e) A Resolução Conama n. 313/2002 substituiu essa lei.

2. No livro *Primavera silenciosa*, da autora Rachel Carson, o perigo associado ao uso de inseticidas é enunciado em forma de poesia. Em relação a essa temática, assinale a alternativa correta:
   a) O uso de sulfato de cobre em plantações de uva, apesar de apresentar alta toxicidade ao homem, pode ser útil para o controle natural de pragas agrícolas.

b) Abordagens mais ecológicas no combate de pragas agrícolas devem intervir na causa do problema, em vez de tratar somente os sintomas (o aparecimento da praga, por exemplo), o que confere a tais abordagens um caráter preventivo.
c) O uso de agrotóxicos teve início em 1500, com o descobrimento do Brasil, como fica evidenciado pela denúncia feita pela escritora Rachel Carson sobre o uso de inseticidas.
d) O uso de organoclorados tem apresentado resultados promissores na estabilização de comunidades de insetos, passo importante para o controle natural de pragas agrícolas.
e) O desequilíbrio ocasionado pelo novo modelo agrícola, que objetiva a produção em massa e o lucro, não causa danos ambientais comprovados, tampouco danos à saúde da população que consome e aos trabalhadores.

3. A educação ambiental envolve a discussão sobre temas relacionados à conscientização da população quanto ao manejo sustentável. Sob essa ótica, assinale a alternativa que **não** apresenta um princípio da educação ambiental:
   a) Totalidade como categoria de análise fundamental em formação, análises, estudos e produção de conhecimento sobre o meio ambiente.
   b) Interdependência entre os meios natural, socioeconômico e cultural, sob o enfoque humanista, democrático e participativo; pluralismo de ideias e concepções pedagógicas.

c) Vinculação entre ética, educação, trabalho e práticas sociais, na garantia de continuidade dos estudos e da qualidade social da educação.
d) Articulação na abordagem de uma perspectiva crítica e transformadora dos desafios ambientais a serem enfrentados pelas atuais e pelas futuras gerações, nas dimensões local, regional, nacional e global.
e) Respeito à pluralidade e à diversidade individual, coletiva, étnica, racial, social e cultural, disseminando os direitos de existência e de permanência, bem como o valor da multiculturalidade e da plurietnicidade do país e o desenvolvimento da cidadania interplanetária.

4. Assinale a alternativa correta com relação à abordagem da educação ambiental nas instituições de ensino:
   a) Deve abranger um conteúdo curricular que enfatize a natureza como fonte de vida e que relacione a dimensão ambiental à injustiça social, aos direitos humanos, à saúde, ao trabalho, ao consumo e à pluralidade étnica, racial, de gênero e de diversidade sexual, bem como à superação do racismo e de todas as formas de discriminação e injustiça social.
   b) Deve abranger um conteúdo curricular integrada e transversal, contínuo e permanente, mas não referente a muitas áreas de conhecimento.
   c) Deve abranger o aprofundamento do pensamento crítico-reflexivo sem comprovação científica, socioeconômica, política e histórica com base na

dimensão socioambiental, valorizando a participação, a cooperação, o senso de justiça e a responsabilidade da comunidade educacional em contraposição às relações de dominação e de exploração presentes na realidade atual.

d) Deve abranger o incentivo à pesquisa e à apropriação de instrumentos pedagógicos e metodológicos que aprimorem as práticas discente e docente e a cidadania ambiental, além de estimular a constituição de instituições de ensino como espaços educadores sustentáveis, integrando proposta curricular e gestão democrática, tornando-as referências de sustentabilidade socioambiental.

e) Deve estimular e fortalecer a consciência crítica sobre a problemática ambiental e social. Para que a prática da educação ambiental funcione, é necessário mobilizar, informar, sensibilizar e distribuir alimentos.

5. Com relação à importância dos coletores de materiais recicláveis, assinale a alternativa correta:
   a) Esses trabalhadores individuais atrapalham a coleta seletiva de resíduos sólidos.
   b) Esses indivíduos acabam diminuindo o tempo de vida útil dos aterros sanitários.
   c) A atividade de recolhimento de recicláveis no Brasil é essencial para o gerenciamento de resíduos sólidos, da mesma forma que a inclusão social dos catadores é muito importante.

d) Não existem leis ou medidas que regulamentem a profissão de coletores de recicláveis.

e) Os catadores de matérias reutilizáveis e recicláveis não desempenham importância na implantação da Politica Nacional de Resíduos Sólidos.

Atividades de aprendizagem

Questões para reflexão

1. Considerando a Resolução Conama n. 313/2002, qual é a importância da elaboração do Inventário Nacional de Resíduos Sólidos Industriais?

2. Existem cooperativas ou associações de coletores de resíduos recicláveis na região onde você vive? Quantas? Quais são as condições dos colaboradores? Eles gozam de benefícios e de assistência pública?

Atividade aplicada: prática

1. Determinada empresa gera, por mês, 100 kg de resíduos de politereftalato de etileno. Esse produto é enviado para um aterro industrial há aproximadamente seis anos. Porém, o novo gestor da organização quer reciclar esse resíduo. Isso é possível? Durante esses seis anos, a empresa gastou, com destinação, o valor médio de R$ 186,00 por tonelada. Se o resíduo for vendido por R$ 0,90 para a reciclagem, qual será o lucro obtido?

Considerações finais

O desenvolvimento sustentável parece ser a única possibilidade para alinhar os meios físico, biológico e socioeconômico tanto em países desenvolvidos quanto naqueles em desenvolvimento, uma vez que as pessoas estão habituadas a um sistema de vida de conforto e comodidade. Quantos indivíduos estariam realmente dispostos a, em nome do meio ambiente, renunciar ao ar-condicionado, à fartura da produção agrícola regada a fertilizantes e a agrotóxicos, a limitar o uso de água encanada, a abrir mão do uso de elevadores e de escadas rolantes, dos móveis de madeira e dos utensílios de plástico?

Nesse sentido, a proteção ambiental precisa da participação de todas as esferas da sociedade, a fim de conscientizar a população quanto às limitações e às fragilidades dos recursos naturais que estruturam a vida na Terra. Somos meros gestores dos recursos naturais e dos elementos que regem a vida como um todo, e devemos administrá-los de modo a garantir condições compatíveis à sobrevivência das futuras gerações.

Sob essa ótica, o desenvolvimento tecnológico é uma ferramenta muito importante, já que possibilita o uso racional de recursos, além de propor medidas mitigatórias bastante relevantes. E o Brasil apresenta inúmeras propostas ambientais que são exemplos a serem seguidos, como a produção de combustível sustentável, o Projeto Couro Ecológico (desenvolvido na Floresta Nacional do Tapajós), o Movimento Interestadual das Quebradeiras de Coco Babaçu e o Grupo de Trabalho Amazônico, as quais provam que medidas empreendedoras podem gerar resultados bastante satisfatórios.

No âmbito das leis ambientais, é preciso entender que a justiça brasileira vem cumprindo o proposto na Constituição Federal de conciliar desenvolvimento ambiental e proteção ao meio ambiente de forma intransigente, fazendo o interesse público prevalecer sobre o particular. Nessa direção, o projeto de lei que propôs a implantação da Política Nacional de Resíduos Sólidos no Brasil, elaborado pelo Deputado Emerson Kapaz, constitui um dos instrumentos mais modernos na defesa do meio ambiente. Por fim, atualmente o direito ambiental desponta no cenário jurídico com identidade própria, e a nova postura, tão esperada em relação ao meio ambiente por parte da sociedade brasileira, está surgindo graças à educação.

Lista de siglas

Abas – Associação Brasileira de Águas Subterrâneas
ABNT – Associação Brasileira de Normas Técnicas
ACV – Análise do ciclo de vida
Adasa – Agência Reguladora de Águas, Energia e Saneamento Básico do Distrito Federal
AGNU – Assembleia Geral das Nações Unidas
ANA – Agência Nacional de Águas
Anda – Associação Nacional para a Difusão de Adubos
Anvisa – Agência Nacional de Vigilância Sanitária
Anvisa/RDC – Agência Nacional de Vigilância Sanitária/Resolução da Diretoria Colegiada
APA – Área de proteção ambiental
Arie – Área de relevante interesse ecológico
ASTM – American Society for Testing and Materials
BNDES – Banco Nacional de Desenvolvimento Econômico e Social
BSI – British Standards Institute
CBH – Comitê de Bacias Hidrográficas
CBO – Classificação brasileira de ocupações
CEEIBH – Comitê Especial de Estudos Integrados de Bacias Hidrográficas
Cetesb – Companhia Ambiental do Estado de São Paulo
CF – Constituição Federal
CFC – Clorofluorcarbono
CI – Comitê Interministerial

CIISC –Comitê Interministerial para Inclusão Social e Econômica dos Catadores de Materiais Reutilizáveis e Recicláveis
CL50 –Concentração letal média (concentração de uma substância que causa a mortalidade da metade de uma população em teste)
CNEN – Comissão Nacional de Energia Nuclear
CNUMAD – Conferência das Nações Unidas sobre o Meio Ambiente e Desenvolvimento
Conama – Comissão Nacional de Meio Ambiente
Conjur – Consultoria Jurídica
COP – Conferência das Nações Unidas sobre as Mudanças Climáticas
Copant – Comissão Panamericana de Normas Técnicas
CPDS – Comissão de Política de Desenvolvimento Sustentável
DDT – Dicloro-difenil-tricloroetano
DL50 – Dose letal média (dose necessária para matar 50% de uma população em teste)
DNA – Ácido desoxirribonucleico
DOU – Diário Oficial da União
ECO-92 – Conferência das Nações Unidas sobre o Meio Ambiente e o Desenvolvimento
EIA – Estudo de impacto ambiental
EJA – Educação de jovens e adultos
EPA – Agência de Proteção Ambiental
EPC – Equipamento de proteção coletiva
EPI – Equipamento de proteção individual
EPR – *Extended product responsibility*
ETA – Estação de tratamento de afluentes
ETE – Estações de tratamento de esgotos

Funasa – Fundação Nacional de Saúde
GA – Gestão ambiental
GLP – Gás liquefeito de petróleo
HCFC – Hidroclorofluorcarbono
HFC – Hidrofluorcarboneto
HCl – Ácido clorídrico
HF – Ácido fluorídrico
HPA – Hidrocarboneto polinuclear aromático
Ibama – Instituto Brasileiro do Meio Ambiente e dos Recursos Naturais Renováveis
IEC –International Electrotechnical Commission
Inmetro – Instituto Nacional de Metrologia, Qualidade e Tecnologia
Ipea –Instituto de Pesquisa Econômica Aplicada
IPI – Imposto sobre Produtos Industrializados
ISO – International Organization for Standardization
LED – Light emitting diode
LA – Licença de alteração
LI – Licença de instalação
LO – Licença de operação
LOA – Licença de operação da alteração
LP – Licença prévia
LS – Licença simplificada
Mapa – Ministério da Agricultura, Pecuária e Abastecimento
MCTIC – Ministério da Ciência, Tecnologia, Inovações e Comunicações
MD – Ministério da Defesa
MDL – Mecanismo de desenvolvimento limpo
Metec – Matsushita Eco Techonology Center

MI – Ministério da Integração Nacional
Minter – Ministério do Interior
MMA – Ministério do Meio Ambiente
MNCR – Movimento Nacional dos Catadores de Materiais Recicláveis
NBR – Norma Brasileira
Nepa – *National Environmental Policy Act*
NFPA – National Fire Protection Association
NR – Norma regulamentadora
OCA – Organismos de certificação de sistema de gestão ambiental
OMS – Organização Mundial da Saúde
ONG – Organização não governamental
ONU – Organização das Nações Unidas
Obati – Oleoduto Barueri-Utinga
Olapa – Oleoduto Araucária-Paranaguá
Opasa – Oleoduto Barueri-São Caetano do Sul
Osbat – Oleoduto São Sebastião-Paulínia
Ospar – Oleoduto Santa Catarina-Paraná
OSSP – Oleoduto Santos-São Paulo
Osvat – Oleoduto Guararema-Guarulhos
PAR – Poliarilato
PBH – Programa Brasileiro de Eliminação de HCFCs
PCDD – Dibenzodioxinas policloradas (do inglês *Polychlorinated dibenzodioxins*)
PCDF – Dibenzofuranos policlorados (do inglês *Polychlorinated dibenzofuran*)
PEAD – Polietileno de alta densidade
PEBD – Polietileno de baixa densidade

PGRS – Programa de Gerenciamento de Resíduos Sólidos
PEEK – Poli(éter-éter-cetona)
PET – Politereftalato de etileno
PGRS – Programa de Gerenciamento de Resíduos Sólidos
Plansab – Plano Nacional de Saneamento Básico
PNEA – Política Nacional de Educação Ambiental
PNGC – Plano Nacional de Zoneamento Costeiro
PNMA – Política Nacional do Meio Ambiente
PNMC – Plano Nacional sobre Mudança do Clima
PNRH – Política Nacional de Recursos Hídricos
PNRS – Política Nacional de Resíduos Sólidos
Pnuma – Programa das Nações Unidas para o Meio Ambiente
PP – Polipropileno
PPCS – Plano de Ação para Produção e Consumo Sustentáveis
PPRA – Programa de Prevenção de Riscos Ambientais
Prad – Projeto de Recuperação de Área Degradada
Pronatec – Programa Nacional de Acesso ao Ensino Técnico e Emprego
PS – Poliestireno
PSF – Polissulfona
PVC – Policloreto de vinila
Raias – Relatório de Ausência de Impacto Ambiental Significativo
Repar – Refinaria do Paraná
Revap – Refinaria Vale do Paraíba
RNA – Ácido Ribonucleico
Rima – Relatório de Impacto Ambiental
RSE – Responsabilidade Social Empresarial
RSI – Resíduo sólido industrial
RSS – Resíduo sólido da saúde

RSU – Resíduo sólido urbano
Saic – Secretaria de Articulação Institucional e Cidadania
Sema – Secretaria Especial do Meio Ambiente
SGA – Sistema de Gerenciamento Ambiental
Sinir – Sistema Nacional de Informações sobre a Gestão dos Resíduos Sólidos
Singreh – Sistema Nacional de Gerenciamento de Recursos Hídricos
Sinima – Sistema Nacional de Informação sobre Meio Ambiente
Sisnama – Sistema Nacional do Meio Ambiente
SMMA – Secretaria Municipal do Meio Ambiente (da Prefeitura de Curitiba)
SNE – Sistema Nacional de Educação
SNIRH – Sistema de Informações sobre Recursos Hídricos
SNIS – Sistema Nacional de Informações sobre Saneamento
SNVS – Sistema Nacional de Vigilância Sanitária
Suasa – Sistema Unificado de Atenção à Sanidade Agropecuária
TAC – Termo de ajustamento de conduta
TC – Comitê Técnico
TCFA – Taxa de Controle e Fiscalização Ambiental
Tefran – Terminal Aquaviário de São Francisco do Sul
TH – Trialometanos
TOC – Compostos orgânicos totais
UNFCCC – Convenção-Quadro das Nações Unidas sobre Mudança do Clima
Usepa – United States Environmental Protection Agency
UV – Ultravioleta
UV-B – Ultravioleta tipo B
UV-C – Ultravioleta tipo C

Referências

ABNT – Associação Brasileira de Normas Técnicas. **NBR 7500**: identificação para o transporte terrestre, manuseio, movimentação e armazenamento de produtos. Rio de Janeiro, 2017a.

ABNT – Associação Brasileira de Normas Técnicas. **NBR 8419**: apresentação de projetos de aterros sanitários de resíduos sólidos urbanos. Rio de Janeiro, 1992a.

ABNT – Associação Brasileira de Normas Técnicas. **NBR 8849**: apresentação de projetos de aterros controlados e resíduos sólidos urbanos. Rio de Janeiro, 1995a.

ABNT – Associação Brasileira de Normas Técnicas. **NBR 9191**: sacos plásticos para acondicionamento de lixo – especificação. Rio de Janeiro, 1993.

ABNT – Associação Brasileira de Normas Técnicas. **NBR 9800**: critérios para lançamento de efluentes líquidos no sistema coletor público de esgoto sanitário – procedimento. Rio de Janeiro, 1987.

ABNT – Associação Brasileira de Normas Técnicas. **NBR 10004**: resíduos sólidos – classificação. Rio de Janeiro, 2004a.

ABNT – Associação Brasileira de Normas Técnicas. **NBR 10005**: procedimento para obtenção de extrato lixiviado de resíduos sólidos. Rio de Janeiro, 2004b.

ABNT – Associação Brasileira de Normas Técnicas. **NBR 10006**: procedimento para obtenção de extrato solubilizado de resíduos sólidos. Rio de Janeiro, 2004c.

ABNT – Associação Brasileira de Normas Técnicas. **NBR 10007**: amostragem de resíduos sólidos. Rio de Janeiro, 2004d.

ABNT – Associação Brasileira de Normas Técnicas. **NBR 10703**: degradação do solo – terminologia. Rio de Janeiro, 1989.

ABNT – Associação Brasileira de Normas Técnicas. **NBR 11174**: armazenamento de resíduos classes II – não inertes e III – inertes – procedimento. Rio de Janeiro, 1990a.

ABNT – Associação Brasileira de Normas Técnicas. **NBR 11175**: incineração de resíduos sólidos perigosos – padrões de desempenho – procedimento. Rio de Janeiro, 1990b.

ABNT – Associação Brasileira de Normas Técnicas. **NBR 12235**: armazenamento de resíduos sólidos perigosos – procedimento. Rio de Janeiro, 1992b.

ABNT – Associação Brasileira de Normas Técnicas. **NBR 12807**: resíduos de serviços de saúde – terminologia. Rio de Janeiro, 2013a.

ABNT – Associação Brasileira de Normas Técnicas. **NBR 12808**: resíduos de serviços de saúde – classificação. Rio de Janeiro, 2016a.

ABNT – Associação Brasileira de Normas Técnicas. **NBR 12809**: resíduos de serviços de saúde – gerenciamento de resíduos de serviços de saúde intraestabelecimento. Rio de Janeiro, 2013b.

ABNT – Associação Brasileira de Normas Técnicas. **NBR 12810**: resíduos de serviços de saúde – gerenciamento extraestabelecimento – requisitos. Rio de Janeiro, 2020.

ABNT – Associação Brasileira de Normas Técnicas. **NBR 13221**: transporte terrestre de resíduos. Rio de Janeiro, 2017b.

ABNT – Associação Brasileira de Normas Técnicas. **NBR 13230**: embalagens e acondicionamento de plásticos recicláveis: identificação e simbologia. Rio de Janeiro, 2018a.

ABNT – Associação Brasileira de Normas Técnicas. **NBR 13463**: coleta de resíduos sólidos. Rio de Janeiro, 1995b.

ABNT – Associação Brasileira de Normas Técnicas. **NBR 13853**: coletores para resíduos de serviços de saúde perfurantes ou cortantes – requisitos e métodos de ensaio. Rio de Janeiro, 1997a.

ABNT – Associação Brasileira de Normas Técnicas. **NBR 13853-1**: recipientes para resíduos de serviços de saúde perfurantes ou cortantes – requisitos e métodos de ensaio: parte 1 – recipientes descartáveis. Rio de Janeiro, 2018b.

ABNT – Associação Brasileira de Normas Técnicas. **NBR 13894**: tratamento no solo (landfarming). Rio de Janeiro, 1997b.

ABNT – Associação Brasileira de Normas Técnicas. **NBR 13896**: aterros de resíduos não perigosos – critérios para projeto, implantação e operação. Rio de Janeiro, 1997c.

ABNT – Associação Brasileira de Normas Técnicas. **NBR 14283**: resíduos em solos – determinação da biodegradação pelo método respirométrico. Rio de Janeiro, 1999.

ABNT – Associação Brasileira de Normas Técnicas. **NBR 14598**: produtos de petróleo – determinação do ponto de fulgor pelo aparelho de vaso fechado Pensky-Martens. Rio de Janeiro, 2012.

ABNT – Associação Brasileira de Normas Técnicas. **NBR 14652**: implementos rodoviários – coletor-transportador de resíduos de serviços de saúde – requisitos de construção e inspeção. Rio de Janeiro, 2013c.

ABNT – Associação Brasileira de Normas Técnicas. **NBR 14652**: implementos rodoviários – coletor-transportador de resíduos de serviços de saúde – requisitos de construção e inspeção. Rio de Janeiro, 2019.

ABNT – Associação Brasileira de Normas Técnicas. **NBR 15113**: resíduos sólidos da construção civil e resíduos inertes – aterros: diretrizes para projeto, implantação e operação. Rio de Janeiro, 2004e.

ABNT – Associação Brasileira de Normas Técnicas. **NBR 16457**: logística reversa de medicamentos de uso humano vencidos e/ou em desuso – procedimento. Rio de Janeiro, 2016b.

ABNT – Associação Brasileira de Normas Técnicas. **NBR ISO 14001**: sistema de gestão ambiental – especificação e diretrizes para uso. Rio de Janeiro, 2015.

ABNT – Associação Brasileira de Normas Técnicas. **NBR ISO 14020**: rótulos e declaração ambientais – princípios gerais. Rio de Janeiro, 2002a.

ABNT – Associação Brasileira de Normas Técnicas. **NBR ISO 14040**: gestão ambiental: avaliação do ciclo de vida – princípios e estrutura. Rio de Janeiro, 2009a.

ABNT – Associação Brasileira de Normas Técnicas. **NBR ISO 14044**: gestão ambiental: avaliação do ciclo de vida – requisitos e orientações. Rio de Janeiro, 2009b.

ABNT – Associação Brasileira de Normas Técnicas. **NBR ISO 19011**: diretrizes para auditorias de sistema de gestão da qualidade e/ou ambiental. Rio de Janeiro, 2002b.

ABRELPE – Associação Brasileira das Empresas de Limpeza Pública e Resíduos Especiais. **Panorama dos resíduos sólidos no Brasil**. São Paulo: Abrelpe, 2016.

A CARTA de Belgrado. In: ESTADO DE SÃO PAULO. Secretaria do Meio Ambiente. **Educação ambiental e desenvolvimento**: documentos oficiais. São Paulo: A Secretaria, 1994. (Série Documentos). p. 11-13.

ADASA – Agência Reguladora de Águas, Energia e Saneamento Básico do Distrito Federal. **Informações técnicas e econômicas**. 2016. Disponível em: <http://www.adasa.df.gov.br/drenagem-urbana/informacoes-tecnicas-e-economicas>. Acesso em: 24 jun. 2020.

AGÊNCIA ESTADO. Apenas 22% dos resíduos industriais têm tratamento adequado. **O Estado de São Paulo**, 2 maio 2002. Disponível em: <https://ciencia.estadao.com.br/noticias/geral,apenas-22-dos-residuos-industriais-tem-tratamento-adequado,20020502p58968>. Acesso em: 24 jun. 2020.

AGUIAR, R. L. **Zoneamento geotécnico geral do Distrito Federal**. 349 f. Tese (Doutorado em Engenharia) – Universidade São Paulo, São Carlos, 1997.

AHLUWALIA, P. K.; NEMA, A. K. A Life Cycle Based Multi-Objective Optimization Model for the Management of Computer Waste. **Resources, Conservation and Recycling**, v. 2007, n. 51, p. 792-826, 2007.

ALBAMONTE, A. **Danni all'ambiente e responsabilità civile**. Pádova: Cedam, 1989.

ALBUQUERQUE, J. B. T. de. **Resíduos sólidos**. Leme: Independente, 2011.

ALBUQUERQUE, Z. **Proteção da camada de ozônio**. 24 set. 2016. Disponível em: <https://zacariasalbuquerque.blogspot.com/2016/09/protec ao-da-camada-de-ozonio-imprimir-e.html?m=0>. Acesso em: 24 jun. 2020.

ALCÂNTARA, P. B. **Avaliação da influência da composição de resíduos sólidos urbanos no comportamento de aterros simulados**. 166 f. Tese (Doutorado em Engenharia Civil) – Universidade Federal de Pernambuco, Recife, 2007. Disponível em: <https://repositorio.ufpe.br/bitstream/123456789/5397/1/arquivo6780_1.pdf>. Acesso em: 24 jun. 2020.

ALMEIDA, JR.; MELLO, C. S.; CAVALCANTI, Y. **Gestão ambiental**: planejamento, avaliação, implantação, operação e verificação. Rio de Janeiro: Thex, 2000.

ALTAFIN, I. G. Municípios pedem mais prazo para apresentar planos de gestão e acabar com lixões. **Agência Senado**, 2 abr. 2014. Disponível em: <http://www12.senado.gov.br/noticias/materias/2014/04/02/municipios-pedem-mais-prazo-para-apresentar-planos-de-gestao-e-acabar-com-lixoes>. Acesso em: 24 jun. 2020.

ALTER, H. Disposal and Reuse of Plastics. In: MARK, H. F. et al. **Encyclopedia of Polymer Science and Engineering**. New York: John Wiley, 1986. v. 5. p. 103-128.

AMBERPACK, Sistema de troca iônica de leito-compacto com fluxo inverso custa menos. **Química e Derivados**, n. 367, p. 43, 1999.

AMBIENTE BRASIL. **Norma BS 7750**. Disponível em: <https://ambientes.ambientebrasil.com.br/gestao/sistema_de_gestao_ambiental/norma_bs_7750.html>. Acesso em: 9 jul. 2020.

ANA – Agência Nacional de Águas. **Água no mundo**. 2018. Disponível em: <https://www.ana.gov.br/textos-das-paginas-do-portal/agua-no-mundo/agua-no-mundo>. Acesso em: 24 jun. 2020.

ANDA – Associação Nacional para Difusão de Adubos. **Pesquisa setorial**. Disponível em: <http://anda.org.br/estatisticas/>. Acesso em: 24 jun. 2020.

ARABANI, M.; MIRABDOLAZIMI, S. M.; FERDOWSI, B. Modeling the fatigue behaviors of glasphalt mixtures. **Scientia Iranica**, Theran, Iran, v. 19, n. 3, p. 341-345, Jun. 2012. Disponível em: <https://www.sciencedirect.com/science/article/pii/S1026309812000703#!>. Acesso em: 24 jun. 2020.

ASSUMPÇÃO, L. F. J. **Sistema de gestão ambiental**: manual prático para implementação de SGA e certificação ISO 14.001. Curitiba: Juruá, 2007.

ASTM – American Society for Testing and Materials. **D 5033-90**: Standard Guide for the Development of Standards Relating to the Proper Use of Recycled Plastics. Philadelphia: ASTM, 1990.

AUTOS DE GOIÂNIA. **Ciência Hoje**, Rio de Janeiro, v. 7, n. 40, mar. 1988. Suplemento.

BARKSDALE, R. G. Compressive Stress Pulse Times in Flexible Pavements for Use in Dynamic Testing. **Highway Research Record**, n. 345, p 32-44, 1971.

BARROS, F. P.; MONTICELLI, J. J. Aspectos legais. In: OLIVEIRA, A. M. S.; BRITO, S. N. A. (Ed.). **Geologia de engenharia**. São Paulo: Associação Brasileira de Geologia de Engenharia, 1998. p. 509-515.

BARTHOLOMEU, D. B.; CAIXETA FILHO, J. V. **Logística ambiental de resíduos sólidos**. São Paulo: Atlas, 2011.

BERRY, J. K. Cartographic Modeling: the Analytical Capabilities of GIS. In: GOODCHILD, M. F.; PARKS, B. O.; STEYAERT, L. T. (Ed.). **Environmental Modeling with GIS**. New York: Oxford University Press, 1993. p. 454-469.

BERTÉ, R. **Educação ambiental**: construindo valores de cidadania. Curitiba: Champagnat, 2004.

BERTÉ, R. **Gestão socioambiental no Brasil**. Curitiba: Ibpex, 2012.

BICKERSTAFF, K.; WALKER, G. Public Understandings of Air Pollution: the 'Localisation' of Environmental Risk. **Global Environmental Change**, v. 11, n. 2, p. 133-145, 2001.

BITAR, O. Y. **Avaliação da recuperação de áreas degradadas por mineração na Região Metropolitana de São Paulo**. Tese (Doutorado em Engenharia) – Universidade de São Paulo, São Paulo, 1997.

BITAR, O. Y.; FORNASARI FILHO, N.; VASCONCELOS, M. M. T. Considerações básicas para a abordagem do meio físico em estudos de impacto ambiental. In: BITAR, O. Y. (Coord.). **O meio físico em estudos de impacto ambiental**. São Paulo: Instituto de Pesquisas Tecnológicas, 1990. p. 9-13.

BITAR, O. Y.; ORTEGA, R. D. Gestão ambiental. In: OLIVEIRA, A. M. S.; BRITO, S. N. A. (Ed.). **Geologia de engenharia**. São Paulo: Associação Brasileira de Geologia de Engenharia, 1998. p. 499-508.

BRASIL. Agência Nacional de Águas. **Cadastro Nacional de Usuários de Recursos Hídricos (CNARH)**. Brasília, 2005a.

BRASIL. Congresso. Câmara dos Deputados. Projeto de Lei n. 3.899, de 22 de maio de 2012a. Institui a Política Nacional de Estímulo à Produção e ao Consumo Sustentáveis. Disponível em: <https://www.camara.leg.br/proposicoesWeb/fichadetramitacao?idProposicao=545304&ord=1.>. Acesso em: 24 jun. 2020. Texto original.

BRASIL. Congresso. Senado. Projeto de Lei Complementar n. 425, de 2017a. Altera a Lei nº 5.172, de 25 de outubro de 1966 (Código Tributário Nacional), para estabelecer regras de anistia, remissão, transação e parcelamento dos créditos tributários. Disponível em: <https://legis.senado.leg.br/sdleg-getter/documento?dm=7250948&ts=1573584684436&disposition=inline>. Acesso em: 24 jun. 2020. Texto original.

BRASIL. Conselho Nacional do Petróleo. Resolução n. 63, de 21 de maio de 1963. **Diário Oficial da União**, 25 maio 1963. Disponível em: <http://legislacao.anp.gov.br/?path=legislacao-federal/resolucoes/resol-cnp/1963&item=rcnp-6 1963&export=pdf>. Acesso em: 24 jun. 2020.

BRASIL. Constituição (1988). **Diário Oficial da União**, Brasília, DF, 5 out. 1988a. Disponível em: <http://www.planalto.gov.br/ccivil_03/Constituicao/Constituicao.htm>. Acesso em: 24 jun. 2020.

BRASIL. Decreto de 5 de setembro de 1991. **Diário Oficial da União**, Poder Executivo, Brasília, 6 set. 1991a. Disponível em: <http://www.planalto.gov.br/ccivil_03/DNN/Anterior%20a%202000/Dnn7-05-09-91.htm#anexo>. Acesso em: 16 jul. 2020.

BRASIL. Decreto n. 303, de 28 de janeiro de 1967. **Diário Oficial da União**, Poder Executivo, Brasília, DF, 22 fev. 1967a. Disponível em: <https://www2.camara.leg.br/legin/fed/declei/1960-1969/decreto-lei-303-28-fevereiro-1967-376059-publicacaooriginal-1-pe.html>. Acesso em: 24 jun. 2020.

BRASIL. Decreto n. 875, de 19 de julho de 1993. **Diário Oficial da União**, Poder Executivo, Brasília, DF, 20 jul. 1993a. Disponível em: <http://www.planalto.gov.br/ccivil_03/decreto/D0875.htm>. Acesso em: 24 jun. 2020.

BRASIL. Decreto n. 4.074, de 4 de janeiro de 2002. **Diário Oficial da União**, Poder Executivo, Rio de Janeiro, 8 jan. 2002a. Disponível em: <http://www.planalto.gov.br/ccivil_03/decreto/2002/D4074.htm>. Acesso em: 24 jun.2020.

BRASIL. Decreto n. 5.940, de 25 de outubro de 2006. **Diário Oficial da União**, Brasília, DF, 26 out. 2006. Disponível em: <http://www.planalto.gov.br/ccivil_03/_ato2004-2006/2006/decreto/d5940.htm>. Acesso em: 24 jun. 2020.

BRASIL. Decreto n. 7.217, de 21 de junho de 2010. **Diário Oficial da União**, Poder Executivo, Brasília, 22 jun. 2010a. Disponível em: <http://www.planalto.gov.br/ccivil_03/_ato2007-2010/2010/decreto/D7217.htm>. Acesso em: 24 jun. 2020.

BRASIL. Decreto n. 7.404, de 23 de dezembro de 2010. **Diário Oficial da União**, Brasília, DF, 23 dez. 2010b. Disponível em: <http://www.planalto.gov.br/ccivil_03/_ato2007-2010/2010/decreto/d7404.htm>. Acesso em: 24 jun. 2020.

BRASIL. Decreto n. 7.405, de 23 de dezembro de 2010. **Diário Oficial da União**, Poder Executivo, Brasília, DF, 23 dez. 2010c. Disponível em: <http://www.planalto.gov.br/ccivil_03/_ato2007-2010/2010/decreto/D7405.htm>. Acesso em: 4 jun. 2020.

BRASIL. Decreto n. 7.747, de 5 de junho de 2012. **Diário Oficial da União**, Poder Executivo, Brasília, DF, 6 jun. 2012b. Disponível em: <http://www.planalto.gov.br/ccivil_03/_Ato2011-2014/2012/Decreto/D7747.htm#art15>. Acesso em: 24 jun. 2020.

BRASIL. Decreto n. 24.643, de 10 de julho de 1934. **Coleção de Leis do Brasil**, Rio de Janeiro, 11 jul. 1934. Disponível em: <http://www.planalto.gov.br/ccivil_03/decreto/D24643compilado.htm>. Acesso em: 24 jun. 2020.

BRASIL. Decreto n. 49.974-A, de 21 de janeiro de 1961. **Diário Oficial da União**, Poder Executivo, Brasília, DF, 28 jan, 1961a. Disponível em: <https://www2.camara.leg.br/legin/fed/decret/1960-1969/decreto-49974-a-21-janeiro-1961-333333-publicacaooriginal-1-pe.html>. Acesso em: 24 jun. 2020.

BRASIL. Decreto n. 50.877, de 29 de junho de 1961. **Diário Oficial da União**, Poder Executivo, Brasília, DF, 29 jun, 1961b. Disponível em: < https://www2.camara.leg.br/legin/fed/decret/1960-1969/decreto-50877-29-junho-1961-390520-publicacaooriginal-1-pe.html>. Acesso em: 24 jun. 2020.

BRASIL. Decreto n. 76.389, de 3 de outubro de 1975. **Diário Oficial da União**, Poder Executivo, Brasília, 6 out. 1975b. Disponível em: <https://www2.camara.leg.br/legin/fed/decret/1970-1979/decreto-76389-3-outubro-1975-424990-publicacaooriginal-1-pe.html>. Acesso em: 16 jul. 2020.

BRASIL. Decreto n. 88.351, de 1º de junho de 1983. **Diário Oficial da União**, Poder Executivo, Brasília, 3 jun. 1983. Disponível em: <http://www.planalto.gov.br/ccivil_03/decreto/1980-1989/D88351.htm>. Acesso em: 24 jun. 2020.

BRASIL. Decreto n. 96.044, de 18 de maio de 1988. **Diário Oficial da União**, Poder Executivo, Brasília, 19 maio 1988b. Disponível em: <http://www.planalto.gov.br/ccivil_03/decreto/Antigos/D96044.htm>. Acesso em: 24 jun. 2020.

BRASIL. Decreto n. 97.632, de 10 de abril de 1989. **Diário Oficial da União**, Poder Executivo, Brasília, 12 abr. 1989a. Disponível em: <http://www.planalto.gov.br/ccivil_03/decreto/1980-1989/D97632.htm>. Acesso em: 24 jun. 2020.

BRASIL. Decreto n. 98.973, de 21 de fevereiro de 1990. **Diário Oficial da União**, Poder Executivo, Brasília, 22 fev. 1990a. Disponível em: <http://www.planalto.gov.br/ccivil_03/decreto/Antigos/D98973.htm>. Acesso em: 24 jun. 2020.

BRASIL. Decreto n. 99.274, de 6 de junho de 1990. **Diário Oficial da União**, Poder Executivo, Brasília, 7 jun. 1990b. Disponível em: <ttp://www.planalto.gov.br/ccivil_03/decreto/Antigos/D99274compilado.htm>. Acesso em: 16 jul. 2020

BRASIL. Decreto n. 99.280, de 6 de junho de 1990. **Diário Oficial da União**, Poder Executivo, Brasília, 7 jun. 1990c. Disponível em: <http://www.planalto.gov.br/ccivil_03/decreto/1990-1994/d99280.htm>. Acesso em: 24 jun. 2020.

BRASIL. Decreto-Lei n. 852, de 11 de novembro de 1938. **Coleção de Lei do Brasil**, Poder Executivo, Rio de Janeiro, 1938. Disponível em: <http://www.planalto.gov.br/ccivil_03/decreto-lei/1937-1946/Del0852.htm>. Acesso em: 24 jun. 2020.

BRASIL. Decreto-Lei n. 1.413, de 31 de julho de 1975. **Diário Oficial da União**, Poder Executivo, Brasília, 1º ago. 1975a. Disponível em: <http://www.planalto.gov.br/ccivil_03/decreto-lei/1965-1988/Del1413.htm>. Acesso em: 24 jun. 2020.

BRASIL. Decreto-Lei n. 2.848, de 7 de dezembro de 1940. **Diário Oficial da União**, Poder Executivo, Rio de Janeiro, 31 dez. 1940. Disponível em: <http://www.planalto.gov.br/ccivil_03/decreto-lei/Del2848compilado.htm>. Acesso em: 24 jun. 2020.

BRASIL. Instituto Brasileiro de Administração Municipal. **Manual de gerenciamento integrado de resíduos sólidos**. Rio de Janeiro, 2001a. Disponível em: <http://www.resol.com.br/cartilha4/manual.pdf>. Acesso em: 24 jun. 2020.

BRASIL. Instituto Brasileiro do Meio Ambiente e dos Recursos Naturais Renováveis. Instrução Normativa n. 4, de 13 de abril de 2011. **Diário Oficial da União**, Poder Executivo, Brasília, 14 abr. 2011a. Disponível em: <http://www.ctpconsultoria.com.br/pdf/Instrucao-Normativa-IBAMA-04-de-13-04-2011.pdf>. Acesso em: 24 jun. 2020.

BRASIL. Instituto Brasileiro do Meio Ambiente e dos Recursos Naturais Renováveis. Instrução Normativa n. 8, de 3 de setembro de 2012. **Diário Oficial da União**, Poder Executivo, Brasília, 4 set. 2012c. Disponível em: <http://ibama.gov.br/sophia/cnia/legislacao/IBAMA/IN0008-030912.PDF>. Acesso em: 24 jun. 2020.

BRASIL. Instituto Brasileiro do Meio Ambiente e dos Recursos Naturais Renováveis. Instrução Normativa n. 13, de 18 de dezembro de 2012. **Diário Oficial da União**, Poder Executivo, Brasília, 20 dez. 2012d. Disponível em: <https://www.legisweb.com.br/legislacao/?id=248656>. Acesso em: 24 jun. 2020.

BRASIL. Lei n. 4.771, de 15 de setembro de 1965. **Diário Oficial da União**, Poder Legislativo, Brasília, DF, 16 set. 1965. Disponível em: <http://www.planalto.gov.br/ccivil_03/leis/l4771.htm>. Acesso em: 24 jun. 2020.

BRASIL. Lei n. 5.318, de 26 de setembro de 1967. **Diário Oficial da União**, Poder Legislativo, Brasília, DF, 27 set. 1967b. Disponível em: <http://www.planalto.gov.br/ccivil_03/LEIS/1950-1969/L5318.htm#art13>. Acesso em: 24 jun. 2020.

BRASIL. Lei n. 6.803, de 2 de julho de 1980. **Diário Oficial da União**, Poder Legislativo, Brasília, DF, 3 jul. 1980. Disponível em: <http://www.planalto.gov.br/ccivil_03/leis/L6803.htm>. Acesso em: 24 jun. 2020.

BRASIL. Lei n. 6.938, de 31 de agosto de 1981. **Diário Oficial da União**, Poder Legislativo, Brasília, DF, 2 set. 1981. Disponível em: <http://www.planalto.gov.br/ccivil_03/leis/L6938.htm>. Acesso em: 24 jun. 2020.

BRASIL. Lei n. 7.347, de 24 de julho de 1985. **Diário Oficial da União**, Poder Legislativo, Brasília, DF, 25 jul. 1985. Disponível em: <http://www.planalto.gov.br/ccivil_03/leis/l7347orig.htm>. Acesso em: 24 jun. 2020.

BRASIL. Lei n. 7.661, de 16 de maio de 1988. **Diário Oficial da União**, Poder Legislativo, Brasília, DF, 18 maio 1988c. Disponível em: <http://www.planalto.gov.br/ccivil_03/Leis/L7661.htm>. Acesso em: 24 jun. 2020.

BRASIL. Lei n. 7.735, de 22 de fevereiro de 1989. **Diário Oficial da União**, Poder Legislativo, Brasília, DF, 23 fev. 1989b. Disponível em: <http://www.planalto.gov.br/ccivil_03/Leis/L7735.htm>. Acesso em: 24 jun. 2020.

BRASIL. Lei n. 7.796, de 10 de julho de 1989. **Diário Oficial da União**, Poder Legislativo, Brasília, DF, 11 jul. 1989c. Disponível em: <http://www.planalto.gov.br/CCIVIL_03/LEIS/1989_1994/L7796.htm>. Acesso em: 24 jun. 2020

BRASIL. Lei n. 7.797, de 10 de julho de 1989. **Diário Oficial da União**, Poder Legislativo, Brasília, DF, 11 jul. 1989d. Disponível em: <http://www.planalto.gov.br/ccivil_03/Leis/L7797.htm>. Acesso em: 16 jul. 2020.

BRASIL. Lei n. 8.028, de 12 de abril de 1990. **Diário Oficial da União**, Poder Legislativo, Brasília, DF, 13 abr. 1990d. Disponível em: <http://www.planalto.gov.br/ccivil_03/leis/L8028.htm>. Acesso em: 24 jun. 2020.

BRASIL. Lei n. 8.080, de 19 de setembro de 1990. **Diário Oficial da União**, Poder Legislativo, Brasília, DF, 20 set. 1990e. Disponível em: <http://www.planalto.gov.br/ccivil_03/leis/L8080.htm> Acesso em: 24 jun. 2020.

BRASIL. Lei n. 9.433, de 8 de janeiro de 1997. **Diário Oficial da União**, Poder Legislativo, Brasília, DF, 9 jan. 1997a. Disponível em: <http://www.planalto.gov.br/ccivil_03/leis/L9433.htm>. Acesso em: 24 jun. 2020.

BRASIL. Lei n. 9.605, de 12 de fevereiro de 1998. **Diário Oficial da União**, Poder Legislativo, Brasília, DF, 13 fev. 1998. Disponível em: <http://www.planalto.gov.br/ccivil_03/leis/L9605.htm>. Acesso em: 24 jun. 2020.

BRASIL. Lei n. 9.795, de 27 de abril de 1999. **Diário Oficial da União**, Poder Legislativo, Brasília, DF, 28 abr. 1999a. Disponível em: <http://www.planalto.gov.br/ccivil_03/leis/l9795.htm>. Acesso em: 24 jun. 2020.

BRASIL. Lei n. 9.966, de 28 de abril de 2000. **Diário Oficial da União**, Poder Legislativo, Brasília, DF, 29 abr. 2000a. Disponível em: <http://www.planalto.gov.br/ccivil_03/LEIS/L9966.htm>. Acesso em: 24 jun. 2020.

BRASIL. Lei n. 9.974, de 6 de junho de 2000. **Diário Oficial da União**, Poder Legislativo, Brasília, DF, 7 jun. 2000b. Disponível em: <http://www.planalto.gov.br/ccivil_03/LEIS/L9974.htm>. Acesso em: 24 jun. 2020.

BRASIL. Lei n. 9.984, de 17 de julho de 2000. **Diário Oficial da União**, Poder Legislativo, Brasília, DF, 18 jul. 2000c. Disponível em: <http://www.planalto.gov.br/ccivil_03/Leis/L9984.htm>. Acesso em: 24 jun. 2020.

BRASIL. Lei n. 10.165, de 27 de dezembro de 2000. **Diário Oficial da União**, Poder Legislativo, Brasília, DF, 28 dez. 2000d. Disponível em: <http://www.planalto.gov.br/ccivil_03/Leis/L10165.htm>. Acesso em: 24 jun. 2020.

BRASIL. Lei n. 10.257, de 10 de julho de 2001. **Diário Oficial da União**, Poder Legislativo, Brasília, DF, 11 jul. 2001b. Disponível em: <http://www.planalto.gov.br/ccivil_03/leis/LEIS_2001/L10257.htm>. Acesso em: 24 jun. 2020.

BRASIL. Lei n. 11.445, de 5 de janeiro de 2007. **Diário Oficial da União**, Poder Legislativo, Brasília, DF, 8 jan. 2007a. Disponível em: <http://www.planalto.gov.br/ccivil_03/_ato2007-2010/2007/lei/l11445.htm>. Acesso em: 24 jun. 2020.

BRASIL. Lei n. 11.516, de 28 de agosto de 2007. **Diário Oficial da União**, Poder Legislativo, Brasília, DF, 28 ago. 2007b. Disponível em: <http://www.planalto.gov.br/ccivil_03/_Ato2007-2010/2007/Lei/L11516.htm>. Acesso em: 24 jun. 2020.

BRASIL. Lei n. 12.187, de 29 de dezembro de 2009. **Diário Oficial da União**, Poder Legislativo, Brasília, DF, 30 dez. 2009a. Disponível em: <http://www.planalto.gov.br/ccivil_03/_Ato2007-2010/2009/Lei/L12187.htm>. Acesso em: 24 jun. 2020.

BRASIL. Lei n. 12.305, de 2 de agosto de 2010. **Diário Oficial da União**, Poder Legislativo, Brasília, DF, 3 ago. 2010d. Disponível em: <http://www.planalto.gov.br/ccivil_03/_ato2007-2010/2010/lei/l12305.htm>. Acesso em: 24 jun. 2020.

BRASIL. Lei n. 12.375, de 30 de dezembro de 2010. **Diário Oficial da União**, Poder Legislativo, Brasília, DF, 31 dez. 2010e. Disponível em: <http://www.planalto.gov.br/ccivil_03/_Ato2007-2010/2010/Lei/L12375.htm>. Acesso em: 24 jun. 2020.

BRASIL. Lei n. 12.651, de 25 de maio de 2012. **Diário Oficial da União**, Poder Legislativo, Brasília, DF, 28 maio 2012e. Disponível em: <http://www.planalto.gov.br/ccivil_03/_ato2011-2014/2012/lei/l12651.htm>. Acesso em: 24 jun. 2020.

BRASIL. Ministério da Saúde. Agência Nacional de Vigilância Sanitária. Resolução RDC n. 222, de 28 de março de 2018. **Diário Oficial da União**, Poder Executivo, Brasília, 29 mar. 2018. Disponível em: <http://portal.anvisa.gov.br/documents/10181/3427425/RDC_222_2018_.pdf/c5d3081d-b331-4626-8448-c9aa426ec410>. Acesso em: 24 jun. 2020.

BRASIL. Ministério da Saúde. Agência Nacional de Vigilância Sanitária. Resolução RDC n. 306, de 7 de dezembro de 2004. **Diário Oficial da União**, Poder Executivo, 8 dez. 2004a. Disponível em: <http://bvsms.saude.gov.br/bvs/saudelegis/anvisa/2004/res0306_07_12_2004.html>. Acesso em: 24 jun. 2020.

BRASIL. Ministério da Saúde. Portaria n. 36, de 19 de janeiro de 1990. **Diário Oficial da União**, Poder Executivo, Brasília, 23 jan. 1990f. Disponível em: <http://bvsms.saude.gov.br/bvs/saudelegis/gm/1990/prt0036_19_01_1990.html>. Acesso em: 24 jun. 2020.

BRASIL. Ministério do Desenvolvimento Regional. Sistema Nacional de Informações sobre Saneamento. **Diagnóstico Anual de Resíduos Sólidos**. Brasília, 2015a. Disponível em: <http://www.snis.gov.br/downloads/diagnosticos/rs/2015/DiagRS2015.zip>. Acesso em: 24 jun.2020.

BRASIL. **Ministério do Meio Ambiente**. Disponível em: <https://www.mma.gov.br>. Acesso em: 24 jun. 2020a.

BRASIL. Ministério do Meio Ambiente, dos Recursos Hídricos e da Amazônia Legal. **A caminho da Agenda 21 brasileira**: princípios e ações 1992/97. Brasília, 1997b.

BRASIL. Ministério do Meio Ambiente. **Agenda 21 brasileira**. Disponível em: <https://www.mma.gov.br/responsabilidade-socioambiental/agenda-21/agenda-21-brasileira.html>. Acesso em: 24 jun. 2020b.

BRASIL. Ministério do Meio Ambiente. Consultoria Jurídica. Parecer n. 312, de 4 de setembro de 2004b. Disponível em: <http://www.mma.gov.br/estruturas/DAI/_arquivos/par312conjur.pdf>. Acesso em: 24 jun. 2020.

BRASIL. Ministério do Meio Ambiente. **Estudo do potencial de geração de energia renovável proveniente dos "aterros sanitários" nas regiões metropolitanas e grandes cidades do Brasil**: relatório final. Brasília; Piracicaba: Cepea, 2004c.

BRASIL. Ministério do Meio Ambiente. **Estudos do potencial de geração de energia renovável proveniente dos "aterros sanitários" nas regiões metropolitanas e grandes cidades do Brasil**: sumário executivo – versão final. Brasília; Piracicaba: Cepea, 2004d.

BRASIL. Ministério do Meio Ambiente. **Gestão de resíduos orgânicos**. 2017. Disponível em: <https://www.mma.gov.br/cidades-sustentaveis/residuos-solidos/gest%C3%A3o-de-res%C3%ADduos-org%C3%A2nicos.html>. Acesso em: 24 jun. 2020.

BRASIL. Ministério do Meio Ambiente. Resolução Conama n. 1, de 23 de janeiro de 1986. **Diário Oficial da União**, Poder Executivo, Brasília, 17 fev. 1986a. Disponível em: <http://www2.mma.gov.br/port/conama/legiabre.cfm?codlegi=23>. Acesso em: 24 jun. 2020.

BRASIL. Ministério do Meio Ambiente. Resolução Conama n. 1, de 8 de março de 1990. **Diário Oficial da União**, Poder Executivo, Brasília, 2 abr. 1990g. Disponível em: <http://www2.mma.gov.br/port/conama/legiabre.cfm?codlegi=98>. Acesso em: 13 mar. 2020.

BRASIL. Ministério do Meio Ambiente. Resolução Conama n. 2, de 22 de agosto de 1991. **Diário Oficial da União**, Poder Executivo, Brasília, 20 set. 1991b. Disponível em: <http://www2.mma.gov.br/port/conama/legiabre.cfm?codlegi=116>. Acesso em: 24 jun. 2020.

BRASIL. Ministério do Meio Ambiente. Resolução Conama n. 5, de 5 de agosto de 1993. **Diário Oficial da União**, Poder Executivo, Brasília, 31 ago. 1993b. Disponível em: <http://www2.mma.gov.br/port/conama/legiabre.cfm?codlegi=130>. Acesso em: 24 jun. 2020.

BRASIL. Ministério do Meio Ambiente. Resolução Conama n. 6, de 24 de janeiro de 1986. **Diário Oficial da União**, Poder Executivo, Brasília, 17 fev. 1986b. Disponível em: <http://www2.mma.gov.br/port/conama/legiabre.cfm?codlegi=29>. Acesso em: 24 jun. 2020.

BRASIL. Ministério do Meio Ambiente. Resolução Conama n. 6, de 15 de junho de 1988. **Diário Oficial da União**, Poder Executivo, Brasília, 16 nov. 1988d. Disponível em: <http://www2.mma.gov.br/port/conama/legiabre.cfm?codlegi=70>. Acesso em: 24 jun. 2020.

BRASIL. Ministério do Meio Ambiente. Resolução Conama n. 6, de 19 de setembro de 1991. **Diário Oficial da União**, Poder Executivo, Brasília, 30 out. 1991c. Disponível em: <http://www2.mma.gov.br/port/conama/legiabre.cfm?codlegi=120>. Acesso em: 24 jun. 2020.

BRASIL. Ministério do Meio Ambiente. Resolução Conama n. 11, de 18 de março de 1986. **Diário Oficial da União**, Poder Executivo, Brasília, 2 maio 1986c. Disponível em: <http://www2.mma.gov.br/port/conama/legiabre.cfm?codlegi=34>. Acesso em: 24 jun. 2020.

BRASIL. Ministério do Meio Ambiente. Resolução Conama n. 12, de 14 de setembro de 1989. **Diário Oficial da União**, Poder Executivo, Brasília, 18 dez. 1989e. Disponível em: <http://www2.mma.gov.br/port/conama/legiabre.cfm?codlegi=88>. Acesso em: 24 jun. 2020.

BRASIL. Ministério do Meio Ambiente. Resolução Conama n. 20, de 18 de junho de 1986. **Diário Oficial da União**, Poder Executivo, Brasília, 30 jul. 1986b. Disponível em: <https://www.unaerp.br/documentos/2225-resolucao-conama-20-1986/file>. Acesso em: 16 jul. 2020.

BRASIL. Ministério do Meio Ambiente. Resolução Conama n. 237, de 19 de dezembro de 1997. **Diário Oficial da Uni**ão, Poder Executivo, Brasília, 22 dez. 1997c. Disponível em: <http://www2.mma.gov.br/port/conama/legiabre.cfm?codlegi=237>. Acesso em: 24 jun. 2020.

BRASIL. Ministério do Meio Ambiente. Resolução Conama n. 257, de 30 de junho de 1999. **Diário Oficial da Uni**ão, Poder Executivo, Brasília, 22 jul. 1999b. Disponível em: <http://www2.mma.gov.br/port/conama/legiabre.cfm?codlegi=257>. Acesso em: 24 jun. 2020.

BRASIL. Ministério do Meio Ambiente. Resolução Conama n. 264, de 26 de agosto de 1999. **Diário Oficial da União**, Poder Executivo, Brasília, 20 mar. 2000e. Disponível em: <http://www2.mma.gov.br/port/conama/legiabre.cfm?codlegi=262>. Acesso em: 24 jun. 2020.

BRASIL. Ministério do Meio Ambiente. Resolução Conama n. 267, de 14 de setembro de 2000. **Diário Oficial da União**, Poder Executivo, Brasília, 11 dez. 2000f. Disponível em: <http://www2.mma.gov.br/port/conama/legiabre.cfm?codlegi=265>. Acesso em: 24 jun. 2020.

BRASIL. Ministério do Meio Ambiente. Resolução Conama n. 274, de 29 de novembro de 2000. **Diário Oficial da União**, Poder Executivo, Brasília, 25 jan. 2001c. Disponível em: <http://pnqa.ana.gov.br/Publicacao/Resolu%C3%A7%C3%A3o_Conama_274_Balneabilidade.pdf>. Acesso em: 24 jun. 2020.

BRASIL. Ministério do Meio Ambiente. Resolução Conama n. 275, de 25 de abril de 2001. **Diário Oficial da União**, Poder Executivo, Brasília, 19 jun. 2001d. Disponível em: <http://www2.mma.gov.br/port/conama/legiabre.cfm?codlegi=273>. Acesso em: 24 jun. 2020.

BRASIL. Ministério do Meio Ambiente. Resolução Conama n. 279, de 27 de junho de 2001. **Diário Oficial da União**, Poder Executivo, Brasília, 19 jun. 2001e. Disponível em: <http://www2.mma.gov.br/port/conama/legiabre.cfm?codlegi=277>. Acesso em: 24 jun. 2020.

BRASIL. Ministério do Meio Ambiente. Resolução Conama n. 283, de 12 de julho de 2001. **Diário Oficial da União**, Poder Executivo, Brasília, 1º out 2001f. Disponível em: <http://www2.mma.gov.br/port/conama/legiabre.cfm?codlegi=281>. Acesso em: 16 jul. 2020.

BRASIL. Ministério do Meio Ambiente. Resolução Conama n. 307, de 5 de julho de 2002. **Diário Oficial da União**, Poder Executivo, Brasília, 17 jul. 2002b. Disponível em: <http://www2.mma.gov.br/port/conama/legiabre.cfm?codlegi=307>. Acesso em: 24 jun. 2020.

BRASIL. Ministério do Meio Ambiente. Resolução Conama n. 313, de 29 de outubro de 2002. **Diário Oficial da União**, Poder Executivo, Brasília, 22 nov. 2002c. Disponível em: <http://www2.mma.gov.br/port/conama/legiabre.cfm?codlegi=335>. Acesso em: 24 jun. 2020.

BRASIL. Ministério do Meio Ambiente. Resolução Conama n. 316, de 29 de outubro de 2002. **Diário Oficial da União**, Poder Executivo, Brasília, 20 nov. 2002d. Disponível em: <http://www2.mma.gov.br/port/conama/legiabre.cfm?codlegi=338>. Acesso em: 24 jun. 2020.

BRASIL. Ministério do Meio Ambiente. Resolução Conama n. 357, de 17 de março de 2005. **Diário Oficial da União**, Poder Executivo, Brasília, 18 mar. 2005a Disponível em: <http://www2.mma.gov.br/port/conama/legiabre.cfm?codlegi=459>. Acesso em: 24 jun. 2020.

BRASIL. Ministério do Meio Ambiente. Resolução Conama n. 358, de 29 de abril de 2005. **Diário Oficial da União**, Poder Executivo, Brasília, 4 maio 2005b. Disponível em: <http://www2.mma.gov.br/port/conama/legiabre.cfm?codlegi=462>. Acesso em: 24 jun. 2020.

BRASIL. Ministério do Meio Ambiente. Resolução Conama n. 362, de 23 de junho de 2005. **Diário Oficial da União**, Poder Executivo, Brasília, 27 jun. 2005c Disponível em: <http://www2.mma.gov.br/port/conama/legiabre.cfm?codlegi=466>. Acesso em: 24 jun. 2020.

BRASIL. Ministério do Meio Ambiente. Resolução Conama n. 398, de 11 de junho de 2008. **Diário Oficial da União**, Poder Executivo, Brasília, 12 jun. 2008a. Disponível em: <http://www2.mma.gov.br/port/conama/legiabre.cfm?codlegi=575>. Acesso em: 24 jun. 2020.

BRASIL. Ministério do Meio Ambiente. Resolução Conama n. 401, de 4 de novembro de 2008. **Diário Oficial da União**, Poder Executivo, Brasília, 5 nov. 2008b. Disponível em: <http://www2.mma.gov.br/port/conama/legiabre.cfm?codlegi=589>. Acesso em: 24 jun. 2020.

BRASIL. Ministério do Meio Ambiente. Resolução Conama n. 404, de 11 de novembro de 2008. **Diário Oficial da União**, Poder Executivo, Brasília, 12 nov. 2008c. Disponível em: <http://www2.mma.gov.br/port/conama/legiabre.cfm?codlegi=592>. Acesso em: 24 jun. 2020.

BRASIL. Ministério do Meio Ambiente. Resolução Conama n. 410, de 4 de maio de 2009. **Diário Oficial da União**, Poder Executivo, Brasília, 5 maio 2009b. Disponível em: <http://www2.mma.gov.br/port/conama/legiabre.cfm?codlegi=603>. Acesso em: 24 jun. 2020.

BRASIL. Ministério do Meio Ambiente. Resolução Conama n. 411, de 6 de maio de 2009. **Diário Oficial da União**, Poder Executivo, Brasília, 8 maio 2009c. Disponível em: <http://www2.mma.gov.br/port/conama/legiabre.cfm?codlegi=604>. Acesso em: 24 jun. 2020.

BRASIL. Ministério do Meio Ambiente. Resolução Conama n. 416, de 30 de setembro de 2009. **Diário Oficial da União**, Poder Executivo, Brasília, 1º out. 2009d. Disponível em: <http://www2.mma.gov.br/port/conama/legiabre.cfm?codlegi=616>. Acesso em: 24 jun. 2020.

BRASIL. Ministério do Meio Ambiente. Resolução Conama n. 430, de 13 de maio de 2011. **Diário Oficial da União**, Poder Executivo, Brasília, 16 maio 2011b. Disponível em: <http://www2.mma.gov.br/port/conama/legiabre.cfm?codlegi=646>. Acesso em: 24 jun. 2020.

BRASIL. Ministério do Meio Ambiente. Resolução Conama n. 452, de 2 de julho de 2012. **Diário Oficial da União**, Poder Executivo, Brasília, 4 jul. 2012f. Disponível em: <http://www2.mma.gov.br/port/conama/legiabre.cfm?codlegi=676>. Acesso em: 24 jun. 2020.

BRASIL. Ministério do Meio Ambiente. Resolução Conama n. 465, de 5 de dezembro de 2014. **Diário Oficial da União**, Poder Executivo, Brasília, 8 dez. 2014. Disponível em: <http://www2.mma.gov.br/port/conama/legiabre.cfm?codlegi=710>. Acesso em: 24 jun. 2020.

BRASIL. Ministério do Planejamento, Orçamento e Gestão. Instrução Normativa n. 1, de 19 de janeiro de 2010f. **Diário Oficial da União**, Poder Executivo, Brasília. Disponível em:<https://portal.tcu.gov.br/lumis/portal/file/fileDownload.jsp?fileId=8A8182A2578C7A760157902EAE95161E>. Acesso em: 24 jun. 2020.

BRASIL. Ministério dos Transportes. Agência Nacional de Transportes Terrestres. Resolução n. 420, de 12 de fevereiro de 2004. **Diário Oficial da União**, Poder Executivo, Brasília, 13 maio 2004e. Disponível em: <http://www.sbpc.org.br/upload/conteudo/320110405154556.pdf>. Acesso em: 24 jun. 2020.

BRASIL. Portaria Interministerial n. 1, de 25 de julho de 2012. **Diário Oficial da União**, Brasília, 26 jul. 2012g. Disponível em: <http://www.lex.com.br/legis_23519185_PORTARIA_INTERMINISTERIAL_N_1_DE_25_DE_JULHO_DE_2012.aspx>. Acesso em: 24 jun. 2020.

BRASIL. Portaria Interministerial n. 2, de 27 de março de 2015. **Diário Oficial da União**, Brasília, 30 mar. 2015b. Disponível em: <https://www.mdr.gov.br/images/stories/ArquivosDefesaCivil/ArquivosPDF/legislacao/Portaria-Interministerial-MI-MD-n-2-de-2015.pdf>. Acesso em: 24 jun. 2020.

BRASIL. Portaria Minter n. 53, de 1 de março de 1979. Disponível em: <https://www.ima.al.gov.br/wp-content/uploads/2015/03/Portaria-nb0-53.79.pdf>. Acesso em: 24 jun. 2020.

BRASIL. Presidência da República. Portaria n. 40, de 31 de julho de 2013. **Diário Oficial da União**, Brasília, 1 ago. 2013.

BRASIL é exemplo na redução de CFC. **Caderno Especial**, p. 2, 25 fev. 2008. Disponível em: <https://cetesb.sp.gov.br/prozonesp/wp-content/uploads/sites/16/2014/04/2008.pdf>. Acesso em: 24 jun. 2020.

BRAZ, R. F. S. et al. Estudo sobre os aspectos socioeconômicos dos catadores de resíduos recicláveis organizados em cooperativas na cidade de Natal-RN. **Revista Eletrônica do Mestrado em Educação Ambiental**, p. 147-159, jan./jun. 2014. Disponível em: <https://periodicos.furg.br/remea/article/view/3572/2918>. Acesso em: 24 jun. 2020.

BRUMADINHO: fotos feitas antes e depois da lama. **Metro BH**, 31 jan. 2019. Disponível em: <https://www.metrojornal.com.br/foco/2019/01/31/brumadinho-antes-e-depois-fotos.html>. Acesso em: 24 jun. 2020.

CALLISTER, W. D. **Materials Science and Engineering**: an Introduction. 7. ed. New York: John Wiley & Sons, Inc, 2007.

CARSON, R. **Primavera silenciosa**. São Paulo: Gaia, 2010.

CARVALHO, P. Água potável via energia solar. **Ciência Hoje**, Rio de Janeiro, v. 27, n. 158, p. 72-74, 2000.

CARVALHO, P. C. M.; JUCÁ, S. C. S. Instalação de eletrodiálise acionada por painéis fotovoltaicos. In: ENCONTRO DE ENERGIA NO MEIO RURAL, 4., 2002, Campinas. **Anais**... Disponível em: <http://www.proceedings.scielo.br/scielo.php?script=sci_arttext&pid=MSC0000000022002000200015&lng=pt&nrm=abn>. Acesso em: 24 jun. 2020.

CETESB – Companhia Ambiental do Estado de São Paulo. Emergências Químicas. **Principais acidentes**. Disponível em: <https://cetesb.sp.gov.br/emergencias-quimicas/tipos-de-acidentes/dutos/principais-acidentes/>. Acesso em: 24 jun. 2020.

CETESB – Companhia Ambiental do Estado de São Paulo. **Resíduos sólidos industriais**. 2. ed. São Paulo: Cetesb, 1992.

CINEMA, debates e ato religioso lembrarão os 34 anos do incêndio da Vila Socó. **Jornal da Orla**, 20 fev. 2018. Disponível em: <http://www.jornaldaorla.com.br/noticias/33825-cinema-debates-e-ato-religioso-lembrarao-os-34-anos-do-incendio-da-vila-soco>. Acesso em: 24 jun. 2020.

CMMAD - Comissão Mundial Sobre Meio Ambiente e Desenvolvimento. **Nosso futuro comum**. Rio de Janeiro: Fundação Getulio Vargas, 1988.

COMO funciona o tratamento de água. **Filtros e Purificadores R1**, 5 dez. 2014. Disponível em: <https://filtrosepurificadoresr1.wordpress.com/2014/12/05/como-funciona-o-tratamento-de-agua/>. Acesso em: 24 jun. 2020.

CONTROL LAB. **Agua potável e reagente para laboratório clínico**: da nascente à bancada. 2. ed. Rio de Janeiro, 1996.

COSTA, I.; MAIA, G. **Artigo #10**: estudo, inspeção e reparo de redes de drenagem pluvial. Disponível em: <http://www.g-maia.com.br/estudo-inspecao-e-reparo-de-redes-de-drenagem-pluvial>. Acesso em: 24 jun. 2020.

COUTINHO, S.J. Betões eco-eficientes com resíduos. **1ªs Jornadas de Materiais na Construção**, p. 171-214, 2011.

CURITIBA. Prefeitura Municipal. **Aterro da Caxixmba deixa de receber lixo**. 1 nov. 2010. Disponível em: <https://www.curitiba.pr.gov.br/noticias/aterro-da-caxixmba-deixa-de-receber-lixo/20951>. Acesso em: 24 jun. 2020.

DANA, J. **Manual de mineralogia**. São Paulo: Ed. da USP, 1969.

DONATO, V. **Logística verde**. Rio de Janeiro: Ciência Moderna, 2008.

EARLY, W. **Remembering the Lessons of the Exxon Valdez Disaster, 30 Years Later**. 22 Mar. 2019. Disponível em: <https://www.rcinet.ca/eye-on-the-arctic/?s=exxon%20valdez>. Acesso em: 24 jun. 2020.

EVANGELISTA, J. **Tecnologia de alimentos**. São Paulo: Atheneu, 1994.

FELDKIRCHER, W. **Impermeabilização de aterro sanitário com geomembrana**. 62 f. Trabalho de Conclusão de Curso (Bacharelado em Engenharia Civil) – Universidade São Francisco, Itatiba, 2008.

FERNANDES, P. V. **Impacto ambiental**: doutrina e jurisprudência. São Paulo: Revista dos Tribunais, 2005.

FERRAN TRATAMENTO DE ÁGUA. **O que é osmose**. Disponível em: <https://www.ferran.com.br/o-que-e-osmose/>. Acesso em: 24 jun. 2020.

FERRARA, L. D'A.; DUARTE, F.; CAETANO, K. E. (Org.). **Curitiba**: do modelo à modelagem. Curitiba: Champagnat, 2007.

FERREIRA, L. C. **Os fantasmas do vale**: qualidade ambiental e cidadania. Campinas: Ed. da Unicamp, 1993.

FOELKEL, C. **O rótulo ecológico ou o selo verde europeu:** The Flower – a flor. Disponível em: <http://www.celso-foelkel.com.br/artigos/Palestras/RotulagemAmbiental/06_O%20r%F3tulo%20ambiental%20Flor%20da%20Europa_Celso_Foelkel.pdf>. Acesso em: 24 jun. 2020.

FOGAÇA, J. R. V. O que é chuva ácida? **Brasil Escola**. Disponível em: <https://brasilescola.uol.com.br/o-que-e/quimica/o-que-e-chuva-acida.htm>. Acesso em: 24 jun. 2020.

FRANGETTO, F.; GAZANI, F. R. **Viabilização jurídica do mecanismo de desenvolvimento limpo (MDL) no Brasil**: o Protocolo de Quioto e a cooperação internacional. São Paulo: Peirópolis, 2002.

FREITAS, C. M. et al. **Acidentes industriais ampliados**. Rio de Janeiro: Fiocruz, 2000.

FREITAS, V, P de. **A Constituição Federal e a efetividade das normas ambientais**. 3. ed. rev., atual. e ampl. São Paulo: Revista dos Tribunais, 2005.

FURTADO, J. S. **Baterias esgotadas**: legislações & gestão. São Paulo, 2004. Disponível em: <http://www2.uca.es/grup-invest/cit/otros%20%20paises_archivos/Legisl%20Baterias_%20Brasil.pdf>. Acesso em: 24 jun. 2020.

GENON, G.; BRIZIO, E. Perspectives and Limits for Cement Kilns as a Destination for RDF. **Waste Management**, v. 28, p. 2375-2385, 2008.

G1. **Ultracargo propõe compensação para danos causados por incêndio**. 8 fev. 2017. Disponível em: <http://g1.globo.com/sp/santos-regiao/noticia/2017/02/ultracargo-propoe-compensacao-para-danos-causados-por-incendio.html>. Acesso em: 24 jun. 2020.

GUILLERM, A.; BOURDET, Y. **Autogestão**: uma mudança radical. Rio de Janeiro: Zahar, 1976.

HADER, D. P. Does Enhanced Solar UV-B Radiation Affect Marine Primary Producers in their Natural Habitats? **Photochemistry and Photobiology**, v. 87, n. 2, p. 263-266, 2011.

HADER, D. P. Effects of Solar UV-B Radiation on Aquatic Ecosystems. **Advances in Space Research**, v. 26, n. 12, p. 2029-2040, 2000.

HAMADA, J.; MATSUNAGA, I. Concepção do sistema de tratamento de chorume para o aterro sanitário de Ilhéus – BA. In: SIMPÓSIO LUSO-BRASILEIRO DE ENGENHARIA SANITÁRIA E AMBIENTAL, 9., Porto Seguro, 2000. **Anais**...

HAMM, R. **Seveso**: après le nuage de dioxine le 10 juillet 1976, les fumées restent opaques. 10 jul. 2019. Disponível em: <https://rebellyon.info/Seveso-apres-le-nuage-de-dioxine>. Acesso em: 24 jun. 2020.

IBAM – Instituto Brasileiro de Administração Municipal. Secretaria Especial de Desenvolvimento Urbano da Presidência da República. **Manual de gerenciamento integrado de resíduos sólidos**. Rio de Janeiro, 2001.

IPAM AMAZÔNIA. **Quais serão os impactos prováveis destas mudanças no nível global?** 5 nov. 2015. Disponível em: <https://ipam.org.br/entenda/quais-serao-os-impactos-provaveis-destas-mudancas-no-nivel-global/>. Acesso em: 24 jun. 2020.

IPEA – Instituto de Pesquisa Econômica Aplicada. **Apenas 13% dos resíduos sólidos urbanos no país vão para reciclagem**. Brasília, 25 jan. 2017. Disponível em: <http://www.ipea.gov.br/portal/index.php?option=com_content&view=article&id=29296:apenas-13-dos-residuos-urbanos-no-pais-vao-para-reciclagem&catid=1:dirur&directory=1>. Acesso em: 24 jun. 2020.

IPT – Instituto de Pesquisas Tecnológicas. **Lixo municipal**: manual de gerenciamento integrado. São Paulo: IPT, 1995.

IPT – Instituto de Pesquisas Tecnológicas; CEMPRE – Compromisso Empresarial para Reciclagem. **Lixo municipal**: manual de gerenciamento integrado. 2. ed. São Paulo: IPT; Cempre, 2000.

ITAIPU BINACIONAL. **Mexilhão dourado**. Disponível em: <https://www.itaipu.gov.br/meioambiente/mexilhao-dourado>. Acesso em: 24 jun. 2020.

JURAS, I. da A. G. M. **Os impactos da indústria no meio ambiente**. Brasília: Consultoria Legislativa, 2015.

KOLLER, D. R. P., PILECCO, D. S., BOHRER, D., Avaliação da resistência à compressão de argamassas produzidas com vidro moído. **Disciplinarum Scientia**, Santa Maria, v. 8, n. 1, p. 17-23, 2007. Disponível em: <https://periodicos.ufn.edu.br/index.php/disciplinarumNT/article/download/1217/1154>. Acesso em: 24 jun. 2020.

LA ROVERE, E. L. et al. (Coord.). **Manual da auditoria ambiental**. Rio de Janeiro: Qualitymark, 2001.

LEITÃO, M. F. F. et al. **Tratado de microbiologia**. São Paulo: Manole,1988.

LEVY, S. M.; MARTINELLI, F. A.; HELENE, P. R. L. A influência de argamassas endurecidas e resíduos cerâmicos, finamente moídos, nas propriedades de novas argamassas. In: SIMPÓSIO BRASILEIRO DE TECNOLOGIA DAS ARGAMASSAS, 2., 1997, Salvador. **Anais**... Salvador: UFBA, 1997.

LOUREIRO, S. M. **Índice de qualidade no sistema da gestão ambiental em aterros de resíduos sólidos urbanos**: IQS. 517 f. Dissertação (Mestrado em Ciências em Engenharia Civil) – Universidade Federal do Rio de Janeiro, Rio de Janeiro, 2005.

MACEDO, J. A. B. **Águas e águas**. São Paulo: Livraria Varela, 2001.

MACÊDO, J. A. B. **Águas e águas**. 2. ed. Belo Horizonte: CRQ-MG, 2004.

MACHADO, P. A. L. **Direito ambiental brasileiro**. 5. ed. São Paulo: Malheiros, 1995.

MAGERA, M. **Os empresários do lixo**: um paradoxo da modernidade. Campinas: Átomo, 2005.

MAGNI, A. A. C.; GÜNTHER, W. M. R. Cooperativas de catadores de materiais recicláveis como alternativa à exclusão social e sua relação com a população de rua. **Saúde e Sociedade**, v. 23, n. 1, p. 146-156, 2014. Disponível em: <http://www.scielo.br/pdf/sausoc/v23n1/0104-1290-sausoc-23-01-00146.pdf>. Acesso em: 24 jun. 2020.

MAGRIN, G. et al. Latin America. Climate Change 2007: Impacts, Adaptation and Vulnerability. In: PARRY, L. et al. (Ed.). **Contribution of Working Group II to the Fourth Assessment Report of the Intergovernmental Panel on Climate Change**. Cambridge: Cambridge University Press, 2007. p. 581-615.

MANCINI, S. D. **Caracterização física dos materiais processados na usina de separação de lixo e compostagem de resíduos urbanos de Araraquara-SP com ênfase em materiais plásticos e estudo da influência de múltiplas reciclagens em propriedades do PET pós-consumo**. 191 f. Dissertação (Mestrado em Engenharia de Materiais) – Universidade Federal de São Carlos, São Carlos, 1996.

MANCINI, S. D.; MATOS, I. G.; ALMEIDA, R. F. Determinação da variação da viscosidade intrínseca do poli (Tereftalato de Etileno) de embalagens. **Polímero: Ciência e Tecnologia**, v. 14, n. 2, p. 69-73, 2004. Disponível em: <http://www.scielo.br/pdf/po/v14n2/21572.pdf>. Acesso em: 24 jun. 2020.

MARQUES, R. B. **Resíduos da construção civil em Araguari-MG**: do diagnóstico à proposta de um modelo gerencial proativo. 174 f. Dissertação (Mestrado em Engenharia Civil) – Universidade Federal de Uberlândia, Uberlândia, 2007. Disponível em: <https://repositorio.ufu.br/bitstream/123456789/14243/1/ResiduosConstrucaoCivil.pdf>. Acesso em: 24 jun. 2020.

MEADOWS, D. L. et al. **The Limits to Growth**. New York, Universe Books, 1972.

MESQUITA, J. L. Consumo de peixes e frutos do mar e o mistério do ciclo do mercúrio. **Estadão**, 1º nov. 2018. Disponível em: <https://marsemfim.com.br/consumo-de-peixes-e-ciclo-do-mercurio/>. Acesso em: 20 mar. 2020.

MONTEIRO, A. E. **Índice de qualidade de aterros industriais**: IQRI. 214 f. Dissertação (Mestrado em Ciências em Engenharia Civil) – Universidade Federal do Rio de Janeiro, Rio de Janeiro, 2006.

MOREIRA, L. R. L. **Direito ambiental**: legitimidade e atuação do Ministério Público. Curitiba: Juruá, 2004.

NOVICK, R. E. M.; MARTIGNONI, B. N. V.; PAES, E. Retortagem de Pneus. In: SEMINÁRIO NACIONAL SOBRE REUSO E RECICLAGEM DE RESÍDUOS SÓLIDOS, 2000, Rio de Janeiro. **Anais**...

NUNES, E. dos R. **Goiânia, Tchernobyl e a tecnologia nuclear**: a informação científica entre alunos do 2° grau. 207 f. Dissertação (Mestrado em Educação) – Universidade Federal de Santa Catarina, Florianópolis, 1991.

NUVOLARI, A. et al. **Esgoto sanitário**: coleta, transporte, tratamento e reuso agrícola. São Paulo: E. Blücher, 2003.

O DESASTRE de Minamata. 9 abr. 2015. Disponível em: <http://professoralucianekawa.blogspot.com/2015/04/o-desastre-de-minamata_9.html>. Acesso em: 24 jun. 2020.

OLIVEIRA, R. de. Água potável tende ao esgotamento. **Folha de S.Paulo**, 2 jul. 1999. Disponível em: <https://www1.folha.uol.com.br/fsp/especial/ano2000/agua/pag5a.htm>. Acesso em: 24 jun. 2020.

OLIVEIRA, W. Refinaria causa desastre em rio do PR. **Folha de S.Paulo**, 18 jul. 2000. Disponível em: <https://www1.folha.uol.com.br/fsp/cotidian/ff1807200001.htm>. Acesso em: 24 jun. 2020.

OSTROM, E. Collective Action and the Evolution of Social Norms. **Journal of Economic Perspectives**, v. 14, n. 3, p. 137-158, 2000.

PAIVA, O. A. **Resíduo Industrial de vidro moído em argamassa de cimento Portland**. 208 f. Dissertação (Mestrado em Engenharia Civil) – Universidade Federal do Amazona, Manaus, 2009.

PAIZ, J. C. et al. Aplicação de gráficos nightingaleanos para avaliação da heterogeneidade de resíduos de serviço de saúde de um hospital. **Revista Latino-Americana de Enfermagem**, v. 22, n. 6, p. 942-949, nov./dez. 2014. Disponível em: <http://www.scielo.br/pdf/rlae/v22n6/pt_0104-1169-rlae-3309-2499.pdf>. Acesso em: 24 jun. 2020.

PATERNIANI, J. E. S. **Utilização de mantas sintéticas não tecidas na filtração lenta em areia de águas de abastecimento**. 245 f. Tese (Doutorado em Engenharia) – Universidade de São Paulo, São Carlos, 1991.

PAUL, J. Rubber Reclaiming. In: MARK, H. F. et al. **Encyclopedia of Polymer Science and Engineering**. New York: John Wiley, 1986. v. 14. p. 787.

PENA, R. F. A. Assoreamento. **Mundo Educação**. Disponível em: <https://mundoeducacao.bol.uol.com.br/geografia/assoreamento.htm>. Acesso em: 24 jun. 2020.

PENTAIR. **Osmore reversa**. Disponível em: <https://xflow.pentair.com/pt-pt/spectrum/reverse-osmosis>. Acesso em: 24 jun. 2020.

PHILIPPI JR., A; AGUIAR, A. O. Auditoria ambiental. In: PHILIPPI JR.; ROMÉRO, M. de A.; BRUNA, G. C. (Org.). **Curso de gestão ambiental**. Barueri: Manole, 2004.

PINTO, D. P. S. **Contribuição à avaliação de aterros de resíduos industriais**. 162 f. Dissertação (Mestrado em Engenharia Civil) – Universidade Federal do Rio de Janeiro, Rio de Janeiro, 2011.

PISTOIA, G.; WIAUX J.-P.; WOLSKY, S. P. **Used Battery Collection and Recycling**. Amsterdam: Elsevier, 2001. (Industrial Chemistry Library, v. 10).

PITERMAN, A.; GRECO, R. M. A água, seus caminhos e descaminhos entre os povos. **Revista APS**, v. 8, n. 2, p. 151-164, 2005.

POLIDO, W. **Seguros para riscos ambientais**. São Paulo: Revista dos Tribunais, 2005.

RATTNER, H. O esgotamento dos recursos naturais: catástrofe ou interdependência? **Revista de Administração de Empresas**, v. 17, n. 2, p. 15-21. 1977. Disponível em: <http://www.scielo.br/pdf/rae/v17n2/v17n2a02.pdf>. Acesso em: 24 jun. 2020.

RECICLOTECA. **Papel**: história, composição, tipos, produção e reciclagem. Disponível em: <http://www.recicloteca.org.br/material-reciclavel/papel>. Acesso em: 24 jun. 2020.

RECICLABR. **Reciclagem do alumínio**. Disponível em: <http://www.reciclabr.ind.br/pt/o-que-reciclamos/aluminio/reciclagem>. Acesso em: 8 jul. 2020.

REIS, M. J. L. **ISO 14000**: o gerenciamento ambiental – um novo desafio para a sua competitividade. Rio de Janeiro: Qualitymark, 1996.

RICHTER, C. A.; AZEVEDO NETO, J. M. de. **Tratamento de água**: tecnologia atualizada. São Paulo: E. Blücher: WHO, 1991.

RODRIGUES, J. **Vila Socó**: a tragédia programada. São Paulo: Alfa-Omega, 1985.

RODRIGUES, S. **Direito civil**. 2. ed. São Paulo: Saraiva, 1977.

ROSENSTOCK, L.; CULLEN, M. R**. Textbook of Clinical Occupational and Environmental Medicine**. Philadelphia: W. B. Saunders Company, 1994.

ROSA, S.; PANTANO FILHO, R. **Biodegradação**: um ensaio com polímeros. Itatiba: Moara, 2003.

ROTH, B. W. **Tópicos em educação ambiental**: recortes didáticos sobre o meio ambiente. Santa Maria: Pallotti, Geneva: WHO, 1996.

SABESP – Companhia de Saneamento Básico do Estado de São Paulo. **Tratamento de esgotos**. Disponível em: <http://site.sabesp.com.br/site/interna/Default.aspx?secaoId=495>. Acesso em: 24 jun. 2020.

SANTOS, E. G. dos. **Análise da substituição das resinas de troca iônica em uma estação de desmineralização de águas**. 72 f. Trabalho de Conclusão de Curso (Graduação em Engenharia de Produção – Bacharelado), Universidade do Planalto Catarinense, Lages, 2013.

SANTOS, Q. R.; CARVALHO, A. C. M. Benefícios e desafios na implantação da reciclagem: um estudo de caso no Centro Mineiro de Referência em Resíduos (CMRR). **Revista Pensar Gestão e Administração**, v. 3, n. 2, jan. 2015. Disponível em: <http://revistapensar.com.br/administracao/pasta_upload/artigos/a104.pdf>. Acesso em: 24 jun. 2020.

SANTOS, W. J. Caracterização de vidros planos transparentes comerciais. **Scientia Plena 5**, n. 2, p. 1-4, 2009.

SAUERESSIG, G. G. **A contribuição das cooperativas de catadores no gerenciamento e retorno de resíduos sólidos urbanos à indústria**: estudo de caso. 120 f. Dissertação (Mestrado em Engenharia de Produção e Sistemas) – Universidade do Vale dos Sinos, São Leopoldo, 2015.

SCHWARZENBACH, R. P.; GSCHWEND, P. M.; IMBODEN, D. M. **Environmental Organic Chemistry**. New York: John Wiley, 1993.

SEIFFERT, M. E. B. **ISO 14001**: sistema de gestão ambiental. São Paulo: Atlas, 2005.

SILVA, C. A. WHO et al. Evaluation of Waterborne Exposure to Oil Spill 5 Years after an Accident in Southern Brazil. **Ecotoxicology and Environmental Safety**, v. 72, n. 2, p. 400-409, 2009.

SILVA, J. I. S. et al. Reduzir, reutilizar e reciclar: proposta de educação ambiental para o brejo paraibano. In: CONGRESSO BRASILEIRO DE EXTENSÃO UNIVERSITÁRIA, 2., Belo Horizonte, 2004. **Anais**...

SITE FBB. **Entidades discutem programa de logística solidária em São Paulo**. 19 mar. 2013. Disponível em: <http://www.mncr.org.br/artigos/entidades-discutem-programa-de-logistica-solidaria-em-sao-paulo>. Acesso em: 24 jun. 2020.

TCHOBANOGLOUS, G.; THEISEN, H.; VIGIL, S. A. **Gestión integral de residuos sólidos**. São Paulo: McGraw-Hill, 1994.

TEVINI, M. (Ed.). **UV-B Radiation and Ozone Depletion**: Effects on Humans, Animals, Plants, Microorganisms, and Materials. Florida: Lews Publishers, 1993.

TOLENTINO, L. **Brasil se torna referência mundial no combate ao aquecimento global**. Brasília, 1 abr. 2014. Disponível em: <https://www.mma.gov.br/informma/item/10043-brasil-se-torna-refer%C3%AAncia-mundial-no-combate-ao-aquecimento-global>. Acesso em: 24 jun. 2020.

TONDOVSKI L. Gestão ambiental: conceito em perigo? **Revista Gerenciamento Ambiental**, v. 5, p. 41, 1999.

TORRICO, R. Uso do gás CFC. **Superinteressante**, 31 out. 2016. Disponível em: <http://super.abril.com.br/ecologia/uso-gas-cfc-686397.shtml>. Acesso em: 24 jun. 2020.

UNIFESP – Universidade Federal de São Paulo. **Vestibular 2016**: área de biológicas e exatas – prova de conhecimentos específicos. 2016. Disponível em: https://www.unifesp.br/reitoria/vestibular/vestibulares-anteriores/category/93-provas-e-gabaritos?download=432:2016-misto-caderno-de-questoes-prova-de-lingua-portuguesa-lingua-inglesa-e-redacao-2-dia. Acesso em: 12 jun. 2020.

VALLE, C. E. **Qualidade ambiental**: ISO 14000. 4. ed. rev. e ampl. São Paulo: Senac, 2002.

VIANNA, J. R. A. **Responsabilidade civil por danos ao meio ambiente**. Curitiba: Juruá, 2004.

VIEIRA, A. de S. Meio ambiente e desenvolvimento sustentável: fontes para compreensão do discurso político-ambiental do governo brasileiro. **Ciência da Informação**, Brasília, v. 27, n. 1, p. 7-213, jan./abr. 1992. Disponível em: <https://brapci.inf.br/_repositorio/2010/04/pdf_fb2893b428_0009066.pdf> Acesso em: 13 jul. 2020.

VITERBO JUNIOR, E. **Sistema integrado de gestão ambiental**: como implementar um sistema de gestão que atenda a Norma ISO 14000, a partir de um Sistema baseado na Norma ISO 9000, dentro de um Ambiente de GQT. São Paulo: Aquariana, 1998.

WHO – World Health Organization. **WHO Guidelines for the Safe Use of Wastewater, Excreta and Greywater**: Policy and Regulatory Aspects. Geneva: WHO, 2006. v. 1.

WHO – World Health Organization. **Reuse of Effluents**: Methods of Wastewater Treatment and Health Safeguards – Report of a WHO Meeting of Experts. Geneva: WHO, 1973.

Bibliografia comentada

ASSUMPÇÃO, L. F. J. **Sistema de gestão ambiental**: manual prático para implementação de SGA e certificação ISO 14001/2015. São Paulo: Juruá, 2018.

    Nesse livro, o autor aborda a implementação do sistema de gestão ambiental.

BITTENCOURT, S. **Comentários à lei de crimes contra o meio ambiente e suas sanções administrativas**. 3. ed. Belo Horizonte: Fórum, 1999.

    O autor aborda questões associadas ao direito ambiental, baseado na Lei n. 9.605, de 12 de fevereiro de 1998, comentada com exatidão e proficiência.

CACLINI, N. G. **Consumidores e cidadãos**: conflitos multiculturais da globalização. Rio de Janeiro: Ed. da UFRJ, 1999.

    Caclini relata as mudanças culturais ocorridas nas grandes cidades e enfatiza o papel da mídia na formação de opiniões e valores.

COPOLA, G. **A lei dos crimes ambientais comentada artigo por artigo**: jurisprudência sobre a matéria. 2. ed. Belo Horizonte: Fórum, 2012.

    A obra trata dos efeitos e das devastações ambientais, com grande destaque para a Lei n. 9.605/1998.

FARIAS, T. **Licenciamento ambiental**: aspectos teóricos e práticos. 5. ed. Belo Horizonte: Fórum, 2019.

    Nessa obra, Farias avalia diversos aspectos, inclusive a defesa do meio ambiente. Trata-se de um livro obrigatório para os profissionais que militam na área.

FOGLIATTI, M. C.; CAMPOS, V. B. G. **Sistema de gestão ambiental para empresas**. São Paulo: Interciências, 2011.

O livro apresenta uma discussão sobre a natureza e o planeta Terra, relacionando as questões ambientais, as fontes de energia e o desenvolvimento sustentável. Além disso, associa os componentes do lixo urbano com o gerenciamento de resíduos.

LEIS, H. **A modernidade insustentável**: críticas do ambientalismo à sociedade contemporânea. Florianópolis: Ed. da UFSC; Petrópolis: Vozes, 1999.

Essa obra aborda a relação da sociedade contemporânea com a natureza, considerando diferentes aspectos e seus impactos sobre o meio ambiente. O autor faz um relato analítico da história dos movimentos ambientalistas nacionais e internacionais, enfatizando os momentos significativos, o envolvimento da política ambiental e as contribuições para a melhoria ambiental e social.

LISZT, V.; BREDARIOL, C. **Cidadania e política ambiental**. Rio de Janeiro: Record, 1998.

Esse livro trata da multiplicidade dos conceitos que envolvem a cidadania, além de promover uma associação entre a cidadania e os rumos da sociedade com a perspectiva na política ambiental. A obra aborda também as propostas da Agenda 21, evidenciando as divergências e as convergências desse programa.

MANO, E. B.; PACHECO, E. A. V.; BONELLI, C. M. C. **Meio ambiente, poluição e reciclagem**. São Paulo: Blucher, 2005.

Essa obra apresenta, de maneira bastante didática, a relação entre a geração de resíduos sólidos e os processos de destinação desses materiais. A abordagem relacionada aos resíduos de plástico é bastante interessante.

MOREIRA, L. R. L. **Direito Ambiental**: legitimação e atuação do Ministério Público. Curitiba: Juruá, 2004.

Nessa obra, a autora comenta, de maneira clara e objetiva, toda a legislação ambiental, passando pela Constituição de 1988, pela Lei da Política Nacional de Meio Ambiente, pela lei de crimes ambientais, pela Política Nacional de Resíduos Sólidos e pela Política Nacional de Recursos Hídricos, além da proteção da fauna e da flora e das demais leis ordinárias para a defesa do meio ambiente.

REZENDE, L. P. **Avanços e contradições de licenciamento ambiental de barragens hidrelétricas**.Belo Horizonte: Fórum, 2011.

Nesse livro, o autor faz uma reflexão científica da Política Nacional de Meio Ambiente. Além disso, Rezende trata do licenciamento ambiental de projetos de barragens hidrelétricas, enfatizando os impactos causados por elas.

Respostas*

Capítulo 1

Atividades de autoavaliação

1. b
2. a
3. a
4. d
5. a
6. b
7. d
8. e
9. e
10. a

Atividades de aprendizagem

Questões para reflexão

1. Um impacto ambiental, como discutido no capítulo, consiste em qualquer alteração das propriedades físicas, químicas ou biológicas do meio ambiente, causado por qualquer forma

---

* Os autores citados nas respostas encontram-se discriminados na seção "Referências".

de matéria ou energia resultante das atividades humanas que, direta ou indiretamente, afetam: a saúde, a segurança e o bem-estar da população; as atividades sociais e econômicas; a biota; as condições estéticas e sanitárias do meio ambiente; e a qualidade dos recursos ambientais.

2. A educação ambiental é um componente essencial e permanente da educação nacional, devendo estar presente, de forma articulada, em todos os níveis e modalidades do processo educativo, em caráter formal e não formal. Ela deve ser desenvolvida no âmbito dos currículos das instituições de ensino públicas e privadas, englobando educação básica, educação superior, educação especial, educação profissional e educação de jovens e adultos (EJA). A Política Nacional de Educação Ambiental (PNEA) envolve, em sua esfera de ação, além dos órgãos e das entidades integrantes do Sistema Nacional de Meio Ambiente (Sisnama), instituições educacionais públicas e privadas dos sistemas de ensino, os órgãos públicos da União, dos estados, do Distrito Federal e dos municípios, bem como organizações não governamentais com atuação em educação ambiental.

Atividade aplicada: prática

1.
   a) Gerenciamento de resíduos: conjunto de ações exercidas, direta ou indiretamente, nas etapas de coleta, transporte, transbordo, tratamento e destinação final ambientalmente adequada dos resíduos sólidos e disposição final ambientalmente adequada dos rejeitos, de acordo com o

plano municipal de gestão integrada de resíduos sólidos ou com o plano de gerenciamento de resíduos sólidos, exigidos na forma da Lei n. 12.305, de 2 de agosto de 2010 (Brasil, 2010d).

b) Gestão integrada de resíduos sólidos: conjunto de ações voltadas para a busca de soluções para os resíduos sólidos, de forma a considerar as dimensões política, econômica, ambiental, cultural e social, com controle social e sob a premissa do desenvolvimento sustentável.

c) Logística reversa: instrumento de desenvolvimento econômico e social caracterizado por um conjunto de ações, procedimentos e meios destinados a viabilizar a coleta e a restituição dos resíduos sólidos ao setor empresarial, para reaproveitamento em seu ou em outros ciclos produtivos ou para outra destinação final ambientalmente adequada.

d) Padrões sustentáveis de produção e consumo: produção e consumo de bens e serviços de forma a atender às necessidades das atuais gerações e a permitir melhores condições de vida, sem comprometer a qualidade ambiental e o atendimento das necessidades das gerações futuras.

e) Reciclagem: processo de transformação dos resíduos sólidos que envolve a alteração de suas propriedades físicas, físico-químicas ou biológicas, com vistas à transformação em insumos ou novos produtos, observadas as condições e os padrões estabelecidos pelos órgãos competentes do Sistema Nacional de Meio Ambiente (Sisnama e, se couber, do SNVS e do Suasa.

f) Rejeitos: resíduos sólidos que, depois de esgotadas todas as possibilidades de tratamento e recuperação por processos tecnológicos disponíveis e economicamente viáveis, não apresentam outra possibilidade que não seja a disposição final ambientalmente adequada.

g) Resíduos sólidos: materiais, substâncias, objetos ou bens descartados como resultado de atividades humanas em sociedade, a cuja destinação final se procede, propõe-se a proceder ou está obrigado a proceder nos estados sólido ou semissólido, bem como gases contidos em recipientes e líquidos cujas particularidades tornam inviável seu lançamento na rede pública de esgotos ou em corpos d'água – ou que exijam, para isso, soluções técnicas ou economicamente viáveis em face da melhor tecnologia disponível.

h) Responsabilidade compartilhada pelo ciclo de vida dos produtos: conjunto de atribuições individualizadas e encadeadas de fabricantes, importadores, distribuidores, comerciantes, consumidores e titulares dos serviços públicos de limpeza urbana e de manejo dos resíduos sólidos com a intenção de minimizar o volume de resíduos sólidos e de rejeitos gerados, bem como para reduzir os impactos causados à saúde humana e à qualidade ambiental decorrentes do ciclo de vida dos produtos, nos termos da Lei n. 12.305/2010.

i) Reutilização: processo de aproveitamento dos resíduos sólidos sem sua transformação biológica, física ou físico-química, observadas as condições e os padrões estabelecidos pelos órgãos competentes do Sisnama e, se couber, do SNVS e do Suasa.

Capítulo 2

Atividades de autoavaliação

1. a
2. a
3. e
4. b
5. b

Atividades de aprendizagem

Questões para reflexão

1. O Laudo de Classificação de Resíduo (LCRS) é um documento que comprova o enquadramento do resíduo em uma das classes descritas na norma NBR 10004/2004, da Associação Brasileira de Normas Técnicas (ABNT, 2004a). Ele é elaborado por meio da identificação do processo produtivo gerador e de uma análise definindo quais constituintes do resíduo se enquadram na listagem da norma. Quando não for possível identificar se os constituintes se enquadram na listagem, será

necessário realizar um exame laboratorial de uma amostra do resíduo em uma organização licenciada. Os laudos devem ser elaborados por responsáveis técnicos habilitados, para que seja feito o correto procedimento de classificação e enquadramento dentro das seguintes classes: I – perigosos; e II – não inertes. Para a preparação da documentação necessária, é importante contratar uma empresa especializada nesse tipo de serviço. A NBR 10004/2004 estabelece que no laudo de classificação de resíduos deve constar a indicação da origem do resíduo, a descrição do processo de segregação e a descrição do critério adotado na escolha de parâmetros observados, quando for o caso, incluindo os laudos de análises laboratoriais.

2. O coprocessamento se refere a um processo por meio do qual resíduos com alto poder calorífico são usados como combustível em fornos de cimento, substituindo combustíveis fósseis, em uma operação regulamentada e licenciada por órgãos ambientais competentes.

Atividade aplicada: prática

1. Ao realizarmos misturas binárias usando etanol, água, glicerina, hidróxido de sódio, cloreto de magnésio e cloreto de zinco, teremos soluções com densidades bastante específicas:

Densidade (g/cm^3)	Composição da solução (em % em peso)
0,91	52% etanol + 48% água destilada
0,94	37% etanol + 63% água destilada
1,00	100% água destilada

1,10	44% glicerina + 56% água destilada
1,20	93% glicerina + 7% água destilada
1,30	27% hidróxido de sódio + 73% água destilada
1,34	100% cloreto de magnésio (solução saturada)
1,40	37% hidróxido de sódio + 63% água destilada
2,01	100% cloreto de zinco (solução saturada)

Ao mergulhar o resíduo nas soluções, é necessário observar o comportamento da amostra, que pode se dar de três formas:

Polímero permanece na superfície: $d_{(cp)} < d_{(sol)}$
Polímero flutua no seio do líquido: $d_{(cp)} = d_{(sol)}$
Polímero afunda: $d_{(cp)} > d_{(sol)}$

Ao comparar a faixa de valores encontrados com a densidade dos materiais plásticos apresentadas na Tabela 2.3, é possível determinar uma separação para posterior reciclagem.

Capítulo 3

Atividades de autoavaliação

1. b
2. c
3. a

4. b

5. b

Atividades de aprendizagem

Questões para reflexão

1. Os sais de ferro (cloreto de ferro) e o sulfato de alumínio são empregados em tratamentos químicos de esgoto. A escolha desses agentes coagulantes depende da capacidade da estação, da qualidade do esgoto e do custo do coagulante. Em grandes estações, o cloreto de ferro apresenta vantagem, ao passo que, em pequenas estações, é mais conveniente utilizar uma substância que seja fácil de armazenar, manusear e aplicar. No caso do sulfato de alumínio, a coagulação é melhor entre os valores 6,5 e 8,5 de pH.

2. Febre tifoide, febre paratifoide, disenteria bacteriana, disenteria amebiana, cólera, diarreia, hepatite infecciosa, giardíase, poliomielite e rotavírus. A cloração dos esgotos é feita para diversos fins: reduzir o teor microbiológico do efluente de estações, controlar e evitar mau cheiro, entre outros usos. É possível usar de 5 a 6 partes por milhão (ppm), sendo importante usar *jar test* para a determinação da quantidade ideal.

Atividade aplicada: prática

1. Solução:
   $M = (300 \times 255) / (0,9 \times 10)$;
   $M = 8500$ g

   Portanto, para obter 255 litros de água clorada, são necessários 8500 gramas de hipoclorito de sódio.

Capítulo 4

Atividades de autoavaliação

1. d

2. a

3. b

4. d

5. d

Atividades de aprendizagem

Questões para reflexão

1. A *água* é o elemento natural desvinculado de qualquer uso. *Recurso hídrico*, por sua vez, representa todas as águas subterrâneas ou superficiais da Terra. Em razão de a água ser um solvente universal, sua contaminação ocorre com muita facilidade. Por isso, é importante tratar os resíduos gerados dentro das organizações a fim de minimizar os danos causados. A agricultura é a atividade econômica que mais consome água.

2. As políticas públicas consistem em conjuntos de programas, ações e atividades desenvolvidas pelo Estado, direta ou indiretamente, com a participação de entes públicos ou privados, as quais visam assegurar determinado direito de cidadania, de forma difusa ou para algum segmento social, cultural, étnico ou econômico. Assim, elas correspondem a direitos assegurados constitucionalmente ou que se afirmam graças ao reconhecimento por parte da sociedade e/ou pelos

poderes públicos na condição de novos direitos de pessoas, comunidades etc. Como exemplos de politicas públicas, podemos citar: o meio ambiente, reconhecido como um direito de todos, conforme prescrito na Política Nacional do Meio Ambiente (PNMA), instituída pela Lei n. 6.938, de 31 de agosto de 1981 (Brasil, 1981); a água também é concebida na Carta da República como bem de uso comum e, para proteger esse bem e regulamentar seu uso múltiplo, foi instituída a Política Nacional de Recursos Hídricos (PNRH), mediante a Lei n. 9.433, de 8 de janeiro de 1997 (Brasil, 1997a).

Atividade aplicada: prática

1.
   a) A reciclagem representa um custo de 5% da produção por bauxita, ou seja, economia de 95%:

   15 KWh/kg de alumínio produzido
   1000 kg precisam de 15000 KWh

   Para a reciclagem:

   15.000 KWh = 100%
   X = 95%

   Logo, a economia é de 14250 KWh.

   b) Por relação, 400 kg de alumínio em 10 horas.

   A taxa de consumo é de 15 KWh/kg. Logo, para 400 kg, a energia consumida é de 600 KWh:

   Potência = V x i

Sendo:

V = tensão elétrica;

I = corrente elétrica.

Sendo 600 KWh a potência consumida na produção por uma fonte de 40 V, a intensidade de corrente deverá ser de 15000 A.

Capítulo 5

Atividades de autoavaliação

1. e
2. a
3. b
4. d
5. d

Atividades de aprendizagem

Questões para reflexão

1. O art. 1º da Resolução Conama n. 237, de 19 de dezembro de 1997, define licenciamento ambiental como o

   procedimento administrativo pelo qual o órgão ambiental competente licencia a localização, a instalação, a ampliação e a operação de empreendimentos e atividades que utilizam recursos ambientais consideradas efetiva ou potencialmente poluidoras ou daquelas que, sob qualquer forma, possam causar degradação ambiental, considerando as disposições legais e regulamentare e as normas técnicas aplicáveis ao caso. (Brasil, 1997c).

2. Sim, o Instituto Brasileiro do Meio Ambiente e dos Recursos Naturais Renováveis (Ibama) tem competência para licenciar empreendimentos e atividades com significativo impacto ambiental de âmbito nacional ou regional. Segundo o art. 4º, parágrafo 2º, da Resolução Conama n. 237/1997, "o IBAMA, ressalvada sua competência supletiva, poderá delegar aos Estados o licenciamento de atividade com significativo impacto ambiental de âmbito regional, uniformizando, quando possível, as exigências" (Brasil, 1997c).

Atividade aplicada: prática

1.

Latinha de alumínio	Garrafa PET	Papel reciclável
1 kg = R$ 3,40;	1 kg = R$ 0,90;	misto
X = R$ 1045,00;	X = R$ 1045,00;	1 kg = R$ 0,22;
X = 307 kg.	X = 1161 kg.	X = R$ 1045,00;
		X = 4750 kg.

Capítulo 6

Atividades de autoavaliação

1. a
2. b
3. e
4. d
5. c

Atividades de aprendizagem

Questões para reflexão

1. A Resolução Conama n. 313, de 29 de outubro de 2002 (Brasil, 2002c) define a obrigação de se elaborar o Inventário Nacional de Resíduos Sólidos Industriais e suas diretrizes, que foram implementadas no sentido de orientar o controle dos resíduos com características prejudiciais à saúde humana e ao meio ambiente.

2. A resposta é pessoal, mas deve estar fundamentada em estudos e pesquisas.

Atividade aplicada: prática

1. O politereftalato de etileno é um poliéster, polímero termoplástico que pode ser reciclado. Durante os seis anos em que a empresa citada na atividade promoveu a destinação desse resíduo, foram destinados 7,2 toneladas a R$ 186,00, totalizando um gasto de R$ 1339,20. Se o resíduo for enviado à reciclagem, a empresa venderá 100 kg/mês, rendendo R$ 90,00. O valor anual será, assim, de R$ 1080,00.

Sobre a autora

Adriana Helfenberger Coleto Assis é graduada em Engenharia Química (2005), pela Universidade Federal do Paraná (UFPR), e licenciada em Química Industrial (2016), pela Universidade Tecnológica do Paraná (UTFPR); especialista MBA em Gestão de Saúde e Segurança do Trabalho (2008), pelo Instituto Brasileiro de Pós-Graduação e Extensão (IBPEX); e mestre em Engenharia e Ciências dos Materiais (2012), pela UFPR.

É professora da rede estadual de ensino no curso Técnico de Química desde 2001, além de servidora efetiva da Secretaria do Estado da Educação do Paraná (SEED-PR) desde 2012. Foi professora do curso técnico de Segurança do Trabalho de 2005 a 2017, no Colégio Brasileiro de Estudos Sistêmicos (CBES), e do curso Tecnólogo em Gestão da Qualidade e Tecnólogo em Processos Químicos, de 2007 a 2015, no Centro Universitário UniSociesc.

A partir de 2009, tornou-se responsável técnica de uma empresa produtora de fibras de poliéster situada na Região Metropolitana de Curitiba.

Os papéis utilizados neste livro, certificados por instituições ambientais competentes, são recicláveis, provenientes de fontes renováveis e, portanto, um meio **respons**ável e natural de informação e conhecimento.

FSC
www.fsc.org
MISTO
Papel produzido a partir de fontes responsáveis
FSC® C103535

Impressão: Reproset
Agosto/2020